BART AB

Begleitbuch zur gleichnamigen Wanderausstellung des
Landschaftsverbandes Westfalen-Lippe – Westfälisches Museumsamt, Münster

Herausgegeben vom Westfälischen Museumsamt, Münster
und Michael Kriegeskorte

Die Ausstellung zeigen 1995 bis 1996:
Deutsches Drahtmuseum Altena, Stadtmuseum Borken, Hermann-Grochtmann-Museum Datteln, Stadtmuseum Bergkamen, Karl-Pollender-Stadtmuseum Werne, Ruhrtal-Museum Schwerte, Museum für Kunst und Kulturgeschichte Dortmund, Vestisches Museum Recklinghausen

BART AB

ZUR GESCHICHTE DER SELBSTRASUR

FRANK GNEGEL

DUMONT

Umschlagvorderseite:
1932 elektrifizierte die »Sirama«, Siemens-Rasiermaschine, die Naßrasur in Deutschland. Die Firma Braun perfektionierte die elektrische Trockenrasur und wurde weltweit zum Branchenführer.

Umschlagrückseite:
Einer der wenigen Konkurrenten, die bis heute mithalten konnten, war die Firma Philips. Ihr Gerät fing in einer Anzeige von 1955 »Haare in jeder Wuchsrichtung ein«, auch die vom »starken Maxe«. (Werbeanzeige aus: *Revue* 39/1955)

Abb. S. 3:
»Le Jour de Barbe«, Louis Boilly, Farblithographie, 1825, Wella-Museum, Darmstadt

Die Deutsche Bibliothek – CIP-Einheitsaufnahme

Bart ab : zur Geschichte der Selbstrasur ; [Begleitbuch zur gleichnamigen Wanderausstellung des Landschaftsverbandes Westfalen-Lippe, Westfälisches Museumsamt, Münster ; die Ausstellung zeigen 1995 bis 1996: Deutsches Drahtmuseum Altena ...] / [hrsg. vom Westfälischen Museumsamt und Michael Kriegeskorte]. Frank Gnegel. – Köln : DuMont, 1995
ISBN 3-7701-3596-2
NE: Westfalen-Lippe / Museumsamt; Deutsches Drahtmuseum <Altena>; Gnegel, Frank; Kriegeskorte, Michael [Hrsg.]

Begleitbuch zur gleichnamigen Wanderausstellung
des Landschaftsverbandes Westfalen-Lippe-Westfälisches Museumsamt, Münster

Herausgegeben vom Westfälischen Museumsamt Münster und Michael Kriegeskorte

Die Ausstellung zeigen 1995 bis 1996:
Deutsches Drahtmuseum Altena, Stadtmuseum Borken, Hermann-Grochtmann-Museum Datteln, Stadtmuseum Bergkamen, Karl-Pollender-Stadtmuseum Werne, Ruhrtal-Museum Schwerte, Museum für Kunst und Kulturgeschichte Dortmund, Vestisches Museum Recklinghausen

Satz: Rasch, Bramsche
Reproduktion: Litho Köcher, Köln
Druck und buchbinderische Verarbeitung: Druckerei Uhl, Rodolfzell

Printed in Germany ISBN 3-7701-3596-2

Inhalt

Vorwort

»Den sittlich und äußerlich herunter gekommenen Mann erkennt man am ehesten daran, daß er sich nicht mehr im sauberrasierten Zustande hält und den Bart ohne Cultur wachsen läßt.«
Hermann Klencke, 1875[1]

Im Leben eines jeden Mannes kommt der Tag, an dem er sich mit dem Phänomen des Bartwuchses und der Rasur konfrontiert sieht. George Bernhard Shaw schilderte diesen Tag so: »Ich war damals ungefähr fünf. Ich stand neben dem Knie meines Vaters, der sich gerade rasierte. ›Daddy‹, sagte ich zu ihm, ›Warum rasierst du dich?‹ Schweigend sah er mich an, er schwieg ungefähr eine Minute. Dann warf er das Rasiermesser hin und sagte: ›Verdammt nochmal, warum rasiere ich mich eigentlich?‹ Er hat sich nie wieder rasiert.« In dieser Anekdote offenbart sich die ganze Problematik einer jeden Beschäftigung mit modischen Erscheinungen und Ausdrucksformen – die schwer zu beantwortende Frage nach dem »Warum«.

Dies gilt besonders für das Thema Haar, Bart und Rasur. Seriöse Arbeiten dazu sind selten, wohl weil der Gegenstand trotz seiner allgegenwärtigen Präsenz eher als Randerscheinung abgetan und jede ernsthafte Auseinandersetzung als ein Kuriosum empfunden wird.

Augustin Fangés 1774 erschienene und alsbald ins Deutsche übersetzte »Geschichte des männlichen Bartes unter allen Völkern der Erde bis auf die neueste Zeit«[2] darf als erste und für 200 Jahre nahezu einzige wissenschaftliche Darstellung des Themas gelten, die weder mit früheren, noch mit später erschienenen Bartgeschichten und »Pogonologien« gemein hat. Später erschienene Werke, wie Adrien Phillippes »Histoire philosophique, politique et religieuse de la barbe« von 1845, gehen nicht über Fangé hinaus.[3] Sie stellen eher eine Kompilation der verschiedensten Nachrichten über Barttrachten und damit verbundenen Bräuchen dar, wobei sie ihr Augenmerk vornehmlich auf Antike, Mittelalter und Vorgeschichte richten.

Die in der Tradition der großen kostümgeschichtlichen Werke des 19. Jahrhunderts stehenden einschlägigen Arbeiten zur Kulturgeschichte der Mode räumen dem Bart meist nur einen geringen Stellenwert ein. Sie befassen sich lediglich mit der Entwicklung der »Bartmode«, deren wechselnde Formen durch die Jahrhunderte zeitlich auf wenige Jahre eingegrenzt werden. In diesen Bildbänden werden serienweise Porträts von Herren mit ihren »zeittypischen« Bartformen gezeigt, ungeachtet der Tatsache, daß diese nur Angehörige des Adels und der Oberschicht zeigen. Abbildungen von Männern anderer sozialer Herkunft fehlen ebenso wie solche mit nicht der Mode entsprechenden Bärten. Das glattrasierte Gesicht erfuhr noch weniger Beachtung, was am größeren Formenreichtum bärtiger Gesichter gelegen haben mag, der dazu einlud, abwechslungsreiche, üppig bebilderte Entwicklungsreihen aufzustellen. Dagegen mußten die langen »bartlosen« Modephasen einen eher eintönigen Eindruck hinterlassen.

Analog dazu müßten unsere Nachfahren anhand heutiger Zeitungen und Modezeitschriften den wenig wirklichkeitsgetreuen Eindruck erhalten, wir lebten in einer gänzlich »bartlosen« Zeit. Denn von den »im öffentlichen

Frontispiz aus Adrien Philippes »Histoire philosophique, politique et religieuse de la barbe«, 1845

Leben« stehenden Männern unserer Tage trägt kaum einer einen Bart, und die jungen, modebewußten Männer – die sich noch vor kurzem wenigstens stoppelbärtig gerierten – zeigen sich in den Modejournalen mittlerweile sorgfältig rasiert.

Das heute mit dem Tragen eines Bartes, einer bestimmten Bartform oder durch glattrasiertes Auftreten politische, weltanschauliche oder religiöse Zugehörigkeiten, respektive Gegnerschaften signalisiert werden, ist offenkundig. Und ebenso wie heute gab es auch in der Vergangenheit einen steten Wandel in Art und Weise, Haar und Bart zu tragen. Dieser Wandel spiegelt oft nur individuelle Vorlieben, Variationen der Mode oder eine veränderte Wahrnehmung körperlicher Attraktivität wider. Bart oder Rasur sind oft Zeichen sozialer Zugehörigkeit, mit dem stets in irgendeiner Form eine bewußte oder unbewußte Aussage getroffen wird. Seit jeher hat jede Form der Gesichtsbehaarung ihre eigene Bedeutung. Die Art, in der ein Mann sein Haar schnitt oder seinen Bart rasierte, war stets Ausdruck dafür, wie er sich selbst sah oder er von anderen eingeschätzt werden wollte.

Die Bartmode – zu der auch die glatte Rasur zählt – ist wie jede Modeerscheinung Ergebnis eines komplexen Wechselspiels aus dem Bedürfnis nach Konformität einerseits und dem Streben nach Abgrenzung andererseits. Man strebt nach Übereinstimmung mit der Gruppe, der man sich zugehörig fühlt und innerhalb der bestimmte Vorstellungen vom äußeren Erscheinungsbild herrschen. Dieser optischen Norm gilt es möglichst zu entsprechen, denn diese Konformität stellt für den einzelnen eine Quelle der Identifikation und der Selbstbestätigung

Bartformen

1 Babylonische Fräse. — 2 Assyrischer Vollbart. — 3 Ägyptischer Königsbart. — 4 Griechischer Bart. — 5 Germanischer Bart. — 6 Fränkischer Bart. – 7 Bart im 16. Jahrh. (1. Hälfte). — 8 Bart nach Heinrich IV. von Frankreich („Henri IV"). — 9 Sog. Fliege. — 10 Kotelett-Bart. — 11 Demokratenbart. — 12 Bart nach Napoleon III. — 13 Sog. W-Bart. — 14 Schnurrbart „Es ist erreicht". —

Chronologie »zeittypischer« Bartformen
Nach dieser Entwicklungsreihe gab es in der Geschichte offenbar keine rasierten Gesichter.
Illustration zum Artikel »Bart« im »Großen Herder«-Konversationslexikon, 1931

dar. Zugleich bietet die Mode aber auch die Möglichkeit zur Differenzierung, sowohl innerhalb der Gruppe als auch nach außen. Die Beachtung oder demonstrative Nichtbeachtung von Modeerscheinungen dient damit der optischen Dokumentation des eigenen sozialen Standortes. Besonders augenfällig war dies zur Zeit des Kaiserreiches von 1870, als nahezu alle Männer einen Bart trugen – nach der Revolution von 1848 als Signal ihrer demokratischen Gesinnung, später als ein spezifisches Zeichen der Kaisertreue. Wenn die Männer heute mehrheitlich glattrasiert sind, so ist dies keineswegs ein »natürlicher« Zustand, wenngleich in den letzten 2000 Jahren die »bartlosen« Modephasen zu überwiegen scheinen.

Häufigkeit und Gründlichkeit des Rasierens gingen in der Vergangenheit einher mit der technischen Entwicklung, jede Innovation bei den Rasiergeräten veränderte die Rasiergewohnheiten. Im Mittelalter galten die Männer selbst mit nur sechs Rasuren im Jahr noch als rasiert, und noch Ende des 19. Jahrhunderts hielten die meisten Männer eine Rasur in der Woche für völlig ausreichend.

Wenn sich heute die meisten Männer einer täglichen Rasur unterziehen, so ist dies das Ergebnis einer kaum 90 Jahre währenden Entwicklung. Als es nur Rasiermesser gab, ließen sich die meisten Männer vom Barbier rasieren. Die Erfindung des Naßrasierapparates durch Gillette beseitigte die Gefahr, sich zu schneiden, woraufhin die Männer begannen, sich auch selbst zu rasieren. Damit wurde die Rasur allmählich Bestandteil der täglichen Körperpflege.

Aber erst in den sechziger Jahren erreichte die Naßrasur mit der rostfreien, teflonbeschichteten Rasierklinge das heutige Qualitätsniveau. Zuvor handelte es sich häufig um ein eher fragwürdiges Vergnügen. Zu dieser Zeit bevorzugte die Mehrzahl der bundesdeutschen Männer bei ihrer morgendlichen Rasur bereits den bequemeren Elektrorasierer. Ungeachtet seiner anfangs zweifelhaften Rasiergüte, zählte man den Trockenrasierer in den fünfziger Jahren – neben Penicillin, Nylon und DDT – immerhin zu den zehn wichtigsten Errungenschaften des Jahrzehnts.

Bart und Rasur bis 1900

Bronzezeit und germanisches Altertum

Es gilt gemeinhin als gesichert, daß sich auch die Männer der Steinzeit rasierten. Scharfkantige Feuerstein- oder Obsidianklingen eigneten sich durchaus zum Rasieren, wenngleich die wenig spezialisierten Geräte der Steinzeit dies ebensowenig zweifelsfrei belegen wie der gelegentliche Hinweis auf 20 000 Jahre alte Darstellungen bartloser Männer in der Höhlenmalerei, da die abstrakten Darstellungen kaum Rückschlüsse auf Einzelheiten zulassen. Darstellungen bärtiger Männer stehen bartlosen Gesichtern gegenüber, die jedoch wegen ihrer tierhaften Stilisierung die Bartlosigkeit letztlich nicht beweisen.

Doch seit Beginn der mittleren Bronzezeit im 15. und 16. Jahrhundert v. Chr. waren in Europa spezielle Rasiermesser – und damit auch die Rasur – nachweislich in Gebrauch. Die Verbesserungen im Bereich der Körperpflege waren auf die kulturelle Ausstrahlung des Mittelmeerraums zurückzuführen. Kontakte zur minoischen und mykenischen Kultur, in der bereits längere Zeit zuvor die Benutzung von Toilettenutensilien üblich war, führten zu deren Verbreitung im restlichen Europa. Es entwickelte sich ein großer Formenreichtum ein- und zweischneidiger Rasiermesser, deren Funktion durch erhaltene Haarreste an den Schneiden eindeutig belegt ist. Oftmals wurden sie in Gräbern gemeinsam mit breiten Pinzetten, die ebenfalls der offenbar gut entwickelten Haarpflege dienten, gefunden. Rasiermesser, nahezu ausschließlich Totengabe in Gräbern erwachsener Männer, wurden von ihren Besitzern offenbar ihr Leben lang benutzt und ihnen wahrscheinlich im Rahmen von Initiationsriten zur Zeit der Geschlechtsreife übergeben. Es handelte sich nicht um alltägliche Gegenstände – sie hatten anscheinend zusätzlich eine religiöse oder kultische Funktion, denn sie fanden sich nur in einem Teil der Männergräber und standen offensichtlich nur Familienoberhäuptern oder Personen aristokratischer Herkunft zu. Das Rasiermesser der Bronze- und Alteisenzeit war somit

Bronzenes Rasiermesser
etruskisch, um 1000 v. Chr.
Wella-Museum, Darmstadt

Bronzezeitliches Rasiermesser
Grabfund aus Münster-Gittrup, um 1000 v. Chr.
Westfälisches Landesmuseum für Archäologie, Münster

Bronzezeitliches Rasiermesser
Grabfund aus Ahaus-Ammeln,
um 1000 v. Chr.
Westfälisches Landesmuseum für Archäologie, Münster

ein Objekt von besonderer Bedeutung, das seinen Besitzer vor anderen auszeichnete.[4]

Der griechische Geschichtsschreiber Diodorus Siculus beschrieb im 1. Jahrhundert, wie sich bei den Kelten die Männer bestimmter gesellschaftlicher Gruppen durch ihre Barttracht und den Gebrauch von Rasiermessern äußerlich abhoben: »Manche rasieren sich, manche lassen sich den Bart ein wenig wachsen. Die Vornehmen rasieren ihre Wangen glatt, lassen aber den Schnurrbart lang wachsen, so daß ihr Mund bedeckt ist. Wenn sie essen, hängt ihnen der Schnurrbart in die Speise, wenn sie trinken, fließt das Bier wie durch eine Reuse.«[5] Dies ist – neben einigen Bildzeugnissen – zugleich einer der ersten Belege für das Tragen eines Schnurrbarts in einem ansonsten rasierten Gesicht.

Haar- und Barttracht waren nicht nur Zeichen gesellschaftlicher Abgrenzung, sondern auch der am stärksten ethnisch betonte Teil des äußeren Erscheinungsbildes. Mit ihm grenzten sich die verschiedenen Stämme voneinander ab. »Manche Stämme«, schrieb Isidor von Sevilla (um 560–636), »beanspruchen nicht nur durch ihre Kleidung, sondern auch am Körper irgendeine Art unterscheidendes Kennzeichen für sich, wie wir es in den Haarlocken der Germanen, dem Schnurrbart und Kinnbart der Goten und den Hautmalen der Briten sehen.«[6]

Das Bild langhaariger Germanen, die mit wild wucherndem Bart und lautem Geschrei aus dem Unterholz des Teutoburger Waldes hervorbrechen, um den wohlrasierten römischen Legionen den Garaus zu machen, ist weit verbreitet. Dieses verzerrte Germanenbild ist wohl vor allem auf die Beschreibung der Chatten zurückzuführen, die der römische Geschichtsschreiber Tacitus im 31. Kapitel seiner um das Jahr 98 entstandenen »Germania« gab. Ihm zufolge ließen die Chatten Haar und Bart so lange wild wachsen, bis sie einen Feind getötet hatten. Tatsächlich aber war die Körperpflege der Germanen, die zu den Erfindern der Seife gehörten, besonders ausgeprägt. Sie badeten regelmäßig und wuschen sich jeden Morgen, auch mit warmem Wasser. Ihre in Baumsärgen konservierten Toten waren ebenso wie Moorleichen bartlos. Ältere römische Bildwerke zeigen sie mit Vollbart, nur Jünglinge wurden bartlos dargestellt. Auf jüngeren provinzialrömischen Bildnissen tragen die Germanen einen kurz gestutzten Backenbart, entweder ohne oder getrennt vom Schnurrbart. Eine Elfenbeintafel im Domschatz von Monza zeigt beispielsweise den in römischen Diensten stehenden vandalischen Heerführer Flavius Stilicho mit einem sorgfältig kurzgeschnittenen Vollbart.

Die Zeit der Völkerwanderung und frühes Mittelalter

Der Westgotenkönig Theoderich II. (gest. 466) trug einen nur kurzen oberen Backenbart, Kinn- und Oberlippe waren rasiert. Sidonius Apollinaris (ca. 430–480), dem römischen Gelehrten und Dichter, zufolge hatte er einen »tonsor«, der sein Amt täglich verrichten mußte: »Die Haare, die unter dem Nasenloch sprießen, wurden täglich kurzgeschnitten. Die Schläfen waren mit einem dichten Bart verziert, aber den Bart, der auf dem unteren Teil des Gesichts wächst, rasiert der Barbier regelmäßig bis auf die Wurzel, gibt den Wangen so den Anblick der Jugend zurück.«[7] Der Ostgotenkönig Theoderich der Große (443–526) hingegen war nach römischer Art glattrasiert. Ein um 500 angefertigtes Medaillon zeigt ihn mit langem Haar als Zeichen seiner königlichen Würde, aber ohne Bart. Sein Nachfolger trug statt langem Haar Krone und Königsmantel und dazu einen üppigen Bart, während das Bildnis eines Ostgoten auf einem Amethystsiegel einen Mann mit langen gekräuselten Koteletten, kurzem Oberlippenbart und einer Fliege, einem kleinen Kinnbärtchen, zeigt.[8]

Der langobardische Geschichtsschreiber und Gelehrte am Hofe Karls des Großen, Paulus Diaconus (um 720–nach 787), schrieb über die Langobarden: »Sicher ist aber, daß die Langobarden, nachdem sie ursprünglich Winniler hießen, später wegen der Länge ihres vom Schermesser unberührten Bartes so genannt wurden. Denn gemäß ihrer Sprache bezeichnet ›lang‹ lang und ›bart‹ Bart.«[9] Diaconus zufolge waren ihre Kopfhaare in der Mitte gescheitelt und hingen über die Wangen bis zum Mund hinab, während Nacken und Hinterkopf kahlgeschoren waren. Der langobardische König Agilulf (591–616) trägt auf einem Bildnis einen Spitz- und einen Schnurrbart, während die Wangen rasiert sind.

Sidonius Apollinaris beschreibt in einem 458 entstandenen Huldigungsgedicht die Barttracht der Franken: »Ihr überall rasiertes Gesicht läßt für die Pflege mit dem Kamm nichts als einen schmalen Schnurrbart übrig.«[10] In der Merowingerzeit war die Haarpflege offensichtlich gut entwickelt, in Gräbern fanden sich zahlreiche Kämme, Scheren und Pinzetten zum Auszupfen des Haares.

Außerordentliche Bedeutung hatte bei den Franken das lange Kopfhaar. Es war das Kennzeichen der Freien, dagegen trugen Knechte und Unfreie kurzgeschnittenes Haar oder einen glattgeschorenen Kopf. Bei den Merowingern war langes Haar darüber hinaus das Symbol des königlichen Ranges, wurde es geschoren, bedeutete dies, den Anspruch auf den Thron verloren zu haben. Der ausgeprägte rechtliche und damit verbundene mythisch-religiöse Bedeutungsgehalt des Haupthaares bei den Franken bezog die Rasur des Bartes jedoch nicht mit ein. Der Goldring Childerichs I. (gest. 482) zeigt den König mit seinem langen Haar, aber glattrasiert. Auch konnten bartlose Jünglinge zu den Thronbewerbern gehören, wenn sie nur über lang wallendes Kopfhaar verfügten.

Isidor von Sevilla mit seiner Schwester Florentina
Darstellung aus Isidors »Fide Catholica contra Judaeos«, Nordostfrankreich, 8. Jahrhundert
Bibliothèque Nationale, Paris

Kaiser Ludwig der Fromme
Darstellung aus dem »Liber de laudibus sanctae crucis des Hrabanus Maurus«, Fuldaer Schule, zwischen 831 und 840
Österreichische Nationalbibliothek, Wien

800–1000

In Italien entsprachen im 8. Jahrhundert die politischen Grenzen den Grenzen der Verbreitungsgebiete der langobardischen, römischen und byzantinischen Barttracht. Verschoben sich in Auseinandersetzungen die politischen Grenzen, so war es den Siegern ein wichtiges Anliegen, die neuen Untertanen den eigenen Bräuchen anzupassen. So forderte der langobardische König Liutprand (gest. 744) die Römer im von ihm eroberten Kampanien auf, daß sie sich »nach Sitte der Langobarden scheren und kleiden«, während sich die unter die Hoheit von Papst Hadrian II. (792–872) begebenden langobardischen Spoletaner nach »Sitte der Römer scheren mußten«. Karl der Große (747–814) erwartete vom Herzog von Benevent, daß er sich das Kinn rasiere, damit er ihn als seinen Gefolgsmann erkenne.[11]

Ikonographischen Belegen zufolge waren die meisten Herrscher des frühen Mittelalters glattrasiert; sie trugen bestenfalls einen kurze Bart oder einen Schnurrbart. Kein karolingischer Herrscher trug einen Bart, auch Karl der Große war glattrasiert, wenngleich ihn zahllose spätere Bildnisse – wie die aus dem 9. Jahrhundert stammende Reiterstatue des Kaisers im Pariser Louvre – der jeweils vorherrschenden Gepflogenheit entsprechend mit einem Bart zeigen. Für das 9. Jahrhundert war ein Schnurrbart mit glattrasiertem Kinn charakteristisch.

Die Geschichte der Bartmode im Mittelalter allein aus ikonographischen Quellen zu erschließen ist schwierig. Zum einen ist das Vorhandensein eines Bartes oftmals schwer feststellbar, denn auf frühmittelalterlichen Darstellungen ist der Bart in der Regel nur eine sich über das Gesicht erstreckende Linie, eher ein schwer zu interpretierender, gemalter Schatten. Zum anderen muß die Existenz eines Bartes selbst dann bezweifelt werden, wenn er auf einem Porträt eindeutig zu identifizieren ist, denn die gleiche Person kann auf verschiedenen Bildnissen einmal mit und einmal ohne Bart dargestellt werden.

Bildnisse und Beschreibungen wurden meist von antiken Traditionen

Darstellung der zwölf Winde
Die »zwölf Winde« spiegeln die im 9. Jahrhundert verbreitete Bartmode wider – die rasierten Gesichter sind in der Überzahl.
Aus einer Sammlung astronomisch-naturwissenschaftlicher Texte, Umkreis von Salzburg, um 818
Bayerische Staatsbibliothek, München

beeinflußt, nach denen man den Bart mit bestimmten Eigenschaften wie Frömmigkeit, Weisheit, Stärke, Würde und Alter verband – der Bart diente also häufig nur als ein idealisierendes Zeichen, unabhängig davon, ob der Dargestellte einen solchen trug oder nicht. Darüber hinaus ist es zweifelhaft, ob die vor dem 14. Jahrhundert entstandenen Bildnisse Porträts im heutigen Sinne waren. Darstellungen bestimmter Personen mit Bart haben

Darstellung der zwölf Monate
Aus einer Sammlung astronomisch-naturwissenschaftlicher Texte, Umkreis von Salzburg, um 818
Bayerische Staatsbibliothek, München

Kaiser Otto II.
Obwohl zu Beginn der Regierungszeit Ottos III. entstanden, handelt es sich wohl um ein »Erinnerungsbild« an Otto II.
Widmungsblatt aus dem »Liuthar-Evangeliar«, Reichenauer Schule, um 996
Domschatzkammer Aachen

daher nur einen begrenzten Aussagewert, wenn sie nicht zusätzlich durch andere Quellen gestützt werden.

Nach Berichten einer arabischen Gesandtschaft, die sich um 973 am Hofe Kaiser Ottos I. (912–973) aufhielt, wußte der arabische Kosmograph Quazwînî über die Barttracht der Franken folgendes zu berichten: »Sie scheren ihre Bärte, und es sprossen nach dem Scheren nur abscheuliche Stoppeln. Man fragte einen von ihnen nach der Bartschur, und er gab zur Antwort: Das Haar ist etwas überflüssiges; ihr entfernt es von euren Schamteilen, wie sollten wir es in unseren Gesichtern dulden!«[12] Widukind von Corvey zufolge trug Otto I., ein Mann, dessen »gewaltiger Körperbau die ganze königliche Würde offenbarte«, als erster Kaiser »einen reichlich niederwallenden Bart, und dies gegen die überlieferte Sitte«.[13] Wenn Otto II. (955–983) gegen Ende seiner Herrschaft gelegentlich mit Bart abgebildet wurde, dann wohl eher, um sein Alter und seine Würde zu unterstreichen – ein allgemeiner Wandel in der Mode läßt sich daraus nicht ableiten. Dagegen zeigt sich Kaiser Otto III. (980–1002) – dem Gedanken der »renovatio imperii«, der Erneuerung des Römischen Reiches, verpflichtet – nach antiker Sitte wieder bartlos. Zur Jahrtausendwende kam bei den Adeligen seines Gefolges ein kurzer, gegabelter Kinnbart und ein Schnurrbart, der unterhalb der Nase ausrasiert wurde, in Mode. Die Kaiser nach Otto III. wurden alle mit – unterschiedlich langem – Bart dargestellt. Im gegen 1143 entstandenen Evangelistar Heinrichs III. (1017–1056) erscheint der Kaiser mit einem langen, gegabelten Bart, auf seinen Siegeln mit einem kurzen Bart, und in einigen Miniaturen trägt er lediglich einen Schnurrbart. Die Mode langer Bärte sollte jedoch nicht lange halten.

Hochmittelalter 1000–1150

Von Südfrankreich ausgehend, breitete sich zu Beginn des Hochmittelalters im französischen Adel die Mode der Bartlosigkeit aus. Französische Geistliche klagten, daß sich nach der Heirat König Roberts des Frommen (996–1031) mit der provenzalischen Grafentochter Konstanze von Arles in ganz Frankreich die südfranzösische Unbekümmertheit in Kleidern und Sitten verbreitet hätte. »Einst«, schrieb der französische Historiograph Raoul Glaber, »etwa im Jahr 1000 seit der Menschwerdung Christi, als König Robert die Königin Konstanze aus Aquitanien zur Frau nahm, wurden Frankreich und Burgund überflutet von Männern aus der Auvergne und aus Aquitanien, die im Gefolge der Prinzessin gekommen waren; sie waren voller Leichtfertigkeit und Eitelkeit, ihre Gewohnheiten ebenso häßlich wie ihre Kleider, an ihren Waffen und am Zaumzeug ihrer Reittiere einen zügellosen Luxus präsentierend; die Haare in Ohrhöhe abgeschnitten, den Bart rasiert wie Gaukler, mit unanständigen Schuhen und Beinkleidern bekleidet und bar allen guten Glaubens und aller Achtung vor dem geschworenen Frieden. Ach Schmerz! Alle Franzosen und Burgunder, einst die edelsten Völker, bemächtigten sich gierig ihres schändlichen Beispiels und werden ihnen bald ganz ähnlich sein in bezug auf Ehrlosigkeit und Schändlichkeit.«[14]

Von Frankreich aus verbreitete sich Mitte des 11. Jahrhunderts die Rasur auch in Deutschland. Bereits das Dedikationsbild des zwischen 1139 und 1143 entstandenen Evangelistars Heinrichs III. zeigt das Gefolge des Kaisers glattrasiert, obwohl es am kaiserlichen Hof sowohl Männer mit wie auch ohne Bart gab. Nach dessen Heirat mit der südfranzösischen Fürstin Agnes von Poitou (1025–1077) im Jahre 1043 stellten deutsche Geistliche empört fest, daß die modische Aufmachung der französischen Herren auch vom deutschen Adel nachgeahmt wurde. In einem Brief aus dem Jahr der Hochzeit

Kaiser Otto III.
Widmungsblatt aus dem Evangeliar Ottos III., Reichenauer Schule, um 1000
Bayerische Staatsbibliothek, München.

Einzug Christi in Jerusalem
Das »Volk von Jerusalem« spiegelt in Kleidung und Haartracht die Mode des beginnenden 11. Jahrhunderts wider.
Evangeliar Kaiser Heinrichs II.
um 1007–12
Bayerische Staatsbibliothek, München

beklagte sich Abt Siegfried von Gorze (gest. 1055) bei Abt Poppo von Stablo (gest. 1048) über die Verbreitung geschmackloser und schimpflicher französischer Moden in Deutschland: »Was uns jedoch am meisten bedrückt und worüber wir nicht schweigen dürfen, ist, daß die Ehre des Reiches, die zu Zeiten der früheren Kaiser in bezug auf Kleidung, äußere Erscheinung, Bewaffnung und Reitwesen in schicklichstem Ansehen stand, in unseren Tagen vernachlässigt wird und die schändliche Mode französischer Albernheiten eingeführt wird, nämlich das Scheren der Bärte, die überaus anstößige, schamhafte Blicke verletzende Kürze und Häßlichkeit der Kleider und viele andere Neuerungen, die aufzuzählen zu lange dauert und die zu Zeiten Ottos und Heinrichs einzuführen keinem erlaubt gewesen wäre. Aber nun schätzen die meisten die väterlichen und ehrenhaften Sitten gering und streben nach den Kleidern der ausländischen Menschen und zugleich nach deren Verdorbenheiten und wünschen sich, jenen ähnlich zu sein, von denen sie wissen, daß sie ihre Feinde sind.«[15]

Gerade das Abrasieren der Bärte war eine Neuerung, die auf die Vertreter der Geistlichkeit besonders abstoßend wirken mußte, war doch das glattrasierte Gesicht eines der Kennzeichen ihres Standes. Während der Klerus des Ostens nach vorchristlicher orientalischer Tradition stets einen Bart trug, waren die abendländischen Priester seit der Spätantike nach dem Vorbild der freien Römer bartlos. Teilweise gab es im Mittelalter das ritualisierte Bartopfer bei der Aufnahme in den Kleriker- oder Mönchsstand.

In den Regeln Benedikts und in den älteren Mönchsordnungen wird das Rasieren nicht erwähnt, zu Beginn des 9. Jahrhunderts war die Rasur in den Klöstern jedoch bereits allgemein üblich. In den Klöstern unterschied der Bart im allgemeinen die »fratres barbati« genannten Laienbrüder von den geweihten Priestermönchen. Einzelne Orden wie die Kartäuser schrieben jedoch auch den Laienbrüdern die Bartlosigkeit vor. Allerdings rasierten sich die Mönche nur in längeren Zeitabständen. Rasierten Sie sich im 10. Jahrhundert noch alle 12 oder 15 Tage – in der Fastenzeit noch seltener –, verlegte man im 11. Jahrhundert die Rasur vor besondere Feiertage. Später wurden 20 Rasurtermine pro Jahr festgelegt. Aber selbst dies empfanden die Mönche als zu häufig und besonders im Winter als lästig und beschwerlich, weshalb Petrus Venerabilis (um 1092–1156), Abt von Cluny, die Zahl der jährlichen Rasurtage auf 14 herabsetzte. In den neuen Orden der Zisterzienser und Kartäuser rasierten sich die Mönche an sechs oder sieben vorgeschriebenen Terminen im Jahr noch seltener. Nach heutigen Maßstäben hätten die mittelalterlichen Mönche kaum als rasiert gegolten, wurden aber zu ihrer Zeit gleichwohl so angesehen.

Die Rasur war in den Mönchsordnungen bis ins Detail genau beschrieben. Zur Verwaltung der Rasiermesser wurde eigens ein Bruder bestimmt, der die Messer in einem verschlossenen Kasten aufbewahrte und sie einige Tage vor der Rasur schärfte. Küchendiener waren für das Bereiten warmen Wassers oder der Lauge zuständig, ein Mönch für die Verteilung der Rasierbecken, ein weiterer für die Ausgabe der Leinentücher. »Wenn sich die Brüder rasieren sollen, setzt sich die eine Hälfte im Kreuzgang auf eine Bank, die andere Hälfte auf eine zweite, und die Schüsseln und Rasiermesser werden so verteilt, daß immer zwei je eines haben, die einen die Schüssel, die anderen das Messer. (…) Der den andern rasiert, zieht die Frocke aus, der andere legt seine Kukulle neben sich und nimmt warmes Wasser. … Psalmen werden dabei gebetet.«[16]

Das Rasiergebot des Klerus wurde jedoch nicht einheitlich gehandhabt. Im Ende des 10. Jahrhunderts entstandenen Evangeliar Kaiser Ottos III. ist ein junger Abt glattrasiert dargestellt, ein älterer jedoch mit einem grauen, kurzen Vollbart, der allerdings wesentlich kürzer ausfällt als die Bärte weltlicher Würdenträger. Die Kaiser Heinrich III. begleitenden Äbte auf dem

Hrabanus Maurus übergibt Papst Gregor IV. seine Schriften.
Bereits im 9. Jahrhundert war die Tonsur der Mönche allgemein üblich.
Dedikationsbild aus dem »Liber de laudibus sanctae crucis des Hrabanus Maurus«, Fuldaer Schule, zwischen 831 und 840
Österreichische Nationalbibliothek, Wien

Tonsur beim Eintritt in den Mönchsstand
Das Scheren des Haupthaars und die Rasur des Bartes waren auch ein rechtliches Zeichen der Unterwerfung unter die Gewalt der Kirche.
Wolfenbütteler Bilderhandschrift des Sachsenspiegels, um 1350–65
Herzog-August-Bibliothek Wolfenbüttel

Bruder Eberhard von Sax
Während Eberhard sich offenbar schon längere Zeit nicht mehr rasiert hat, scheint sein Mitbruder häufiger zum Schermesser zu greifen.
Manesse-Liederhandschrift, zwischen 1300 und 1340
Universitätsbibliothek Heidelberg

Dedikationsbild seines bereits erwähnten Evangelistars tragen ebenfalls einen kurzen Vollbart. Wenn jedoch die Darstellungen von Männern eines bestimmten Alters oder Ranges, was auch Bischöfe und Äbte einschloß, einen Bart zeigen, so ist dies weniger als ein Abbild der Realität, sondern eher als ein Zeichen von Alter, Weisheit und Würde zu verstehen.

Das »Hortus deliciarum« (um 1175–1195) der Äbtissin Herrad von Hohenburg zeigt eine Tugendleiter, an deren Spitze ein Eremit mit einem langen Bart steht, gefolgt von einem Einsiedler mit einem kürzeren Bart, einem Mönch ohne Bart, einem Geistlichen mit einem kurzen Bart und einem Ritter ohne Bart, während ein bartloser Priester abseits steht.[17] In der ersten Hälfte des 12. Jahrhunderts und der zweiten Hälfte des 13. Jahrhunderts trugen – wohl unter dem Einfluß der Kreuzzüge – eine Reihe von Päpsten einen Bart. Auch die im 12. Jahrhundert entstandene »Apologia de Barbis« des Abtes Burchard von Belleveaux (gest. um 1163) zeugt davon, daß das Rasiergebot des Klerus nicht immer einheitlich ausgelegt wurde. Jedenfalls erließen seit dem 12. Jahrhundert fast alle Synoden Verbote und Strafen gegen den Bartwuchs der Geistlichen.

Das Ansehen der Mönche war in der Zeit zwischen 1050 und 1150, dem »monastischen« Jahrhundert, so groß wie nie zuvor. Dies mag mit zur allmählichen Aufwertung der bartlosen Tracht beigetragen haben. So rasierten sich manche Laien in der Absicht, den Mönchen äußerlich zu gleichen. Bei den geistlichen Herren stieß dieser Versuch der Angleichung auf entschiedene Ablehnung. Otloh von St. Emmeram (1010–nach 1067) schildert im Anhang zu seiner Schrift »Vom geistlichen Wettlauf« die Geschichte eines »vornehmen Herrn«, dem es widerfuhr, daß trotz seiner Unschuld ein Gottesurteil zu seinen Ungunsten ausging.[18] Den Grund für Gottes Zorn und das fehlgegangene Gottesurteil erläuterte ihm ein Geistlicher: »Obwohl du ein Laie bist und nach der Sitte der Laien niemals einen rasierten Bart tragen dürftest, hast du das göttliche Gesetz gebrochen und hast wie ein Kleriker deinen Bart rasiert.« Der Mann versprach, sich künftig nie wieder zu rasieren, und so ging das erneut angerufene Gottesurteil zu seinen Gunsten aus. Damit war nicht nur dessen Unschuld bewiesen, auch der Grundsatz, »daß kein Laie seinen Bart rasieren darf«, wurde bestätigt. Doch die Geschichte setzte sich fort, denn der Adelige gab der verführerischen Mode erneut nach, vergaß sein Versprechen und begann von neuem, sich zu rasieren. Dafür wurde er hart bestraft: Er wurde von seinen Feinden gefangengenommen und geblendet. In seinem »Buch der Mahnung an Geistliche und Laien« ermahnte Otloh jeden dazu, sich fernzuhalten »von der Zügellosigkeit und dem vielfältigen Tand, den hierzulande die anstößigsten Bewohner fremder Länder mit dem ungesitteten Rasieren und der scheußlichen Kleidung eingeführt haben«.[19]

Das Bedürfnis sich zu rasieren, geht auf ein jugendliches Schönheitsideal zurück, das zudem schneeweiße Haut, rosige Wangen und glatte Haut propagierte. In dem um 1050 im Kloster Tegernsee entstandenen Epos »Ruodlieb« baden und rasieren sich Ruodlieb und sein Neffe nach ihrer Rückkehr aus der Fremde, um sich auf ein Festmahl vorzubereiten: »Er schabt sich den Bart, so daß kein einziges Haar mehr dort war und niemand so schlau wäre, zu unterscheiden, ob er ein Kleriker, eine Frau oder ein bartloser Schüler wäre: so reizend und mädchenhaft war sein Antlitz.«[20]

Besonders Modebewußte achteten sogar darauf, daß sie nicht mit allzu langen Bartstoppeln herumliefen, und rasierten sich daher häufiger. Alain de Lille (um 1120–1203) schilderte, wie die verweichlichten jungen Männer »dem sprießenden Bart mit dem Rasiermesser mit steter Heimtücke nachstellen, damit auf diesem Weg nicht eine Winzigkeit sich erdreistet, hervorzukeimen«.[21] Und Eustathios von Thessaloniki (1115–1195/97) bemerkte dazu, daß sie »stets versuchen, künstlich so auszusehen, als ob sie gerade einen Bart bekommen. Daher foltern sie ihren Bart, indem sie ihn ständig knapp rasieren, und fühlen sich entehrt, wenn der Bart zu wachsen erscheint.«[22]

Während der zweiten Hälfte des 11. und während des 12. Jahrhunderts rasierten sich offensichtlich viele, wenn nicht die meisten nordeuropäischen Männer. Die Ausbreitung der Bartrasur wird gelegentlich mit klassischen Vorbildern in Verbindung gebracht, doch diese Mode scheint sich verbreitet zu haben, bevor antike Einflüsse spürbar wurden. Die Zeitgenossen empfanden die geänderte Mode als bedeutsamen Wandel. Geoffroy von Vigeois (gest. 1184) zufolge trugen zuvor nur wenige Männer und Adelige langes Haar, so wie es mittlerweile viele Leute und die Gemeinen täten. Diese hätten früher ihr Haar geschnitten und lange Bärte getragen, nun würden Bauern und Soldaten ihn abrasieren. Wenn allerdings die in den Miniaturen des 12. Jahrhunderts abgebildeten Soldaten nahezu alle bartlos sind, mag dies weniger auf die zeitgenössische Mode als vielmehr auf die Schwierigkeit zurückzuführen sein, einen Bart in einem den Kopf nahezu gänzlich bedeckenden Helm zu tragen.

Szene aus dem Leben des hl. Bertin
Er und seine Mitbrüder nahmen es mit der Rasur offenbar sehr genau.
Simon Marmion, Ausschnitt aus dem Altar von Saint-Omer, 2. Hälfte 15. Jahrhundert
Staatliche Museen zu Berlin, Gemäldegalerie

Kardinal Niccoló Albergati
Dagegen hatte sich Kardinal Albergati schon einige Tage nicht mehr rasiert, bevor er sich porträtieren ließ.
Jan van Eyck, um 1435
Kunsthistorisches Museum, Wien

Johann von Singgenberg
Johann trägt einen modisch gestutzten Vollbart, während sein glattrasierter Turniergegner bei den zuschauenden Damen anscheinend einen jugendlicheren Eindruck hinterlassen möchte.
Manesse-Liederhandschrift, zwischen 1300 und 1340
Universitätsbibliothek Heidelberg

Die Entwicklung des Barbierhandwerks

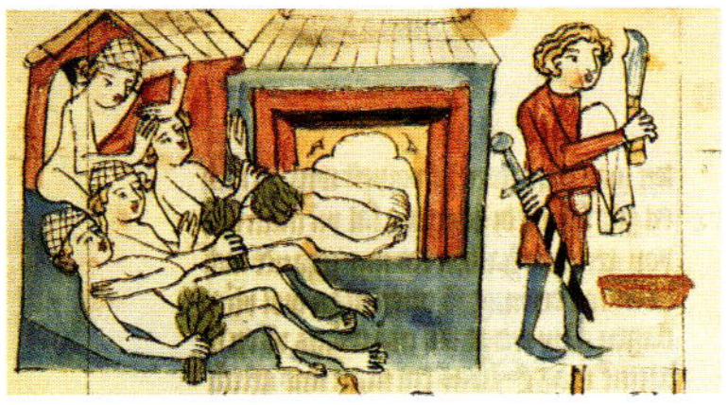

Badestube und Bader mit Schermesser
Bevor die Verwendung von Seifenschaum üblich wurde, dienten die Schwitzbäder auch zum Erweichen des Barthaars vor der Rasur.
Wolfenbütteler Bilderhandschrift des Sachsenspiegels; um 1350–65
Herzog-August-Bibliothek Wolfenbüttel

Diese Ausbreitung der bartlosen Tracht begünstigte natürlich die zunehmende Etablierung der Barbiere als Berufsgruppe. Mit dem Wachsen der Städte im Hochmittelalter entstanden auch neue Lebensgewohnheiten, so gehörte zur Erhaltung einer spezifischen städtischen Kultur auch die Entwicklung des mittelalterlichen Badewesens. Nachdem es zuvor Bäder an Adelshöfen und in Klöstern gegeben hatte, wurden nach dem ersten Kreuzzug zu Beginn des 12. Jahrhunderts in den Städten öffentliche Badestuben eingeführt, deren älteste urkundlich nachweisbare Abt Marquard, der von 1150 bis 1168 amtierte, auf dem Fuldaer Markt errichten ließ. Im 13. Jahrhundert stieg die Zahl öffentlicher Badestuben, und gleichermaßen begann sich das Gewerbe der Bader und Barbiere zu etablieren. Die Organisation dieses Handwerks in Zünften erfolgte jedoch erst relativ spät: Die Hamburger »Badstöver«, die sich 1375 eine Satzung gaben, gelten gemeinhin als ältester korporativer Zusammenschluß.

Zur Aufgabe der Bader gehörte das Aufheizen der Badestuben, die Bereitung von Dampf-, Wannen- und Kräuterbädern, von Aufgüssen mit warmem Wasser und Lauge, das Abreiben und Schlagen mit einem Reisigwedel, um die Schweißbildung anzuregen, und die Bereitstellung von gewärmten Tüchern, Hemden sowie den charakteristischen geflochtenen Badehüten. Ihre Tätigkeit beschränkte sich nicht nur auf die Körperpflege, sondern umfaßte auch medizinische Tätigkeiten wie das Aderlassen und Schröpfen. Zugleich waren sie als Wundärzte tätig, übernahmen die sogenannte »niedere« Chirurgie, die Behandlung von Knochenbrüchen und Verrenkungen, Abszessen, Ausschlägen und Hautkrankheiten sowie die Zahnbehandlung.

In den Badestuben erledigten Badeknechte oder Gesellen das »Scheren«, das sowohl die Rasur wie auch das Stutzen des Haupthaares umfaßte. Im 13. Jahrhundert schien es noch üblich zu sein, daß die Badenden sich selbst rasierten, zumindest brachten sie eigene Schermesser und Becken mit. Es wird angenommen, daß es allmählich zu einer Trennung von Badern und Barbieren – anfangs noch Scherer genannt – kam, da die Gesellen wegen der begrenzten Anzahl von Badestuben kaum Aussicht hatten, selbst Meister zu werden; die Trennung der ursprünglich gemeinsamen Zünfte setzte Ende des 13. und mit Beginn des 14. Jahrhunderts ein. 1397 wurde in Köln eine erste Barbier-Bruderschaft gegründet. Sie übernahmen die Tätigkeiten, die auch außerhalb der Badestube ausgeführt werden konnten, und spezialisierten sich auf medizinische Dienstleistungen wie das Schröpfen und die Wundbehandlung sowie die Haar- und Bartpflege.

In den Badestuben unterschied man zwischen dem unangenehmeren »trukken scheren« und dem »putzen auf nassen Bänken«, bei dem Wasser und Dampf des Bades das Barthaar erweichten. Die Verwendung von Seifenschaum beim Rasieren wurde erst später üblich – die älteste bekannte Darstellung des Schaumschlagens stammt aus dem Jahr 1524.[23] Rasieren war im Mittelalter ein langsamer und ziemlich schmerzhafter Vorgang. Burchard von Belleveaux zufolge blieb daher jenen, die bedauern, keinen Bart zu haben, zumindest »der Trost, daß sie dadurch Kummer, Arbeit und Schmerzen des Rasierens enthoben sind«.[24] Es darf kaum angenommen werden, daß die Männer sich dieser Prozedur allzu häufig unterzogen, auch in der Obrigkeit wurde das Rasieren keinesfalls zu einer täglichen Verrichtung. Die mittelalterliche Bezeichnung »barbatus« (bärtig), schloß so auch die Männer ein, deren Bart zwischen den Rasuren – zweifellos aus Nachlässigkeit – hervorsproß, die gleichwohl aber auch als rasiert galten.

Mittelalterliche Rasiermesser ähneln optisch den noch heute gebräuchlichen Messern. »Wir sehen einen anderen Punkt in diesem Werk des Schneidens der Betrachtung wert«, schrieb Burchard von Belleveaux, »welcher ist, daß diese Kunst bekanntlich leichter und sanfter ist, wenn sie mit einer Schere verrichtet wird, und härter und rauher vonstatten geht, wenn ein Rasiermesser gebraucht wird.«[25] Rasiergeräte, die dem privaten Gebrauch vorbehalten waren, konnten je nach Stand ihres Besitzers aus luxuriösen Materialien gefertigt sein. Das Rasiermesser, auch »Scharsach« genannt, erfuhr jedoch bis in die Neuzeit hinein typologisch nur geringe Variationen. Es war bis gegen 1500 unbeweglich mit dem Griff verbunden, während sich im 16. Jahrhundert zusammenlegbare Messer durchsetzen.

Barbierstube in einer mittelalterlichen Stadt
Typisch waren Ladenstraßen mit offenen Verkaufsständen – die Rasur fand unter den Augen des zahlreich vorrüberziehenden Volks statt.
Miniatur, Frankreich. 15. Jahrhundert
Bibliothèque de l'Arsenal, Paris

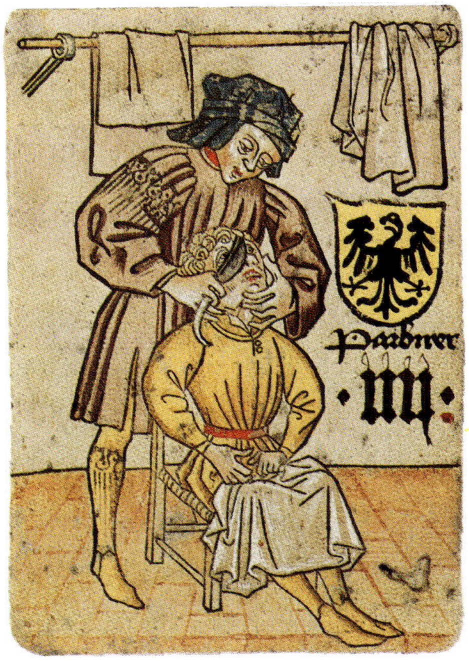

Barbier bei der Arbeit
Spielkarte aus dem »Hofämterspiel«, Südwestdeutsch, um 1450
Kunsthistorisches Museum, Wien

Hochmittelalter 1150–1350

Rechts: Szene aus dem Leben Gregors
Das dargestellte »Volk von Rom« erscheint hier in der Mode des späten 12. Jahrhunderts.
Registrum Epistolarum et Regula Pastoralis des Gregorius Magnus, Weingarten, um 1190–95
Hessische Landesbibliothek Fulda

Unten: Drei Weise huldigen Christus
Die Barttracht der »drei Weisen« entspricht der zeitgenössischen Auffassung der verschiedenen Lebensalter.
Evangelistar von St. Erentrud, Salzburg, um oder nach 1150
Bayerische Staatsbibliothek, München

Gegen Mitte des 12. Jahrhunderts kam in Nordfrankreich das Tragen kleiner Bärte wieder in Mode, nachdem man sich knapp eineinhalb Jahrhunderte lang den Bart rasiert hatte. Daß auch die Normannen in früheren Zeiten Bärte getragen hatten, war in Vergessenheit geraten, und die neumodischen kleinen Bärte stießen nun auf entschiedene Ablehnung. Französische und normannische Sittenkritiker wandten sich – anders als die Deutschen ein halbes Jahrhundert zuvor – nun nicht mehr gegen die Rasur, sondern gegen die aufkommenden Bärte. Bischof Serlo von Séez sagte 1105 in einer Predigt: »Lange Bärte geben ihnen das Aussehen von Ziegenböcken, deren schmutzige Lasterhaftigkeit schändlicherweise von den Entartungen der Ehebrecher und Sodomiten nachgeahmt wird.« Der normannische Geistliche und Geschichtsschreiber Ordericus Vitalis beklagte in seiner zwischen 1115 und 1141 verfaßten »Historia ecclesiastica« die Dekadenz und »weibische Verweichlichung« seiner Zeit: »Sie rasieren sich die Stirn, wie Diebe, hinten aber lassen sie ihr Haar lang wachsen, wie Dirnen. Bis zu dieser Zeit waren gewöhnlich nur Büßer und Gefangene und Pilger unrasiert und trugen lange Bärte; und haben auf diese Art ihre Buße oder Gefangenschaft oder Pilgerschaft öffentlich angezeigt. Nun aber sind fast alle unserer Landsleute verrückt und tragen kleine Bärte, und stellen durch dieses verwerfliche Kennzeichen unverholen zur Schau, daß sie sich in schmutzigen Begierden ergötzen, wie übelriechende Böcke.«[26]

Die Bartmode in der höfischen Zeit war abhängig vom Lebensalter: Junge Adelige gingen glattrasiert, Herren in mittleren Jahren trugen einen vornehm gestutzten Kinn- und Wangenbart, selten einen Schnurrbart, und ältere Ritter trugen in der Regel einen breiten langen Vollbart. Dies läßt sich an bildlichen Darstellungen der Heiligen Drei Könige nachvollziehen, die häufig auch die drei verschiedenen Lebensalter symbolisierten. In dem um 1200 entstandenen Aldersbacher Codex wird der griechische Gelehrte Pythagoras mit einem kunstvoll geflochtenen Vollbart gezeigt, während man den römischen Dichter Ennius als bartlosen Jüngling und den Epiker Flaccus mit Kinn- und Wangenbart präsentierte.[27] Der Vollbart älterer Herren wurde gelegentlich zu Zöpfen geflochten, bisweilen mit Goldfäden durchzogen, dabei liefen die alten Ritter allerdings

Gefahr, als »alter Ziegenbart« verspottet zu werden. Im allgemeinen jedoch galt der Bart als Ausweis von Alter und Würde, und ein alter Mann, der eine junge Frau heiratete, machte sich lächerlich, wenn er – um ihr zu gefallen – möglichst jung aussehen wollte und sich deswegen glattrasieren ließ.

Die meisten Herrscher des 12. Jahrhunderts trugen entweder keinen oder nur einen kurzen Bart. Wenn ein Herrscherbild der höfischen Zeit den Kaiser mit einem besonders repräsentativen, sorgfältig gestutzten Bart zeigt, wie etwa die berühmte goldene Porträtbüste Kaiser Friedrich I. Barbarossa (1122–1190), entspricht dies der Mode seiner Zeit – unabhängig von der Frage, ob Friedrich tatsächlich einen Bart trug oder nicht. Nach dem »Ordo Census« aus der ersten Hälfte des 12. Jahrhunderts hatten die Kaiser bei ihrer Krönung rasiert zu sein, wenn ihnen der Papst Stirn, Kinn, Knie und Lippen küßte.[28] Kaiser Friedrich II. (1194–1250) war – wohl unter dem Einfluß der Antike, aber auch im Gegensatz zum nun bärtigen Papst – glattrasiert. Zuvor hatte es einen bewußten Kontrast zwischen dem Herrscherbart des Kaisers und dem bartlosen Papst gegeben. In der ersten Hälfte des 12. Jahrhunderts ist jedoch eine Reihe bärtiger Päpste bezeugt. In dieser Zeit der Auseinandersetzung zwischen der weltlichen Macht des Kaisers und dem Papsttum wurde der Bart zu einem Zeichen für Status und Parteizugehörigkeit: In Cremona standen die glattrasierten Anhänger Kaiser Friedrichs II., die »barbarasi«, den die »Behaarten« genannten Parteigängern der Kirche, den »capelletti«, gegenüber.[29]

Oft wurde angenommen, daß das Rasieren eine Mode war, die – Geistliche ausgenommen – exklusiv der Oberschicht vorbehalten blieb, während der Großteil der unteren Bevölkerungsschichten stets bärtig war. Diese

Kaiser Friedrich I. Barbarossa mit seinen beiden Söhnen, König Heinrich und Herzog Friedrich von Schwaben
Darstellung aus einer Welfenchronik, Weingarten, letztes Viertel des 12. Jahrhunderts
Hessische Landesbibliothek Fulda

Robert de Masmines
Der Truppenführer und Rat der burgundischen Herzöge war mit seinem über den Ohren abgeschnittenen und ausrasierten Haar modisch auf der Höhe seiner Zeit.
Robert Campin, zwischen 1420 und 1430
Staatliche Museen zu Berlin, Gemäldegalerie

Vermutung deckt sich jedoch nur teilweise mit den erhaltenen Bildzeugnissen. Die Darstellungen bärtiger Hirten, Bauern, Handwerker und Bürger spiegeln wohl eher ein Ideal als die Wirklichkeit wider. In der Malerei sind rasierte Gesichter sogar tendenziell in der Überzahl. Denn alle im höfischen Bereich entwickelten Formen von Kleidung und Haartracht unterlagen in hohem Maße der Nachahmung durch die übrigen gesellschaftlichen Schichten bis hinab zu den Bauern. Der Öffentlichkeitscharakter modischer Erscheinungen eignete sich besonders dazu, die gesellschaftliche Position des Einzelnen nach außen zu signalisieren. Entsprechend war der Adel auf die Erhaltung seiner Sonderrechte bedacht. So finden sich in der höfischen Dichtung zahlreiche Klagen über das den Bauern eigentlich nicht zukommende »üppichlich gewant«. Wenngleich Kleiderordnungen wie im Bayerischen Landfrieden von 1244 nicht auf Bart- oder Haarmoden eingehen, finden sich doch in der höfischen Dichtung Klagen über »langez valwez hâr« bei den Bauern, das eigentlich den Rittern vorbehalten bleiben sollte. Als um 1348, wie die Limburger Chronik berichtet, »herren, ritter unde knechte« begannen, kurze Haare, »ober den oren abgesneden glich den Conversenbrudern« zu tragen, »da daden daz auch di burger gemeine lude unde di gebure alle darnach«.[30] In gleichem Maße vollzogen einfache Bürger, Gemeine und Bauern auch die Änderungen in der Bartmode der Oberschichten nach.

Spätmittelalter 1350–1490

Das Spätmittelalter war in vielen Bereichen geprägt von zahlreichen Krisen und Umbrüchen: Klimaverschlechterungen führten zur Entvölkerung bisher besiedelter Gebiete; die große Pest von 1348/50 und die später folgenden Epidemien hatten einen Rückgang der Bevölkerungszahl zur Folge; ein allgemeiner wirtschaftlicher Niedergang zeitigte städtische Zunftkämpfe, Elendsrevolten und Bauernaufstände. Das Krisenbewußtsein breiter Bevölkerungsschichten zeigte sich in einer verbreiteten Endzeitstimmung, die unter anderem in den sich selbst geißelnden Flagellantenzügen gipfelte.

Die Krisen der Zeit und das daraus resultierende Lebensgefühl blieben nicht ohne Auswirkungen auf die Mode. »Item darnach ober ein jar da dit sterben«, hieß es in der Limburger Chronik, »ein ende hatte, da hup di wernt wider an zu leben unde frolich zu sin, unde machten di menner nuwe kleidunge.«[31] Dazu gehörte auch, daß ab 1350 das Barttragen in der Form von Kinnbärten wieder modern wurde.

Wegen des Mißstandes, »der ietzent ist in stedten und in lande an hochvarte unde übermute«, verbot der Rat der Stadt Speyer in einer 1356 erlassenen Kleiderordnung nicht nur »hochfährtige Kleider und Zierrat«, sondern auch das Tragen von Bärten. »Ez ensol«, hieß es, »ouch dehein man deheinen bart oder scheitel dragen«.[32] Der Rat ließ sich bei seinem Eingriff in Bart- und Haartracht von religiös-ethischen Erwägungen leiten: Zu »unserre stedte und unserre burgere ere, nutz, frummen und selikeit« sollten die ihm anvertrauten Bürger durch die Sünde der Hochfahrt, die sich nach Meinung des Rates auch im Barttragen ausdrückte, nicht gefährdet werden.

Mann mit den Nelken
Dieser wohlhabende Bürger rasierte sich anscheinend nicht einmal, wenn er sich porträtieren ließ.
Jan van Eyck (Werkstatt), 2. Drittel 15. Jahrhundert, Staatliche Museen zu Berlin, Gemäldegalerie

Estienne Chevalier mit dem hl. Stephanus. Glattrasiert und sorgfältig frisiert, ließ sich Estienne Chevalier, Sekretär des französischen Königs und Kämmerer von Frankreich, in Begleitung des hl. Stephanus auf einem von ihm gestifteten Altar verewigen.
Jean Fouquet, nach 1450
Staatliche Museen zu Berlin, Gemäldegalerie

Andreas von Rechenberg
Anfang des 16. Jahrhunderts waren waagerecht gestutze Bärte Mode.
Lucas Cranach d. Ä., um 1537
Staatliche Kunsthalle, Karlsruhe

Solche Verbote blieben allerdings Ausnahmen. Die mittelalterlichen Kleiderordnungen waren vor allem ökonomisch motiviert, man wollte mit ihnen die Ausgaben für Luxuswaren begrenzen. Sie reglementierten daher vor allem die Kostbarkeit und Menge der verwendeten Stoffe, Zahl und Zuschnitt der Kleider und den erlaubten zusätzlichen Schmuck. Wenn allerdings das konservative Festhalten an der überlieferten Ordnung die Kleiderordnungen beeinflußte, betraf dies auch Haar- und Barttrachten. Dies wird an einem Nürnberger Verbot von modischen Scheitelfrisuren aus dem ausgehenden 14. Jahrhundert deutlich, nach dem »deheine burger, er sei alte oder junk, kaine schayteln mer tragen sol; si suln schöpfe tragen, als man si von alter her gertragen hat«.[33]

Gegen Ende des 14. Jahrhunderts wurde das Tragen eines Schnurrbarts zusammen mit einem spitzen Kinnbart Mode, wobei man die Wangen sorgfältig ausrasierte. Die zwischen 1390 und 1400 entstandenen Wandmalereien auf Burg Runkelstein in Bozen zeigen eine ganze höfische Gesellschaft mit dieser Barttracht. Sie war auch bei den Bürgern der Städte nicht unbeliebt, wie auf dem um 1405 entstandenen Porträt von Konrad Kyeser im »Bellifortis« zu sehen ist.[34] Auch unter Handwerkern scheint diese Barttracht verbreitet gewesen zu sein. Der Rädelsführer der Nürnberger Handwerkerunruhen 1488 zeichnete sich durch seinen »kleinen, slechten, langen gaiszbart« aus. Nach einer aufstachelnden Rede forderte er die versammelten Handwerker auf, zum Zeichen der Zustimmung, wie er, an ihren Bart zu fassen, und »zuhant griffen sie alle an ire bert«.[35]

1500–1650

Dem Gedanken größerer Sittlichkeit und den überlieferten Schranken der ständischen Ordnung war die 1494 erschienene Verssatire »Narrenschiff« von Sebastian Brant (1457–1521) verpflichtet. Er zeichnete ein satirisches Panorama menschlicher Torheiten, in die er auch das Rasieren der Bärte einbezog. Nach einer später bearbeiteten »Narrenschiff«-Ausgabe heißt es: »Ein ehr was etwan tragen Bert / Das war gar Menlich / schoͤn und werth / Da wuͤrden man auch billich geehrt / Itzt hand die Weibischen geuch gelert / Und schaben all tag ihr zwilchbacken / Sie waschens das sie werden schmacken / Und schmiren sie mit Affenschmaltz.«[36] Das bedeutet aber nicht, daß der Moralist Brant nicht selbst dem von ihm gegeißelten Fehlverhalten erlag: sein 1508 entstandenes Porträt zeigt ihn glattrasiert.

Der Theologe Johannes Geiler von Kaysersberg (1445–1510) wandte sich gegen fremde Bartmoden und gegen diejenigen, die durch ihren Bart nicht vorhandene Tugenden vorspiegeln wollten: »Die erste Schell der Seltzam Narren ist, gestumpfete vnd seltzame Bärt ziehen, auff gut Spanisch oder Italiänisch«, predigte er 1498/99. »Hergegen aber werden gefunden die ziehen gantz lange vnnd zopfechte Bärt, welches sie allein darumm thun, damit man sie desto ehe für alte männer vnd stattliche personen ansehen solle. Dise sicht in sonderheit die ehrgeitzigkeit und ruhmsucht, Aber solche sein fürwar grosse thoren.« Geiler predigte aber auch gegen die, die ihre Bärte rasierten: »Die andere Schell der Spiegel Narren ist der ersten zuwider, dann es werden etliche gefunden, die lassen gar kein haar wachsen, sonder lassen das angesicht vnnd das kienn gantz sauber schären damit man kein har sihet.«[37]

Nach einer längeren Phase glattrasierter Gesichter wurden Anfang des 16. Jahrhunderts – von der französischen Mode Franz' I. (1494–1547) beeinflußt – Bärte wieder bevorzugt getragen. Verschiedenste Formen wurden üblich, wobei der Bart manchmal künstlich gelockt, parfümiert, gefärbt, gepudert oder auch gewachst wurde. Nicht nur der Adel, auch die Bürger der Städte entwickelten ein bärtiges Schönheitsideal, beliebt war vor allem ein ausgeprägter, waagerecht gestutzter Vollbart. Im gegen 1581 erschienenen »Kleyder / Pluder / Pauß und Krauß Teuffel« heißt es dazu kritisch, »Bårthe mů̊ssen jetzundt gestutzt sein / Wo aber nicht / so mů̊ssen sie gar hůbsch gekemmet oder geflochten sein / Damit pranget man.«[38] Seit den vierziger Jahren des 16. Jahrhunderts prägte der spanische Hof mit einer von asketisch-körperfeindlichem Geist geprägten Haltung die europäische Mode. Sorgfältig gepflegte, kurze Spitzbärte in verschiedenen Varianten sollten eine möglichst schmale Kopfform betonen. Die von den Herrschenden übernommene Mode wurde auch für ihre Untertanen bestimmend. »Anno 1564 führete der Ertz-Bischof Sigismundus im Magdeburgischen die Gewohnheit ein / daß man sich die grossen Bärte abscheren / und davor ein Knebelbart auffsetzen ließ: Das Jahr / da diese Bart-Reformation vor sich gieng / war in diesem Pentametro enthalten: Longa sIgIsMVnDo barba IVbente perIt.«[39] Jedoch fanden nicht alle Gefallen an den Knebelbärten und gaben den Barbieren »ein gut Theil Schult an den

Bildnis eines Malteser-Ritters
Die Spitzbärte der spanischen Mode dagegen streckten das Gesicht optisch vornehm in die Länge.
Niederländisch, 1585
Kunsthistorisches Museum, Wien

»Gantz New Eröffneter Bartkram«
Gegen den Einfluß der französischen Mode gerichtet, karikiert dieses Flugblatt die zahlreichen wechselnden Bartformen, von denen sich »Monsieur Alamode« in diesem Kramladen eine passende auswählen kann.
Flugblatt, Augsburg, um 1640
Herzog-August-Bibliothek Wolfenbüttel

seltzamen / haͤßlichen / Tuͤrckischen vnnd Muscowitischen Baͤrten vnnd Knebeln / so nunmehr in Italia / vnnd in andern Landen / gemein werden / darfuͤr man billich erschrickt«.[40] In den zwanziger Jahren des 17. Jahrhunderts wurde die französische Mode bestimmend. Der Kinnbart schrumpfte zu einem kleinen Fleck, während man einen sehr schmalen Oberlippenbart aufwendig in die rechte Form kräuselte.

In Deutschland wurde während des Dreißigjährigen Krieges (1618–1648) Kritik an der französischen Mode geübt. Im durch den Krieg zerstörten, entvölkerten und politisch zersplitterten Deutschland geriet die Sitten- und Modekritik der Reformationszeit zu einer heftigen Attacke gegen die aus Frankreich übernommene Kultur, Sprache und Mode. »A la mode« geriet in Flugblättern und Schriften zum Schimpfwort und »Monsieur Alamode« zum modischen Zerrbild. In der Satire »Gesichte Philanders von Sittewalt« von Johann Michael Moscherosch (1601–1669) muß sich Philander wegen seiner modischen Aufmachung einem aus Helden der deutschen Vorzeit zusammengesetzten Gericht stellen. »Soltestu ein Teuͤtscher sein«, wurde er angeklagt, »sihe was für einen Waͤlschen naͤrrischen Bart hastu dann? vnd da deine Ehrliche Vorfahren (wan du anderst eines Teuͤtschen Manns Sohn bist) es fuͤr die groͤste Zierde gehalten haben / so sie einen rechtschaffenen Baart hatten; so wollet jhr den Waͤlschen unbestaͤndigen Narren nach / alle Monat / alle Wochen ewre Baͤrt beropffen vnd bescheeren! ja alle Tag vnnd Morgen mit Eysen vnd Fewr peinigen / foltern vnd marteln / ziehen vnnd zerren lassen?«[41] Mit seinem modischen Bärtchen entsprach der Moralist Moscherosch allerdings selbst nicht seinem Idealbild.

1650–1800

Mit dem Aufkommen einer langen Haartracht bei den Männern Anfang des 17. Jahrhunderts und der Perückenmode am Hofe Ludwigs XIII. (1601–1643) schrumpften die Bärte zunehmend, da sie zur lockigen Haarpracht als unpassend empfunden wurden. »Aber bey jetziger verkehrter Zeit ist nicht allein das Auffschneiden, das Ehrabschneiden, das Umschneiden im Schwung, sondern auch das vielfältige Bartschneiden, daß man fast alle Tag ein neue Modi in Bart reibet; ja man findt dermalen wenig Bärt, sondern nur Bärtl, welche oft dergestalten zugespitzt seynd, wie die subtileste Miniatur Pemsel«, wetterte der wortgewaltige Prediger Abraham a Santa Clara (1644–1709) gegen die winzigen Rest-Bärte und schloß mit einem empörten »Pfuy der bethörten Welt!«[42] Nachdem sich die voluminösen Allonge-Perücken am Hofe Ludwigs XIV. (1638–1715) durchgesetzt hatten, verschwanden diese Bärtchen schließlich für fast eineinhalb Jahrhunderte vollständig, nachdem sich 1680 der Sonnenkönig von seinem Bart getrennt hatte. »Nachmals nahm die Größe der Knebelbärte immer mehr ab«, hieß es in einem Handbuch für »Realschulen und das bürgerliche Leben«, »so daß man unter Ludwig 13. im Jahre 1620 nur noch einen kleinen Zipfelbart am Kinne trug. Ludwig 14. legte auch diesen ab, und trug statt dessen auf der Oberlippe einen kleinen Strich von Haaren, welchen die Franzosen Royale nannten, den er aber vor seinem Ende auch noch ablegte, und dadurch den Untergang des Bartes im ganzen gesitteten Europa versiegelte.«[43]

Freilich formierte sich auch Opposition gegen die glattrasierte Mode. »Die Sitten mußten schon sehr schlüpfrig und weichlich geworden seyn, als den Männern dieses ehrwürdige Zeichen ihres Geschlechtes zur Last ward«, hieß es in besagtem Handbuch, »aber zur Ehre der Deutschen, nicht in Deutschland, sondern bey unsern weichlichen Nachbarn, in Frankreich.«[44] Zahlreiche barocke Streitschriften setzten sich für den »ohne Ursach verworffenen und dahero von Rechts wegen auff den Thron der Ehren wiederum erhabenen Barth« ein. In ihnen wurde die Ansicht vertreten, daß »der Bart ein sehr schöne Zierde des Angesichts des Mannes / und ein Zeichen der Fürsichtigkeit und Stärke ist«, daß er »die Authoritet und Ansehen des Mannes vermehret« und »daß auch mit dem Bart die Weißheit und gute Sitten sollen vereiniget seyn«. Zudem sei der Bart, der »den Mann desto mehr zieret und annehmlicher macht«, ein Zeichen von Frömmigkeit und adeliger Gesinnung.[45] Sie stellten darüber hinaus fest, »daß es ebenso heßlich wie schendlich sey / so ein Mann sein Angesicht bescheren leßt«, »daß solches dem Willen des Schöpffers zu wider wäre« und daß es dadurch »mit der Demuth / Zucht und Aufrichtigkeit auf die Neige komme«. Aber auch medizinische Argumente wurden angeführt, war man doch der Ansicht, daß »wenn man nemlich den Bart öffters abputzet / so benimmt / zertreibet und dämpffet derselbe / in dem er täglich wieder hervorwächst / dem Cörper allzuviel innerliche Feuchtigkeit und

Boucher d'Orsay
Zur langen Allonge-Perücke paßte nur ein glattrasiertes Gesicht, so verschwanden die Bärte zugunsten einer wallenden, wenn auch künstlichen Haarpracht.
Nicolas de Largrillière, um 1700
Kunsthistorisches Museum, Wien

◁
Barbierszene
Kupferstich von Adriaen Matham nach einer Zeichnung von A. P. van der Venne zu den Werken des niederländischen Volksdichters Jacob Cats, 1632
Wella-Museum, Darmstadt

Rasierbecken und Wasserbehälter aus Zinn
In solchen Wasserflaschen brachten die Barbiere bei ihren Hausbesuchen das notwendige Wasser mit.
18. Jahrhundert
Wella-Museum, Darmstadt

Fayence-Rasierschale
Die Rasierschalen hielten sich die Barbierkunden unter das Kinn, um Wasser und Seifenschaum aufzufangen.
Signiert und datiert »F.N.W.M. 1742«
Wella-Museum, Darmstadt

Rasierset mit sechs Messern und Zubehör
Der aufwendig verzierte Kasten enthielt vom Wetzstein bis zum Parfümflakon alles, was ein vornehmer Herr für seine tägliche Rasur benötigte.
England, 18. Jahrhundert
Wella-Museum, Darmstadt

Barbierstube des 18. Jahrhunderts
Kupferstich von F. Baretta nach P. Meinoto, 1750
Wella-Museum, Darmstadt

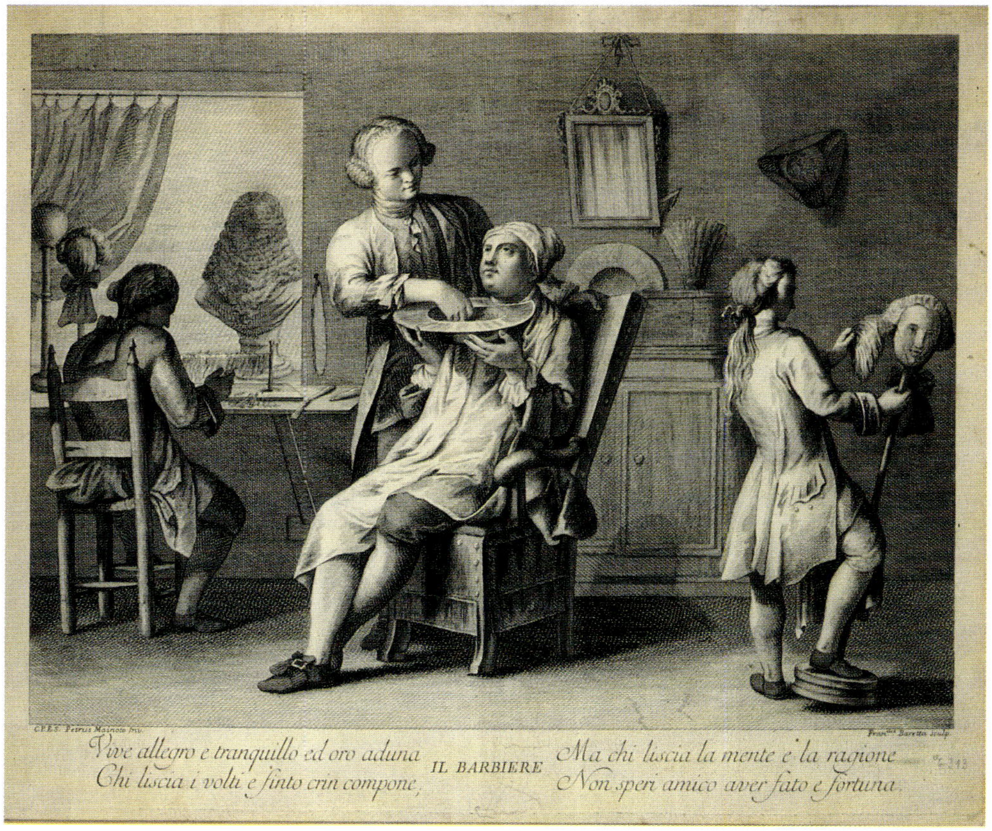

natürliche Hitze / wenn nun diese beyde zu Unterhaltung des menschlichen Cörpers sehr nöthige Dinge nach und nach verzehret werden / so verliehret der ganze Leib seine Kräffte.«[46]

Ab 1720 wurde das Pudern von Haaren und Perücken üblich, wozu ein dunkler Bart noch weniger passen wollte, obwohl die Perücken gleichzeitig kleiner und leichter wurden. Das Bürgertum ahmte die Perückenmode nach Kräften nach, schon um das mit gestiegener wirtschaftlicher Macht gewachsene Selbstbewußtsein zu demonstrieren. Es gab selbst billige Perücken aus Ziegenhaar für einfache Handwerker, an der Masse der Bevölkerung ging die modische Entwicklung jedoch spurlos vorüber. »Die Bauern und das gemeine Volk«, hieß es 1779, »rasierten sich von jeher recht und schlecht den Bart und tragen das Haupthaar ziemlich kurz und ungepflegt.«[47] Nach 1770 geraten Perücken und Puder zunehmend außer Mode, nicht zuletzt unter dem Einfluß der Aufklärung. Das Haar wurde weiterhin lang und gelockt getragen, und auch Jean-Jacques Rousseaus Ruf »Zurück zur Natur« brachte den Bart nicht zurück.

Das 19. Jahrhundert – Der Bart wird politisch

Eigentlich hätte man von der Französischen Revolution erwarten dürfen, daß ihr nicht nur Perücken und Zopf zum Opfer fielen, sondern daß sie – als Gegensatz zur Mode der Aristokraten – auch den Bart wiedereingeführt hätte. Doch die Revolutionäre blieben rasiert, und die Orientierung an antiken Vorbildern in der napoleonischen Ära beließ es gleichermaßen dabei. In Deutschland hingegen wurde die Bartmode zu Beginn des 19. Jahrhunderts Ausdruck politischer Gesinnung, die durch das Tragen einer bestimmten Bartform demonstriert wurde. Schon zur Zeit der napoleonischen Kriege war der Bart Sinnbild altdeutschen Wesens, wie bei dem als »Demagogen« eingekerkerten Turnvater Friedrich Ludwig Jahn. Die Maler der Romantik, wie Caspar David Friedrich (1788–1840), trugen einen Backenbart mit ausrasiertem Kinn und Lippen. Man besann sich auf das als glanzvoll empfundene Mittelalter des Heiligen Römischen Reiches Deutscher Nation – eine Sehnsucht, die viele Studenten durch eine »mittelalterliche« Kleidung nach außen dokumentierten, und nicht wenige, die sich 1817 zum Wartburgfest versammelten, trugen einen Voll- oder einen Schnauzbart. »Bey uns hat sich eigentlich nur noch der Backenbart aus dem allgemeinen Misskredit der Bärte gerettet«, hieß es 1831. »Doch haben sich seit einigen Jahren wieder manigfache Symptome einer mehr und mehr um sich reissenden Bartwuth (Pogomanie) unter unsern Stutzern gezeigt.«[48] Während der französischen Julirevolution 1830 »ist diese Mode von Ueberspannten, von Schwärmern entstanden, die in der Revolutionszeit sich durch Unsauberkeit auffallend machen wollten. Zu loben ist es, daß in unsern gesitteten Staaten diese Mode, schon der Unbequemlichkeit und Unreinlichkeit wegen, bei den Gebildeten keine sonderliche Fortschritte macht, und solche nur von einigen hochgeschraubten, überspannten Schwärmern nachgemacht wird«[49], schrieb das Leipziger Tageblatt.

»Die so sehr um sich gegriffene asiatische Mode der Bärte«, klagte man weiter im Leipziger Tageblatt, »scheint uns nicht in das Mittelalter, sondern in das rohe Ruß- und Kosackenland, zu versetzen. Es ist dies ein offenbarer Rückschritt der Civilisation.« Als »grauen- und ekelerregend« wurden die »schmutzigen Bärte« bestimmter

Rasiermesser
Das 19. Jahrhundert hatte eine Vorliebe für eine individuelle Gestaltung des Griffs – kostbare Materialien, politische Bekenntnisse oder Genreszenen waren weit verbreitet.
England und Frankreich, 1. Hälfte des 19. Jahrhunderts
Wella-Museum, Darmstadt/
Deutsches Klingenmuseum, Solingen

Bildnis der Maler Lessing, Sohn und Hildebrandt
Personen mit Schnauzbart galten als politisch verdächtig und den Behörden als potentielle Revolutionäre.
Carl Wilhelm Hübner, 1839
Staatliche Museen zu Berlin, Nationalgalerie

Barttasse
»Zu schonen deines Bartes Zier« hielt der Porzellansteg die Barthaare von der dampfenden Flüssigkeit fern.
2. Hälfte des 19. Jahrhunderts
Wella-Museum, Darmstadt

Seifenschale und Rasierpinsel
um 1850
H. Waschkewitz, Hattingen/
Wella-Museum, Darmstadt

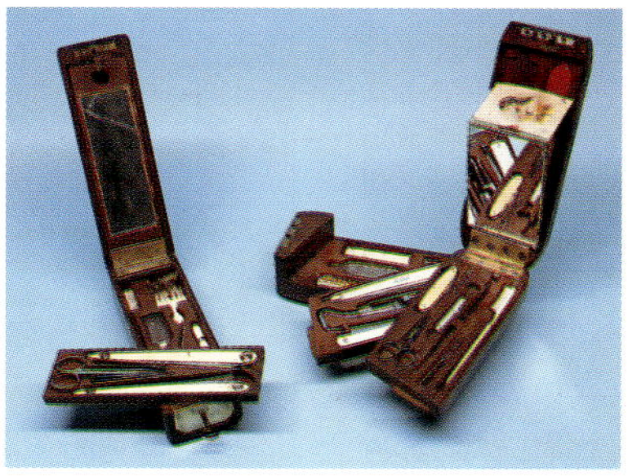

Zwei Reise-Necessaires
Diese Necessaires enthielten alles, was Offiziere und vornehme Herren auf ihren Reisen für ihre Toilette benötigten.
Frankreich, Empire und England, um 1800
Wella-Museum, Darmstadt

Bevölkerungsgruppen bezeichnet, von denen jeder Gebildete sich fernhielte, »während sich jetzt mancher Stutzer falsche Bärte anlegt, um dieser ekelerregenden Mode zu huldigen, ohne zu bedenken, daß gerade dieser unsaubere Gebrauch die Behaarten um vieles älter macht, und bei aller Sorgfalt der Staub, Schweiß und Schmutz unvermeidlich bleibt«. Weiter hieß es: »Wie wohlthuend ist es dem Auge, einen jungen Mann mit reinlichem Gesicht zu sehen, es ist unstreitig der Abdruck des Schicklichen, Soliden, des Reinlichen.« Der Träger eines üppigen Bartes sah sich heftiger Kritik über den gesammelten »Unflath von Speisen und Getränken in den Borsten seines Bartes« ausgesetzt. Sinnreiche Erfindungen umgingen das Problem: Sogenannte Barttassen, die zwischen 1820 und 1830 aufkamen, ermöglichten den Genuß eines gepflegten Morgen- oder Nachmittagskaffees. In diese Tassen hatte man einen Porzellansteg eingesetzt, der den üppigen Schnauzbart von der Flüssigkeit fernhielt.

Das immer häufigere Auftreten politisch verdächtiger Bartträger veranlaßte in manchen deutschen Staaten die Landesherren dazu, mit Verordnungen die Barttracht ihrer Untertanen zu reglementieren. Nach der Julirevolution, die auch in Deutschland der politischen Opposition Auftrieb verschafft hatte, waren »Demagogenbärte« verdächtig und wurden oftmals den aus politischen Gründen Arretierten als zusätzliche Schikane kurzerhand wegrasiert. In Kurhessen untersagte man 1831 den Beamten das Tragen von Schnurrbärten und dehnte dieses Verbot 1839 auf weitere Bartformen aus: »Höchstes Rescript, wonach das an die Civildiener erlassene Verbot des Tragens von Schnurrbärten auch auf das Tragen von sogenannten polnischen Juden-Bärten Anwendung findet, und von den Civildienern dergleichen Bärte, sowie Schnurrbärte, nicht getragen werden sollen.« Offenbar wurde das Verbot nicht immer beachtet, und in einer Verordnung des Kurfürsten Friedrich Wilhelm wurde 1857 moniert, daß »obgleich schon zu verschiedenen Malen darauf aufmerksam gemacht worden ist, wie unpassend es erscheint, daß zur Civil-Uniform Schnurrbärte und Kinnbärte getragen werden, so kommen dergleichen Verstöße vor und hat unser Gesamt-Staats-Ministerium in Strenge für deren Abstellung Sorge zu tragen«.[50] 1846 wurde ein Bartverbot für preußische Referendare und Postbeamte erlassen. Ganz im Gegensatz zu den Bestimmungen für Beamte standen die Anordnungen des Militärs, die den Soldaten das Barttragen ausdrücklich vorschrieben. Vor 1848 mußten die kurhessischen Soldaten einen Bart in Form eines W tragen. In Preußen war ein Schnurrbart Vorschrift, in Österreich nur den Husaren und Grenadieren erlaubt, ansonsten verboten und statt dessen ein Backenbart mit ausrasiertem Kinn angeordnet, wie ihn Kaiser Franz Joseph I. (1830–1916) trug. Die französische Armee trug einen Knebelbart à la Henri-Quatre, in der englischen Armee waren Bärte nicht erlaubt, bis 1840 ein kurzer Schnurrbart Dienstvorschrift wurde.

Der »Schnurrbart-Trainer« versprach zwar, die Herren von der lästigen Schnurrbartbinde zu befreien, die des Nachts hinter den Ohren festgebunden wurde. Ob diese Vorrichtung allerdings einen angenehmeren Schlaf bescherte, darf bezweifelt werden.
Deutsche Allgemeine Friseur-Zeitung 18 (1902), S. 170

In Deutschland setzte sich nach der Revolution von 1848 der Bart durch. »Während es sonst zu der guten Sitte gehörte, daß ein Deutscher, welcher nicht Militär war, und eben seiner civilisirten Sitte wegen, sich Civilist nannte, sauber rasirt im gesellschaftlichen Verkehr, namentlich mit Damen trat, ist es jetzt, durch die Errungenschaften des Jahres 1848 und die Erhebung des Bartes zum Attribute eines Volksfreundes und Freiheitsmannes, ein allgemeiner Brauch geworden, den Bart ganz, oder größtentheils, oder als Mundbart wachsen zu lassen, wozu die Bequemlichkeit weit mehr als die Kosmetik mithalf.« Der Bart sei »rein politisch-revolutionären Ursprungs«, hieß es rückblickend im Jahre 1875. »Die Demagogenbärte im Anfange unseres Jahrhunderts, die Demokratenbärte von 1830 und 1848 geben dem heutigen wilden und mittelalterlichen Vollbarte die Emancipation; ohne ihn wäre ein Volkstribünen-Redner unmännlich und zweifelhaft gewesen. Auch das Verbot, daß Staatsdiener nicht Schnurrbärte tragen sollten, reizte zum Widerspruch.«[51] Nach der Jahrhundertmitte vollzog sich dann ein erstaunlicher Wandel. Der Bart fand auch in konservativen Kreisen Anklang, jedoch in gezähmter, sorgfältig gestutzter und zurechtgezwirbelter Form und in deutlicher Abgrenzung zu den buschigen Revoluzzerbärten. Die stilisierte Übernahme des Bartes durch Wilhelm I. und andere Herrscher geschah nicht ohne ein gewisses anbiederndes Streben nach Popularität. Der Bart verlor damit den Zeichencharakter demokratischer Gesinnung und wurde auch für bürgerliche Kreise tragbar. Letztlich wurde der Schnurrbart in der von Kaiser Wilhelm II. (1859–1941) bevorzugten Form mit nach oben gezwirbelten Enden – passend »Es-ist-erreicht« genannt – zum Symbol der Kaisertreue. Diese extravagante Form ließ sich nur erreichen, wenn man nachts eine hinter den Ohren befestigte Bartbinde trug, die den Bart in Fasson hielt. Dabei befeuchtete man ihn mit der vom kaiserlichen Hof-Friseur François Haby vertriebenen Barttinktur »Es ist erreicht«, die der Bartform ihren Namen gab.

Jugendliche und Heranwachsende bewegten beim Thema Bart ganz andere Gedanken: »Die Lust, einen Bart zu tragen, und dadurch eitlen Absichten zu genügen, wird durch die Meinung der Jünglinge genährt, daß sie dann erst recht männlich aussähen, männliche Ansprüche an das Leben machen könnten, und daß dem weiblichen Geschlechte der Bart des Mannes besonders gefalle.«[52] »Daß die jungen Damen der gegenwärtigen Zeit nicht

Die »Schnurrbart-Plätte« verhalf zu einem besonders schneidigen Aussehen – sofern man bereit war, seinem Schnurrbart mit diesem Miniatur-Bügeleisen zu Leibe zu rücken.
Deutsche Allgemeine Friseur-Zeitung 20 (1904), S. 272

»Beim Dorfbarbier«
Karl-Friedrich Schick, um 1860
Wella-Museum, Darmstadt

Schnurrbartkamm und -bürste
Zum ausgeprägten Bartkult der Jahrhundertwende gehörten auch solche winzigen Kämme und Bürstchen.
Deutschland, um 1900
Wella-Museum, Darmstadt

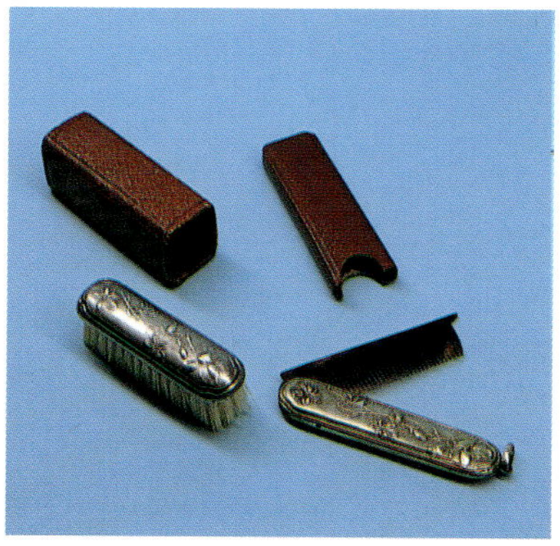

unempfindlich für die Eindrücke eines hübschen Bartes sind, ist eine anerkannte Sache«, hieß es an anderer Stelle. »Hieraus ist eben bei unserm imponirenden Nachwuchse die Bartwachsthumsfurcht entstanden.«[53] Der Wunsch der Heranwachsenden nach möglichst frühzeitigem Bartwuchs zog im 19. Jahrhundert ein reichhaltiges Angebot sogenannter Bartwuchsmittel nach sich: »Schon der junge Mann, dessen Wunsch es ist, ein schneidiges Bärtchen zu haben, liest mit einer Begierde die verlockenden Anpreisungen wie ›Mein Freund erhielt in drei Wochen einen 5 Zentimeter langen Schnurrbart, bitte senden Sie auch mir eine Dose Stärke II per Nachnahme‹; oder ›Verkaufe nur Extrastarke Qualität, Erfolg in wenigen Tagen‹; oder ›Haardünger vom amerikanischen Prof. Dr. … erzeugt innerhalb von 8 Tagen Barthaare‹.«[54] Trotz zweifelhafter Wirksamkeit der Präparate blühte dieser Geschäftszweig. »Mit den angeblichen Mitteln zur Beförderung des Bartwuchses wird geradezu unglaublicher Schwindel betrieben«, klagte ein Hersteller von Kosmetika, »der praktische Parfumeur kann aber diese wirkungslosen Präparate unter seinen Waaren nicht entrathen, da sie täglich von den Käufern verlangt werden.«[55] Daneben kursierten Ratgeber mit Anweisungen, wie mittels Art und Häufigkeit des Rasierens – oft kombiniert mit Eiswasser-Waschungen und reizenden aromatischen Substanzen – der Bartwuchs gefördet werden konnte. Aus erzieherischen Gründen war allerdings ein früher Bartwuchs der Jugend unerwünscht, denn für die Zeitgenossen stand »ausser allem Zweifel, dass das frühzeitige Cultiviren und Hervorlocken des Bartes die Zeugungstheile sympatisch zu einer grösseren Thätigkeit errege«. So würde »nicht selten der Grund zur Onanie, oder überhaupt zur Wollust und frühzeitigen Verschwendung des Samens« gelegt.[56] »Wer sich also früh rasirt, und welcher Jüngling thut das jetzt nicht«, errege nicht nur den Bartwuchs, sondern gleichzeitig »das zerstörende Laster der Onanie«. Deswegen seien »auch die Jünglinge so sehr auf das Rasiren erpicht«, und den Erziehern wurde empfohlen, »es also nicht so gleichgültig anzusehen, wenn der, dem Knaben kaum entwachsene, Jüngling mit dem Seifenpinsel und Rasirmesser vor dem Spiegel steht«. Damit wachse nur »sein Hang zur thierischen Wollust«.[57]

Bartwuchsmittel waren indes keineswegs neu. In seiner »Apologia de Barbis« schrieb Abt Burchard von Belleveaux im 12. Jahrhundert: »Jene, die wegen der Schmach betrübt sind, daß ihre Bärte zu spät hervorkommen, pflegen ihr Kinn und Backen mit Honig und anderen Salben einzureiben oder auch sie zu rasieren, in der Absicht, die Barthaare zum Wachsen zu bringen.«[58] Auch in der Hausväterliteratur des 16. und 17. Jahrhunderts waren »bartwuchsfördernde« Salbenrezepte verbreitet, die ungesalzene Butter, Zwiebelsaft und die Wurzeln von Weißkohl, Rettich und weißen Lilien als Bestandteile anpriesen.[59]

Barthobel und Sicherheitsrasierapparate

Rasiergewohnheiten zur Jahrhundertwende

Hinsichtlich der bevorzugten Bartformen, aber auch in der Art und Weise, in der das Rasieren vorgenommen wurde, gab es zwischen den europäischen Ländern einige Unterschiede. So war es in Deutschland im Laufe der Zeit unüblich geworden, sich selbst zu rasieren. Statt dessen ging man zum Barbier oder zum Friseur. »In England rasieren sehr viele Leute noch selbst«, hieß es im Jahre 1904 in einer Fachzeitschrift für Friseure, »während die Kunst des Selbstrasierens bei uns in Deutschland mehr und mehr abgekommen ist.«[60] Dementsprechend bildete das Rasieren die Haupteinnahmequelle der seit den 1890er Jahren stark angewachsenen Zahl von Friseuren und Barbieren – auch Schnurrbartträger mußten sich Wangen, Kinn und Hals rasieren lassen. Im Jahre 1895 standen 43 500 Erwerbstätigen im Barbiergewerbe lediglich 16 900 im Friseurgewerbe gegenüber. Dabei waren mehr als 90 Prozent aller Friseure Herrenfriseure, bei denen der Kunde sich ebenfalls rasieren ließ. Bis 1907 stieg die Gesamtzahl der Beschäftigten in beiden, nunmehr vereinigten Gewerben auf 94 400 an. Nicht nur in kleineren Landstädten mit bis zu 5000 Einwohnern, selbst in Dörfern mit nur wenigen hundert Bewohnern gab es Friseure, deren wichtigste Dienstleistung – das Rasieren – am Samstagabend und am Sonntagmorgen in Anspruch genommen wurde. »In keinem Berufe fast liegt die Sonntagsarbeit näher als den Barbieren«, hieß es, »denn Sonntags wollen immer noch mehr Leute barbiert und frisiert sein als Alltags.«[61] Samstags- und Sonntagsarbeit – oft bis in den späten Abend hinein – war bis zur Festlegung gesetzlicher Ladenöffnungszeiten in vielen Gewerben üblich. Die Versuche einzelner Friseurinnungen, auf freiwilliger Basis einen früheren Ladenschluß und den Verzicht auf die Sonntagsarbeit einzuführen, waren wegen der starken Konkurrenz untereinander und den geringen Verdienstspannen stets an Außenseitern gescheitert, die sich nicht an die Absprachen hielten. Immerhin war es den Barbieren untersagt, ihre Gesellen sonntags länger als bis vier Uhr nachmittags zu beschäftigen. Viele Friseurgeschäfte schlossen daher um diese Zeit. Die Kundschaft an einem typischen Sonntagnachmittag charakterisierte im Jahre 1904 ein Friseur so: »Da kommt z. B. ein Arbeiter, der im Zweifel war den ganzen Vormittag, soll ich oder soll ich mich nicht rasieren lassen.«[62] Vorwiegend evangelische Kreise bekämpften die Sonntagsarbeit der Barbiere. »Rasieren, eine Verlet-

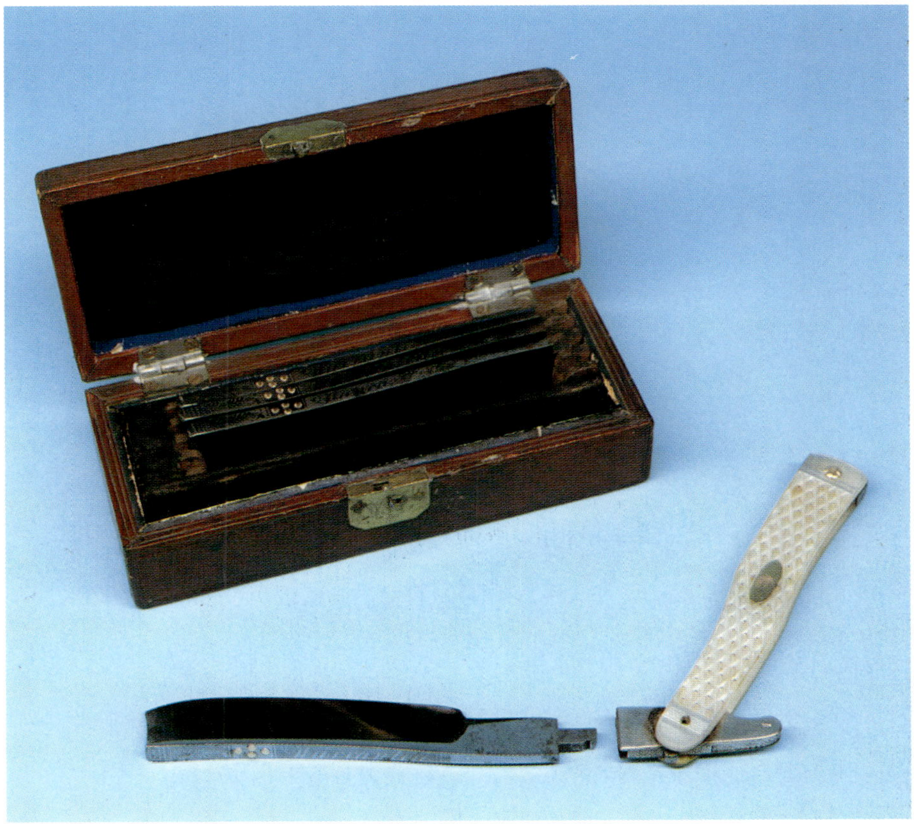

Set mit Rasiermessergriff und
4 Wechselklingen
frühes 19. Jahrhundert
Wella-Museum, Darmstadt

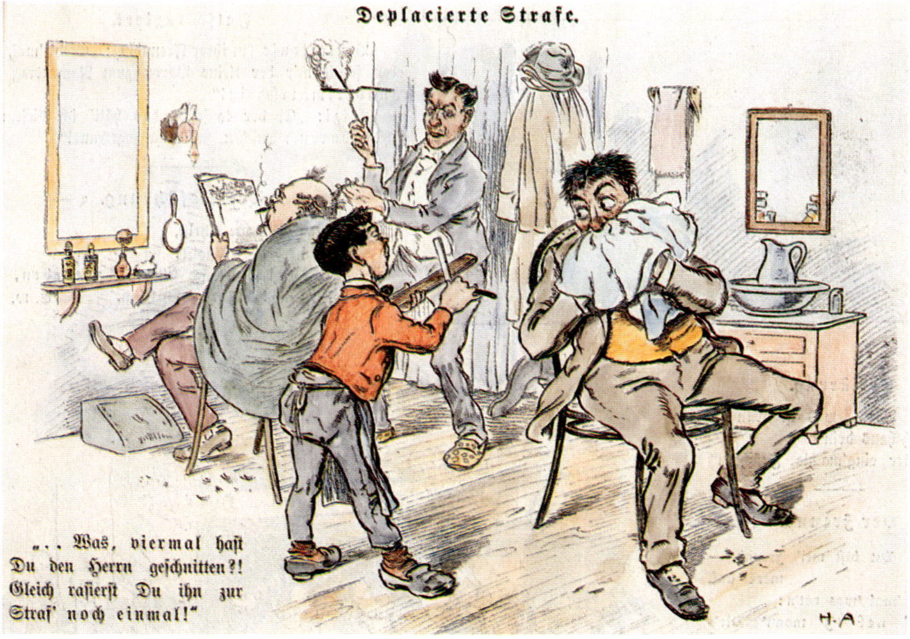

»Deplacierte Strafe«
Karikatur aus den »Fliegenden Blättern«, um 1900
Wella-Museum, Darmstadt

zung des Sabbats und ein Hindernis für die Ausbreitung des Evangeliums«, lautete bereits 1860 einer der Vorwürfe. Man hoffte auf die Breitenwirkung eines sonntäglichen Arbeitsverbots: Wenn erst die Barbiere von der Sonntagsarbeit ließen, »um wieviel mehr ist allen anderen Hantierungen der Vorwand zur Sonntagsarbeit abgeschnitten, den Bäckern und Fleischern, den Schustern und Schneidern, und wie sie alle heißen«.[63]

Kasten mit 7 Rasiermessern
Die Messer waren mit den Wochentagen beschriftet und wurden nur einmal wöchentlich verwendet. man glaubte, sie würden durch das Liegen an der Luft von selbst wieder scharf.
England, 19. Jahrhundert
Wella-Museum, Darmstadt

Ende des 19. Jahrhunderts wurden zunehmend elegante Barbiersalons eingerichtet, wenngleich die Barbiere nach wie vor die bei der Kundschaft beliebten Hausbesuche anboten. Ein Grund für die Einrichtung von Salons war der Konkurrenzdruck unter der wachsenden Zahl von Barbieren. »Der sich zuerst in persönlichen Leistungen entspinnende Wettkampf übertrug sich dann auch auf die geschäftlichen Einrichtungen. Intelligente und strebsame Friseure, denen sich bereits ebensolche Barbiere zugesellt hatten, richteten ihre alten ›Stuben‹ und ›Salons‹ nach französischen oder Wiener Mustern ein, die dann bald vorbildlich für das gesamte Gewerbe wurden. In allen großen Städten entstanden sie und reizten zur allgemeinen Nachahmung. Von dieser Zeit an wurde das Herrenbedienungswesen in ganz neue Bahnen geleitet. Die Kundschaft fühlte sich mehr und mehr zu den modernen Geschäften hingezogen, während das sogenannte Hausbarbieren abnahm. (...) An Stelle der kümmerlich beleuchteten, winkeligen und ganz einfach eingerichteten Barbierstuben entstanden prächtig ausgestattete helle und luftige Räume mit glänzenden Spiegeln und bequemen Sitzgelegenheiten u. dgl. mehr.«[64] Während auf der einen Seite »die heutigen Zeitverhältnisse, die auf fast allen Gebieten einen raffinierten Luxus erfordern«[62], nach Ansicht einiger Friseure auch ein luxuriöses Geschäft notwendig machten, warnten andere davor, es mit den Ladeneinrichtungen ins Uferlose zu treiben: »Aber es ist doch widersinnig, wenn ein Kollege, der vorwiegend Arbeiter zu seiner Kundschaft zählt, eine hochfeine, elegante und teure Mahagonie-Einrichtung sich anschafft. Kommt da ein Maurer oder Gipser direkt von der Arbeit und setzt sich mit seinen schmutzigen Kleidern in den feinen, gepolsterten Rasierstuhl und boxt womöglich mit seinem schweren Arbeitsstiefel an die elegante Toilette.«[66]

Trotz des Aufwandes, der in den Salons betrieben wurde, kostete eine Rasur bis zum Ersten Weltkrieg meist nur zehn Pfennige. Damit war sie auch für weniger gut Verdienende kein unerschwinglicher Luxus – der Tageslohn eines Arbeiters betrug zu dieser Zeit etwas mehr als fünf Mark. Viele Männer vertraten dennoch die Ansicht, daß man dieses Geld durch Selbstrasieren einsparen könne.

Hinsichtlich der Häufigkeit des Rasierens bestanden offensichtliche Unterschiede zwischen den gesellschaftlichen Schichten. »Gerade solche sind die besten Kunden (ich spreche hier von den besseren Ständen)«, schrieb im Jahre 1909 ein Friseur, »weil sie sich am häufigsten rasieren müssen.«[67] Sogenannte »Rasierabonnements«, bei denen mit dem Friseur ein Jahrespreis für das Rasieren vereinbart wurde, waren ein von solchen Kunden gern angenommenes Angebot. Während in höheren Gesellschaftsschichten die tägliche Rasur selbstverständlich war, hielt die Mehrheit der männlichen Bevölkerung eine Rasur in der Woche für ausreichend. Vor allem Jugendliche wurden vor allzu häufigem Rasieren gewarnt, weil dadurch der Bartwuchs gekräftigt und gefördert würde, und dies erfordere dann, »um wenigstens nicht mit Borsten im Gesicht herumlaufen zu müssen, ein öfteres, mindestens ein- bis zweimaliges Rasieren in der Woche. Es gibt Hunderttausende unter den Männern, bei denen es durch unvorsichtiges, allzuhäufiges Abrasieren des Kinn- und Backenbartes dahin gekommen ist, daß sie sich fast täglich rasieren müssen. Diese Arbeit wird einem mit der Zeit lästig und noch lästiger wäre es, müßte man schließlich alle Tage zum Barbier gehen« [68] – offensichtlich ein Ärgernis, zumal man auch mit einem mehrere Tage alten Bart nicht zwangsläufig als unrasiert und ungepflegt galt.

Rasierkasten
Zur Jahrhundertwende waren Bäder in den Wohnungen noch eine Ausnahme – besonders in Arbeiterhaushalten. Die Rasierkästen enthielten das notwendige Zubehör, so konnte man sich auch in der Küche rasieren.
Deutschland, um 1900
Wella-Museum, Darmstadt

»Der Gipfel der Reinlichkeit«[69]

Dem Rasiergeschäft der Friseure abträglich waren die nicht immer unberechtigten Klagen über die mangelnde Hygiene in vielen Salons. Nicht selten bedienten die Barbiere ihre Kunden mit verdreckten Kleidern, stinkenden und schmutzigen Händen und unsauberen Frisierumhängen. »Eine Plage für den Mann, der keinen Vollbart trägt, bildet das Rasieren«, beschwerte sich die Kundschaft bisweilen. »Man sei, wenn man nicht in der Lage ist, sich selbst zu rasieren (was hygienisch am sichersten ist und auch den geringsten Zeitverlust mit sich bringt), sehr anspruchsvoll in der Auswahl seines Barbiers. In einer Barbierstube, wo nicht peinlichste Sauberkeit herrscht, wo Meister und Gesellen in schmierigen Jacken herumgehen, keine Desinfektion der Messer vor Gebrauch erfolgt und gar noch die Wäsche an Reinlichkeit übrig läßt, setze man sich niemals nieder, denn man ist dort in steter Gefahr, mit der Bartflechte oder einem anderen ansteckenden Ausschlage angesteckt zu werden.«[70] Klagen über die Ansteckungsgefahr waren indes keineswegs neu. Bereits im Jahre 1800 verlangte Benjamin Kingsbury, daß sich die Barbiere vor dem Rasieren die Hände waschen – zu einer Zeit, als diese auch Kranke behandelten und Leichen sezierten, eine durchaus verständliche Forderung. Kingsburry empfahl auch jedem Rasierkunden, sich beim Barbier eine eigene Serviette und einen eigenen Seifenpinsel zum persönlichen Gebrauch zuzulegen.[71] Der Vorwurf mangelnder Sauberkeit in den Barbiersalons änderte jedoch vorerst nichts an den Verhältnissen, denn im 19. Jahrhundert war der Zusammenhang zwischen Hygiene und der Verbreitung von Krankheiten wissenschaftlich noch umstritten. Als sich Mitte der

»Une Boutique de Coiffeur«
Die Karikatur gibt die Zustände in einem Barbiersalon der Jahrhundertwende zwar überzeichnet, aber nicht unrealistisch wieder.
Farblithographie, Frankreich, um 1900
Wella-Museum, Darmstadt

Hoffriseur Habys »Wach auf« folgt dem Trend der Zeit: Ob Rasierseife, -creme oder -pulver, kein Produkt kam ohne das Versprechen aus, besonders hygienisch zu sein.
Süddeutsche Fachzeitung für Friseure, Jg. 1911, S. 210

1880er Jahre bestimmte Bartkrankheiten offensichtlich über die Barbiersalons erheblich ausgebreitet hatten, entwickelte man in diesem Punkt eine gewisse Sensiblität. »Die Verhältnisse in den Barbierstuben bilden einen sehr wunden Punkt in unserer Gesundheitspflege« hieß es im Vorwort einer Schrift über die »Hygiene in den Barbierstuben«.[72]

Die zuständigen Behörden versuchten zwar, durch Polizeiverordnungen ein Mindestmaß an Sauberkeit durchzusetzen, von besonderer Hygiene konnte allerdings selbst bei Beachtung der Vorschriften in der Regel kaum gesprochen werden – zumal die Friseurinnungen eine auf formalen Gründen fußende Aufhebung der Verordnungen betrieben, angeblich weil sie diese als Kränkung empfanden. Freilich bemühte sich ein Teil der Barbiere ernsthaft um peinlichste Sauberkeit, doch die Klagen über mangelnde Hygiene wurden von den Verantwortlichen mehrheitlich nicht sonderlich ernst genommen. »Bakterienrein bedient zu werden ist heute große Mode«, kommentierte ein »Satirisches Merkblatt für Barbierkunden« den Wunsch nach Sauberkeit. Man verspottete das Auftragen des Seifenschaums im Gesicht mit der Hand und behauptete, das Auftragen mittels eines einzigen, für alle Kunden gleichermaßen verwendeten Pinsels sei immer noch am hygienischsten.[73] Sichtbar aufgestellte Gefäße mit Desinfektionsmittel dienten dazu, »hier zur Beruhigung des Kunden das Messer vor dem Rasieren einzutauchen«.[74] Manche Friseure drängten ihre Kollegen zwar »alle berechtigten Anforderungen, die man im Interesse der Hygiene an uns stellen

Die »Waldheimer Rasir-Seife« stand dabei Habys Bemühen um eine antiseptische Rasur in nichts nach.
Deutsche Allgemeine Friseur-Zeitung 20 (1904), S. 214

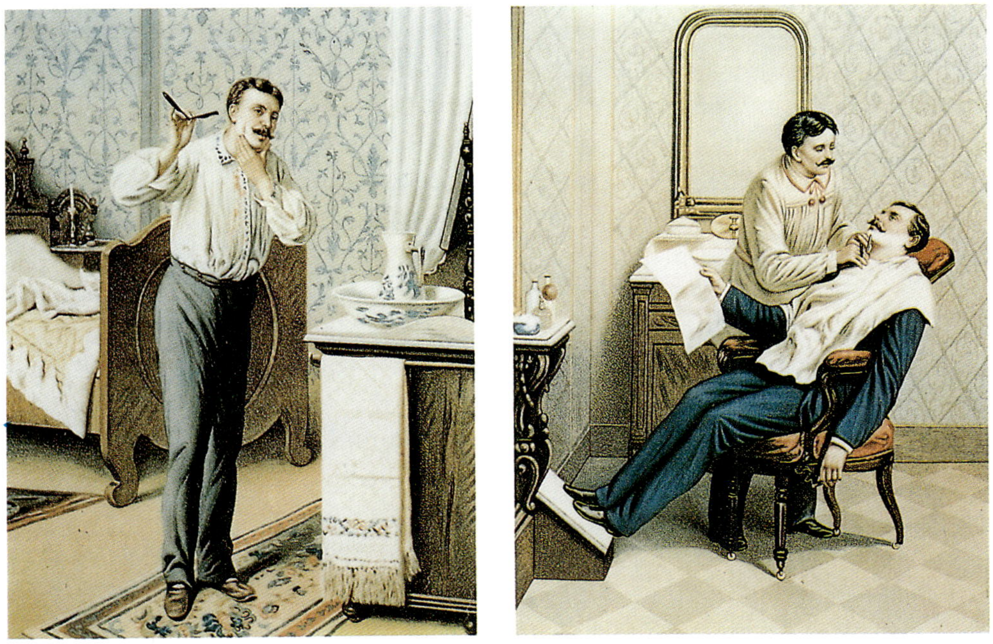

»Chacun son métier« (Jedem sein Handwerk) führte dem Selbstrasierer die Unbill morgendlicher Selbstversuche drastisch vor Augen – wie entspannend dagegen, sich der geübten Hand eines Barbiers zu überlassen.
Farblithographie, Frankreich, um 1880
Sammlung Schwarzkopf

Abonnement-Schrank
Um einer Ansteckung mit einer Hautkrankheit entgegenzuwirken, hatten Stammkunden in ihrem Barbiersalon ein Fach mit ihrem persönlichen Rasierzeug.
Deutschland, um 1900
Wella-Museum, Darmstadt

kann, von selbst gewissenhaft zu erfüllen«, um behördlichen Hygieneverordnungen zuvorzukommen. Doch selbst sie empfanden Vorschriften, die das Händewaschen vor jeder Bedienung eines neuen Kunden, das fünfminütige Tauchen des Rasiermessers in heiße Sodalösung nach Gebrauch und saubere Wäsche verlangten, bereits als Zumutung.[75] Die Desinfektion von Pinseln, Bürsten, Messern und anderem Gerät galt selbst in den zwanziger Jahren unseres Jahrhunderts noch als zeitraubend und zu teuer. Bezeichnenderweise wurde im Jahre 1901 mit der Losung »Wer sich gegen Hautkrankheiten schützen will, rasire sich selbst!« für Sicherheitsrasiermesser geworben. Die zu dieser Zeit grassierende Bartflechte und die mehr oder weniger begründete Furcht vor einer Ansteckung führten dazu, daß man sich immer seltener beim Barbier oder Friseur rasieren ließ.

Überraschend häufig wurde über die in vieler Hinsicht mangelnde Qualität der Rasur geklagt. »In keinem Punkte wird soviel gesündigt, als gerade hier«, merkte ein Barbier selbstkritisch an, »denn sehr, sehr viele Barbiere glauben, um den Bart ordentlich herauszuholen, müsse man das Messer recht fest ansetzen und unter Anwendung eines gewissen Drucks den Bart in recht derber Weise herunterreißen. ... Wenn die Kollegen, welche dieser Weise huldigen, auch nur im geringsten eine Ahnung hätten, wieviel Schmerzen sie dem Kunden durch ihr Verfahren bereiten, und wieviel Kunden ihrem Geschäfte allein dadurch fern bleiben.«[76] Neben der Verwendung von zu dickem und zu kaltem Schaum beim Einseifen, mangelnder Rücksicht auf Pickel und Mitesser oder die Bartwuchsrichtung des Kunden wurden auch unscharfe Messer beklagt. »Es würde unseren Geschäften vielleicht mancher Rasierkunde erhalten«, klagte ein Friseur, »wenn die Bedienung schmerzloser wäre. Man braucht sich nur einmal in verschiedenen Geschäften rasieren zu lassen. Manchmal scheint es, als schabe ein Kartoffelschäler über das Gesicht.« Ein Kollege merkte zu den Praktiken an: »Da wir unsere Kundschaft noch nicht vor dem Rasieren chloroformieren dürfen, wird die Zahl der Selbstrasierer immer größer.«[77] Die unsanfte Behandlung erklärt sich teilweise durch die niedrigen Preise, die für das Rasieren bezahlt wurden. Die zur Rasur notwendige Zeit wurde auf ein Minimum reduziert, um besonders in Stoßzeiten mehr Kunden bedienen zu können und somit die niedrigen Preise zu kompensieren. »Eine Folterkammer nennen manche die Barbierstube« – da brauchten sich die Barbiere über den steten Rückgang ihrer Kundschaft kaum zu wundern.[78]

Schutzkämme und Sicherheitsrasiermesser

Solcherlei Mängel machen die Verbreitung der Selbstrasur verständlich, auch wenn die Handhabung des Rasiermessers sowohl im täglichen Gebrauch als auch beim regelmäßig notwendigen Nachschärfen eine gewisse Übung erforderte. Insbesondere die Gefahr, sich Schnittwunden zuzufügen, war ein Problem, und die Barbiere nutzten natürlich diesen Umstand, um für ihre Tätigkeit zu werben. In Anzeigen wurden Herren, die sich beim Selbstrasieren heftig blutende Schnitte zugefügt hatten, solchen gegenübergestellt, die sich von einem Barbier rasieren ließen. Um solche Verletzungen zu vermeiden, gab es für die Selbstrasierer des ausgehenden 19. Jahrhunderts zahlreiche Erfindungen, die das Rasiermesser mit einer Schutzvorrichtung versahen. So gab es umlegbare Schutzbügel oder »Präservativrollen an den Klingen der gewöhnlichen, im Handel befindlichen Rasirmesser zum Zweck, das Eindringen der Klinge in das Fleisch zu vermeiden«. Das derart geschaffene »Sicherheitsrasirmesser bietet jeder, selbst einer im Rasiren durchaus unerfahrenen Person die Möglichkeit, sich selbst zu rasiren, ohne die geringste Gefahr, sich zu verletzen«.[79] Am weitesten war der sogenannte Sicherheitskamm verbreitet, ein kammartiges Blechgebilde, das über die Messerklinge geschoben wurde. Er verhinderte das Eindringen der Klinge in die Haut und »sein Erscheinen wurde von Selbstrasierern, die im Gebrauch des Rasiermessers noch nicht die genügende Übung besaßen, freudigst begrüßt«.[80]

Die Idee derartiger Schutzvorrichtungen war indes nicht neu. Bereits im ausgehenden 18. Jahrhundert gab es ein »Pacific Razor« genanntes Sicherheitsrasiermesser. »Es ist mit einer silbernen Schiene versehen; welche dazu dient, daß sich Jedermann, auch zitternde Personen, ganz sicher, und ohne sich zu schneiden, damit rasieren können«, hieß es im Jahre 1802.[81] Diese in England hergestellten Messer wurden bereits im ausgehenden 18. Jahrhundert durch den Leipziger Stahlwarenhändler J. C. Roder in Deutschland verkauft, aber wohl ohne Erfolg. Bereits 1770 hatte der französische Messerschmied Jean-Jaques Perret in seinem Buch »Die Kunst, das Selbstrasieren zu lehren« eine hobelartig geschützte Rasiermesserklinge beschrieben. Englische Messerschmiede konnten von diesem Vorläufer des Rasierhobels zwischen 1814 und der Jahrhundertmitte immerhin einige Tausend Klingen verkaufen.[82]

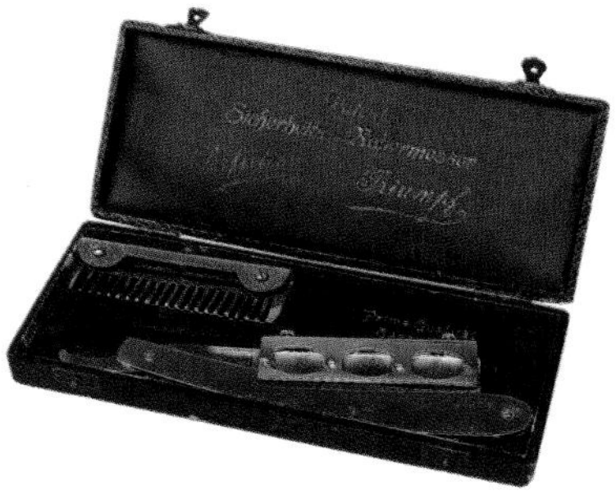

»Sicherheits-Rasiermesser«, mit Schutzkamm
»Pefection – Triumpf«
Deutschland, um 1900
Wella-Museum, Darmstadt

»Wer sich gegen Hautkrankheiten schützen will, rasiere sich selbst« – solchen Argumenten hatten die Barbiere wenig entgegenzusetzen.
Inserat der Firma Rauch, kurz nach 1900

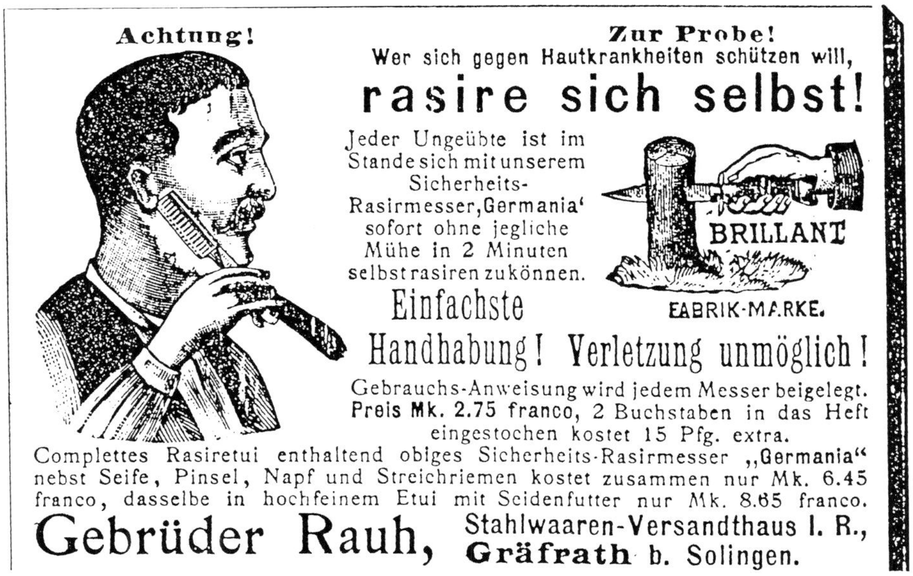

»Barthobel«

Barthobel
»Comfort Rasier-Apparat«
»Man rasiere sich mit flotten Strichen«, hieß es in der Gebrauchsanweisung, nachdem man den Kunden darauf hingewiesen hatte, daß gründliches Einseifen gleichwohl weiterhin erforderlich sei.
Deutschland, um 1905
Wella-Museum, Darmstadt

Ein großer Schritt in der Entwicklung zum modernen Sicherheitsrasierapparat wurde durch die Erfindung des Bart- oder Rasierhobels gemacht. Dabei erhielt der Sicherheitskamm des Rasiermessers unten einen Handgriff und wurde so zu einem L-förmigen Halter, in den eine auf vier Zentimeter gekürzte Klinge eingespannt wurde. Der Handgriff bewirkte, daß das Messer im richtigen Winkel zur Haut gehalten wurde. Als unmittelbarer Vorläufer des durch Gillette entwickelten Naßrasierapparates nahm das so entstandene Rasiergerät die sich später durchsetzende Form und die kurze Klinge vorweg. Die Barthobel-Klinge blieb jedoch, wie die des Rasiermessers, eine einschneidige, hohlgeschliffene Klinge aus hochwertigem Stahl.

Die ersten Barthobel entstanden in den siebziger Jahren des 19. Jahrhunderts in Großbritannien und wurden dort seit 1874 auf dem Markt angeboten. In Deutschland meldete man dieses Gerät nur wenige Jahre später, 1877, zum Patent an. Eine rege Entwicklungstätigkeit setzte ein, und man ließ sich manch sinnvolle technische Verfeinerung einfallen: So wurde zunächst das umgebogene Blechstück, das als Griff diente, durch einen handlicheren runden Griff ersetzt und das Messerstück von einem richtigen Gehäuse umgeben. »Die vorliegende Erfindung hat den Zweck«, schilderte einer der Erfinder, »dem ungeübten oder zitternden Manne, oder auch demjenigen, der Runzeln oder sonstige Unebenheiten im Gesicht besitzt, ein Mittel an die Hand zu geben, sich selbst auf bequemste und schnellste Weise rasiren zu können, ohne dabei jemals Gefahr zu laufen, sich zu schneiden. Das Barbieren mit dem herkömmlichen Barbiermesser, gleichviel ob dasselbe eigenhändig oder durch den Barbier erfolgt, bietet bekanntlich keinerlei Annehmlichkeit; nicht selten ist es, besonders bei starkem Bartwuchs, mit Schmerzen verbunden; bei nur einigem Ungeschick, aber auch bei

Zwei Barthobel
»Rapide Sicherheits-Rasirmesser« und »J. A. Henckels«
Deutschland, kurz nach 1900
H. Waschkewitz, Hattingen

Zwei Barthobel mit 7 Klingen für jeden Wochentag und Schärfapparat »Wilkinson« und »Mulcuto«
England und Deutschland, um 1900
H. Waschkewitz, Hattingen

Störung, Anstoß etc., kann es leicht Gefahr, wenigstens Schnittwunden herbeiführen, der Unannehmlichkeit, vom Barbier abhängig zu sein, gar nicht zu denken. Das Rasiren mit dem Sicherheits-Rasirapparat macht Vergnügen, man freut sich, wie man fast ohne Gebrauch des Spiegels den schwächsten, aber auch den stärksten Bartwuchs ohne fremde Hülfe und gänzlich schmerzlos, sauber und rein auf rauher oder glatter Haut abscheeren kann. Dabei bildet der Apparath ein niedliches Ankleidegeräth für den Herrn.«[83]

Die Barthobel erfreuten sich um die Jahrhundertwende größter Beliebtheit und wurden von zahlreichen Herstellern angeboten. Allein das »Star-Sicherheits-Rasiermesser« verkaufte sich bis zum Jahre 1902 über zwei Millionen Mal. Barthobel wurden – trotz der starken Konkurrenz durch Gillettes Naßrasierapparat – bis in die dreißiger Jahre verwendet. Doch mit dem Rasierhobel war das Problem des Nachschärfens und Abziehens der Klingen nach wie vor nicht gelöst – vor jedem Gebrauch mußte die Klinge, die zuvor aus dem Apparat genommen und umständlich in einen besonderen Halter gelegt wurde, auf dem Riemen gestrichen werden. »Ein Uebelstand ist der«, hieß es, »daß beim Herausziehen des Messers behufs Reinigung oder Schärfens man sich leicht schneiden kann.«[84] Es gab auch Vorrichtungen, mit deren Hilfe das Abziehen der Klingen im Hobel selbst vorgenommen werden konnte, sie waren jedoch kompliziert zu handhaben und vergrößerten das Gewicht des Geräts.

◁ Barthobel
Der »Royal American Safety Razor« wollte besonders wertvoll erscheinen – läßt der Name doch vermuten, daß ihn auch der König von Amerika verwendete.
Frankreich, 1899
H. Waschkewitz, Hattingen

Gillette und der Naßrasierapparat

Der heute noch allgemein gebräuchliche Sicherheits- oder Naßrasierapparat wurde 1895 von dem Amerikaner King Camp Gillette erfunden, einem Handelsreisenden, Erfinder und Autor mehrerer Bücher, in denen er utopische Sozialreformen entwarf. Gillette, der bereits verschiedene erfolglose Erfindungen gemacht hatte, war Verkaufsbevollmächtigter und Freund von William Painter, dem Präsidenten der Crown Cork & Seal Company. Painter, der Erfinder des heute noch weltweit verwendeten Kronkorken-Flaschenverschlusses, empfahl Gillette, etwas zu konstruieren, das wie seine Kronkorken von jedermann gebraucht würde, aber nach einmaligem Gebrauch weggeworfen werden müßte. Da jeder Käufer dann gezwungen sei, das Produkt nach der Verwendung neu zu erstehen, würde mit jedem neu gewonnenen Kunden die Grundlage dauerhaften Profits gelegt. Gillette hatte also, als er die Rasierklinge erfand, gezielt nach einem – ziemlich beliebigen – Wegwerfprodukt gesucht. Der Rasierhobel war ihm bekannt, und er hatte den »Star-Safety-Razor« auch selbst benutzt. Die wesentlichen Elemente seines späteren Sicherheitsrasierers waren ihm somit geläufig: Der Apparat mit dem Griff zum Anfassen und die kammartige Unterlage der Klinge, und tatsächlich hatte sein im Jahre 1901 in den USA angemeldetes Patent noch sehr große Ähnlichkeit mit dem Rasierhobel, während sein 1902 im Deutschen Reich erteiltes Patent schon eher den später produzierten Apparaten entsprach. Das kammförmige Gehäuse war dabei durch eine gezahnte und gewölbte Grundplatte ersetzt worden, auf der die Klinge, die nunmehr drei Löcher aufwies, ganz auflag. Neu an Gillettes Erfindung war vor allem der zweiseitig verwendbare Apparat, die doppelschneidige, aus billigem Walzstahl hergestellte Klinge und die gewölbte Einspannung der Klinge in den Apparat, durch die sie den richtigen Winkel zur Haut erhielt.

Gillettes Rasierapparat von 1901 ähnelt noch sehr den Barthobeln, die seine Vorbilder waren.
US-Patentschrift 775.134 vom 15. 11. 1904 für King C. Gillette

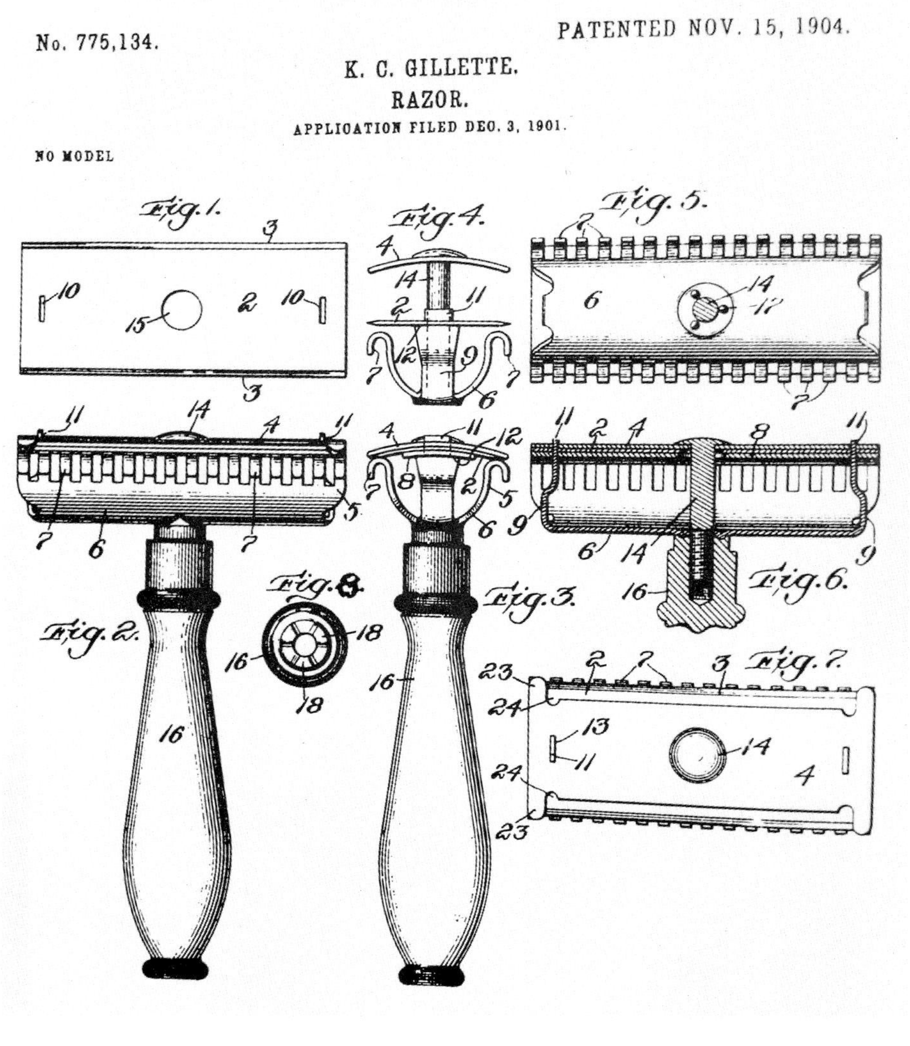

Die Klingen der bis dahin üblichen Barthobel waren in Handarbeit aus geschmiedetem Stahl gefertigt worden. Gillette hatte die Schwierigkeiten unterschätzt, einen dünnen, billigen Walzstahl mit einer brauchbaren und dauerhaften Schneide zu versehen, diesen Stahl zu härten und dabei die Flexibilität der Klinge beizubehalten – und dies alles in einer automatisierten und daher billigen Massenfertigung. So gelang es Gillette zunächst nicht, einen tatsächlich funktionsfähigen Rasierapparat zu bauen, was sich nicht zuletzt in der Ablehnung seines ersten Patentantrags 1897 ausdrückte. Das benötigte Kapital für weitere Entwicklungsarbeiten und den Aufbau von Produktionsanlagen zur Massenfertigung stand ihm nicht zur Verfügung. So wurde im Jahr 1901 ein Konsortium aus Geldgebern gebildet, das den Mechaniker und Metallurgen William E. Nickerson engagierte. Erst Nickerson vermochte Gillettes Erfindung in einen funktionsfähigen Apparat umzusetzen. Dieser entwickelte nämlich das notwendige Härteverfahren für den Stahl und löste zahlreiche andere technische Probleme. Im Jahre 1903 wurden schließlich die ersten 51 Rasierer mit 128 Klingen produziert und verkauft.

Gillette war jedoch nicht der einzige, der das Konzept billiger Wegwerfklingen verfolgte. Zwischen 1899 und 1900 hatte der Schleifergeselle Ernst Grohmann in einer Frankfurter Hohlschleiferei ebenfalls eine zweischneidige, dünne Rasierklinge erfunden, die der Solinger Fabrikant Robert Middeldorf in sein Produktsortiment übernahm. In dessen Romi-Werk begann im Jahre 1902 die Fertigung der Klingen und der entsprechenden Apparate – also noch ein Jahr vor Gillette. Auch andere – wie der Solinger Fabrikant Alfred Hartkopf und der Herforder Friseurbedarfshändler Ferdinand Kiko – sollen zu dieser Zeit an der Entwicklung zweischneidiger Rasierklingen gearbeitet haben.[85] Daß diese Erfindung in Deutschland bereits bekannt und in Gebrauch war, zeigt die Tatsache, daß Gillettes amerikanisches Patent zwar die gesamte Erfindung – also die dünne und flexible Klinge mit zwei Schneiden und den entsprechenden Rasierapparat – schützte, Gillettes deutsches Patent hingegen weder für die Klinge noch den Apparat, ja nicht einmal für die Idee der gewölbten Klingeneinspannung an sich, sondern lediglich für die spezielle Art und Weise der gewölbten Einspannung erteilt wurde.

Im Jahre 1905 begann Gillette, seinen Naßrasierapparat in Europa anzubieten, seit 1906 wurde dafür auch in Deutschland geworben. In der Fachzeitschrift »Messer & Feile« hieß es: »Neuester amerikanischer Rasierapparat ›Gillette‹. Kein Schleifen! Kein Abziehen! Detail-Verkaufs-Preis: ein Apparat mit zwölf Messern in Etuis 20 Mark. Zehn Ersatzmesser 2 M. 50.«[86] Bereits zwei Jahre später, im Jahr 1908, gab es eine große Anzahl deutscher Konkurrenten, die ebenfalls Rasierapparate und zweischneidige dünne Rasierklingen anboten. Gleichzeitig setzte eine rege Erfindungstätigkeit ein, die darauf abzielte, Gillettes Erfindung zu verbessern oder seine Patente zu

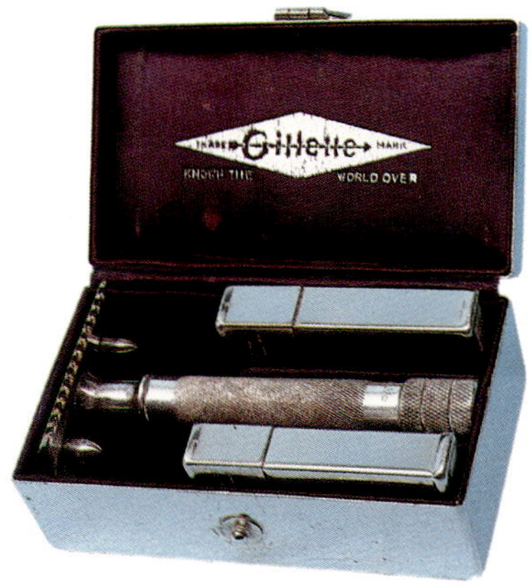

Gillette-Rasierapparat
USA, um 1910
H. Waschkewitz, Hattingen

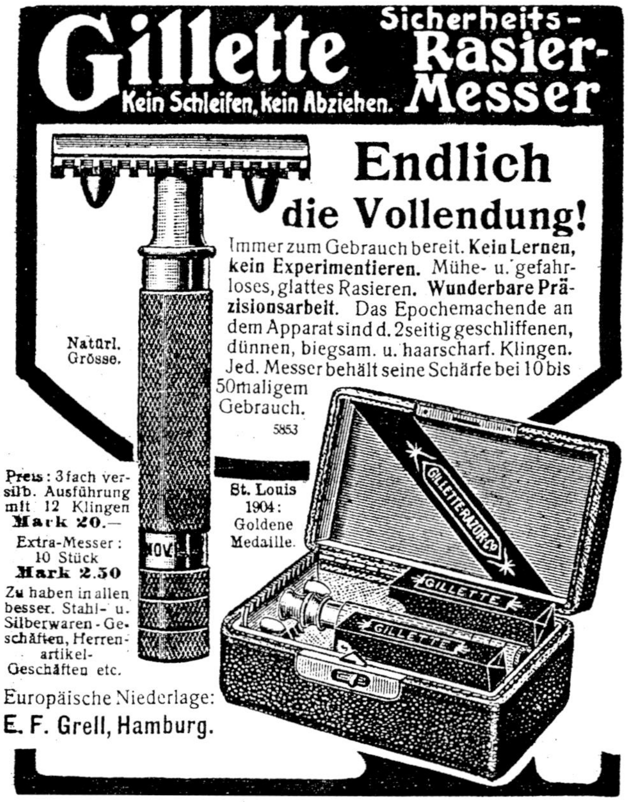

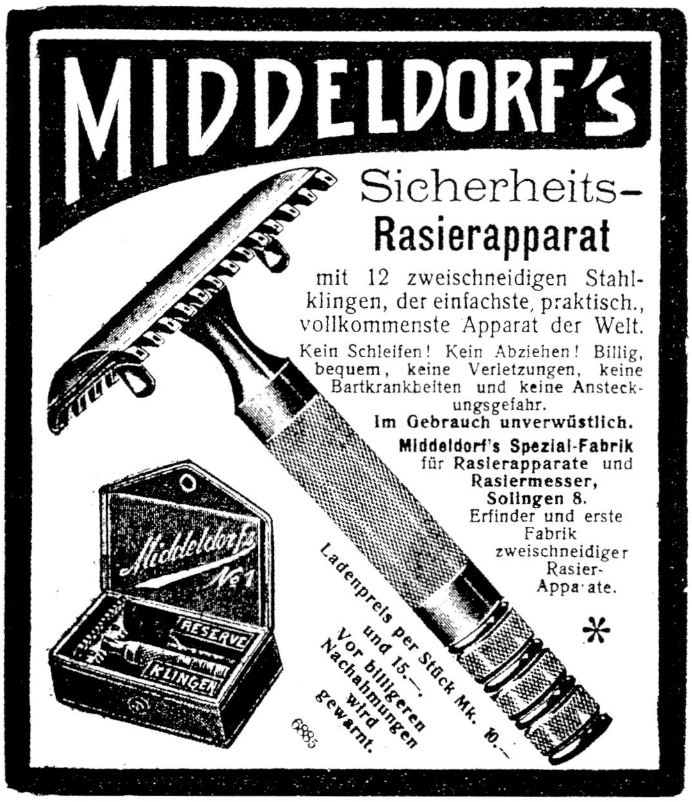

Gillettes Rasierapparat unterschied sich kaum von denen der Konkurrenz – auch ihre Werbung war austauschbar.
Messer & Feile 15 (1908), Umschlagseite von Heft 5 vom 1. 3. 1908 und Messer & Feile 16 (1909), Umschlagseite von Heft 7 vom 1. 4. 1909

umgehen. In den Jahren 1909 und 1910 häuften sich die Inserate für Naßrasierapparate mit dünnen Klingen, und die Zahl der Anbieter stieg sprunghaft an. Als im Jahre 1909 in »Messer & Feile« in einem Artikel unter der Überschrift »Wieder ein neuer Sicherheits-Rasierapparat« gleich drei neue Apparate verschiedener Hersteller vorgestellt wurden, war dies durchaus als Kritik des Handels an dem unüberschaubar gewordenen Angebot zu verstehen.

Manche von Gillettes Konkurrenten versuchten, durch täuschend ähnliche Produktnamen wie »Genette«, »Wienett«, »Geneorette« oder »Spiralette« an dessen Erfolg zu partizipieren, wobei sie wegen der relativ hohen Preise der Gillette-Klingen durchaus Marktchancen hatten. »Sind die Klingen stumpf«, warben sie, »so wirft man sie weg, denn neue Klingen kosten so wenig, daß es gar nicht der Mühe wert ist, die alten Klingen schleifen zu lassen.«[87] Dennoch – bereits im Jahre 1908 tauchten die ersten, eigentlich gar nicht vorgesehenen Abziehapparate auf, um die ursprünglich als Wegwerfartikel deklarierten Klingen nachschärfen zu können. Der hohe Anschaffungspreis des Apparates spielte dagegen eine geringe Rolle, denn, wie es in einem Leserbrief in »Messer & Feile« hieß: »Für einen Toilettengegenstand gibt der Käufer weit mehr aus als für sonstige Stahlwaren, die in die Tasche gesteckt werden.«[88]

Unter dem Motto »Selbstrasieren ist ein Vergnügen« versprachen Gillette und seine Konkurrenten, nahezu alle Probleme des Rasierens gelöst zu haben. »Viele Menschen behaupten, daß sie sich nicht selbst rasieren können, auch wiederholt versucht haben, aber niemals damit zustande gekommen sind. Als Gründe werden meistens angegeben, daß sie nervös sind, sich leicht schneiden, daß ihr Bart zu stark oder die Haut zu empfindlich sei.«[89] Immer wieder wurde auf die Sicherheit vor Schnittverletzungen aufmerksam gemacht, und selten fehlte – mit Blick auf die Rasur beim Barbier – der Hinweis, daß mit dem Rasierapparat jede Ansteckungsgefahr ausgeschlossen sei. Besonders hervorgehoben wurde auch die Tatsache, daß Schleifen oder Abziehen bei diesen Klingen nicht nötig sei und daß der Naßrasierapparat sowohl das Geld für die Rasur beim Friseur oder Barbier als auch die Zeit für den Weg dorthin und das lästige Warten einspare. »Wer sich an den ›Gillette‹ gewöhnt hat, spart Zeit und Geld und verschafft sich dadurch ein wahres Vergnügen«, hieß es.[90]

Unter dem Eindruck des »außerordentlichen Reklamewesens« nahm in den Jahren nach 1908 die Zahl der Männer, die Sicherheitsrasierapparate verwendeten, sprunghaft zu. Stellte Gillette im Jahre 1904 weltweit noch 91 000 Rasierapparate her, so waren es im Folgejahr bereits 277 000. Im Jahre 1906 stieg diese Zahl auf 307 000 Rasierer, 1909 wurden weltweit 386 000 Stück verkauft. Bei den Rasierklingen wuchs die Produktionszahl von 1,2 Millionen Klingen im Jahr 1904 auf 11,9 Millionen im Jahre 1905. 1906 waren es bereits 53,4 Millionen und drei Jahre später schon 134,4 Millionen produzierte Klingen. Im Jahre 1911 wurden von Gillette 356,4 Millionen Klingen verkauft und 1914 – zehn Jahre nach Aufnahme der Serienfertigung – erreichte der Konzern die schwindelerregende Verkaufszahl von 529,6 Millionen Rasierklingen. Dagegen produzierten die deutschen Hersteller in den Jahren 1910 bis 1914 durchschnittlich nur etwa 4 Millionen Rasierklingen jährlich, wobei zu berücksichtigen ist, daß Gillette in den USA und den meisten Staaten der Welt durch seine Patente über ein Monopol verfügte und er sich nur im Deutschen Reich, in Österreich und in Großbritannien mit Konkurrenz auseinanderzusetzen hatte. Der Rückstand der deutschen Hersteller erklärt sich aus der qualitativ stets hochwertigen Klingenfertigung von Gillette im Vergleich zu den mangelhaft schnittfähigen deutschen Klingen, die aus Gußstahl mit geringem Kohlenstoffanteil vorwiegend in Handarbeit gefertigt wurden.

Der Handel sah anfangs in Gillettes Naßrasierapparat allerdings nicht unbedingt nur einen Gewinn, obwohl er an dessen Verkauf verdiente. Die Händler fürchteten vor allem um den Verlust der Einnahmen aus dem regelmäßig notwendigen Nachschleifen der Barthobelklingen und Rasiermesser, und viele stellten sich auf den Standpunkt, den Verkauf des Naßrasierappa-

Zwei Naßrasierapparate
Zahlreiche deutsche Konkurrenten drängten schon bald mit Kopien des Gillette-Apparates auf den Markt.
Deutschland, um 1910
D. Horn, Hamburg/H. Waschkewitz, Hattingen

rates ganz zu unterlassen oder ihn im Kundengespräch zumindest nicht zu empfehlen. Auch »die Rasiermesserfabrikanten hatten unter der Konkurrenz der Sicherheits-Rasiermaschinen, mit denen der Markt in großen Mengen – meistens ausländischer Erzeugnisse – überschwemmt worden ist, nicht unwesentlich zu leiden. Der Absatz gewöhnlicher Rasiermesser war infolgedessen auch bedeutend zurückgegangen.«[91] Diese Absatzkrise betraf auch das englische Sheffield, neben Solingen das größte Zentrum der europäischen Stahlwarenherstellung. Allerdings galt für die dortigen Produzenten wie für ihre deutschen Kollegen, daß sie bald mit der Produktion von Naßrasierapparaten begannen und so ihre Verluste in Grenzen hielten.

Der Niedergang der Barbiere

Der Rasierapparat ließ die vor seiner Einführung auf 150 Millionen Reichsmark geschätzten Jahreseinnahmen des Friseurgewerbes aus dem Rasiergeschäft stark zurückgehen. Die Friseure mußten feststellen, daß »ein großer Teil des Rasiergeschäfts endgültig verlorengegangen ist. Was gab es früher an den Sonnabenden und Sonntagen für ein Gedränge in den Rasierstuben? Die Kunden mußten sich in Geduld fassen, bis sie daran kamen; sie lasen inzwischen die neuesten Nummern der Witzblätter. Meister und Gehilfen bemühten sich im Schweiße ihres Angesichts, des Andranges Herr zu werden. Das ist anders geworden. Die Ueberlastung des Geschäfts an den zwei kritischen Tagen hat stark nachgelassen, da ja immer mehr Kunden dazu übergegangen sind, das Rasieren selbst zu besorgen, nachdem der Rasierapparat die Gefahr des Schneidens fast gänzlich beseitigt hat.«[92] Diese Entwicklung wurde beschleunigt durch einen herabgesetzten Kaufpreis, der »auch Minderbemittelten die Anschaffung gestattet«.[93] »Erst war der Apparat sehr teuer, und nur kleine Kreise benützten ihn. Aber die Apparate sind inzwischen sehr viel billiger geworden, so daß die erste Anschaffung auch dem Arbeiter möglich ist.«[94]

Bereits vor Gillettes Erfindung hatten die Friseurinnungen versucht, gegen die Hersteller von Rasiermessern vorzugehen, die in Annoncen wie »Rasiere dich selbst« um neue Kunden warben. Da auf gerichtlichem Weg wegen unlauteren Wettbewerbs gegen die Hersteller kein Erfolg erzielt werden konnte, wehrten sich die Friseure mit dem Mittel des Boykotts, indem sie die Messer der betreffenden Firmen weder selbst verwendeten noch zum Verkauf anboten. Als die ersten Naßrasierapparate auf den Markt kamen, nahm man sie zunächst nicht ernst, denn »der neue Apparat bürgerte sich erst langsam ein; aber seit einiger Zeit merkt das Heer der Barbiere doch den Einfluß des überlegenen Konkurrenten immer deutlicher.«[95] Also verstärkten die Friseure ihre Bemühungen im Kampf gegen die ihrer Ansicht nach existenzbedrohenden Naßrasierapparate und versuchten, über ihre Berufsverbände eine Besteuerung der Rasierapparate und -klingen durchzusetzen.

Zwei Barthobel mit Streichriemen »Wilkinson« und »Valet Auto-Strop«
Lästig an den Barthobeln war das umständliche Nachschärfen der Klingen mit einem Streichriemen aus Leder – Gillettes Erfolg folgte da zwangsläufig.
Großbritannien/USA, um 1910
D. Horn, Hamburg/Deutsches Klingenmuseum, Solingen

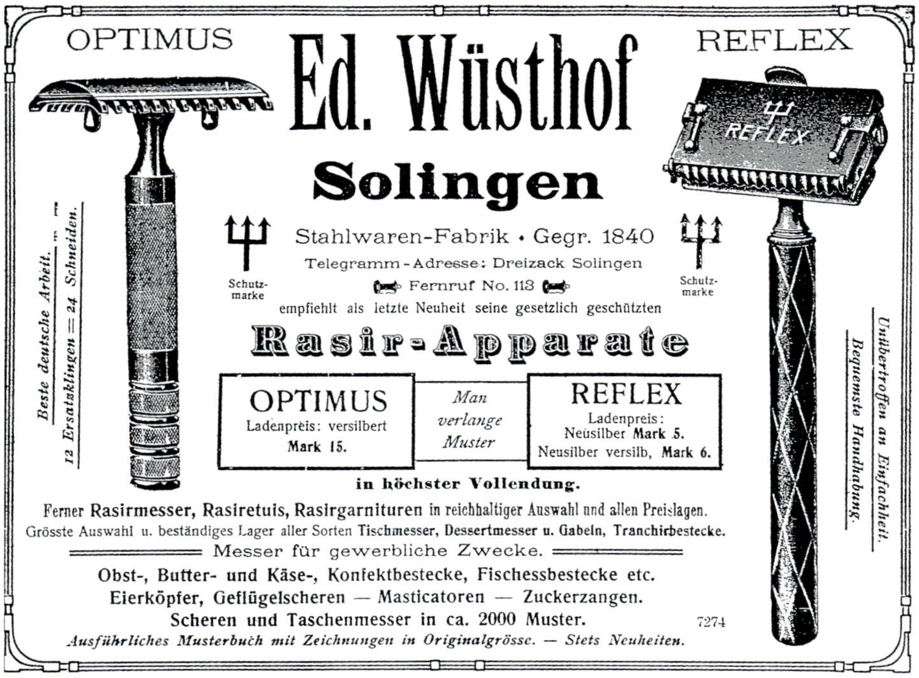

Wie Eduard Wüsthoff mit seinen Apparaten »Optimus« und »Reflex« stellten viele Hersteller Barthobel und Sicherheitsrasierapparate noch lange nebeneinander her.
Messer & Feile 16 (1909), Heft 17 vom 1. 9. 1909, S. 28

Gillette-Rasierapparat
Ein vergoldeter Apparat in einem Kasten aus massivem Elfenbein – nur Aristokraten konnten sich solche Sonderanfertigungen leisten.
Großbritannien, um 1920
Wella-Museum, Darmstadt

Örtliche Friseurinnungen übten direkten Druck auf die ansässigen Stahlwarengeschäfte aus. »Nicht allein, dass von den Friseuren Propaganda für eine Besteuerung der Rasierapparate gemacht wird, sondern es wird schon Terrorismus geübt in rigoroser Weise«, beklagten sich diese, denn nicht selten erschien eine Abordnung der Friseure und versuchte, die Händler durch Boykott und andere massive Drohungen zur Einstellung des Verkaufs zu nötigen.[96] Die Friseure sahen wenig Alternativen, denn ihnen »blieb als Haupteinnahmequelle diejenige für das Rasieren. Hierauf hatten unsere Kollegen im Laufe langer Jahrzehnte ihre geschäftliche Handhabung eingerichtet, sie hatten unter großen Mühen und Opfern glänzende Salons eingerichtet, mit kunstvoller und sehenswerter Ausstattung ausgeschmückt und für manches Lokal ein nennenswertes Kapital aufgewendet, das ihnen auch unter Umständen eine ganz hübsche Einnahme brachte, da die Herren sich nach und nach an unsere Salons gewöhnt hatten. Aber hier droht unserem Gewerbe in den letzten Jahren ein gefährlicher Feind; das ist der Barthobel. Von vielen Seiten glaubte man dieses von Jahr zu Jahr gefährlicher werdende Hilfsmittel für die Herrentoilette dadurch eindämmen zu können, daß man Polizeiverbote oder Steuerbelastungen dafür verlangte.«[97] Die Friseure erkannten jedoch, daß sie gegen die sich ändernden Verbrauchergewohnheiten letztlich kaum etwas ausrichten konnten, und begannen ihrerseits, sich umzustellen. War bis dahin der weitaus größte Teil der Friseure ausschließlich als Herrenfriseur tätig, so führten die Einnahmeausfälle zu einem tiefgreifenden Strukturwandel im Friseurgewerbe – die Friseure verlegten sich zunehmend auf das »Damenfrisieren«, viele gemischte als auch reine Damensalons entstanden erst auf diesem Wege.

Veränderte Rasiergewohnheiten

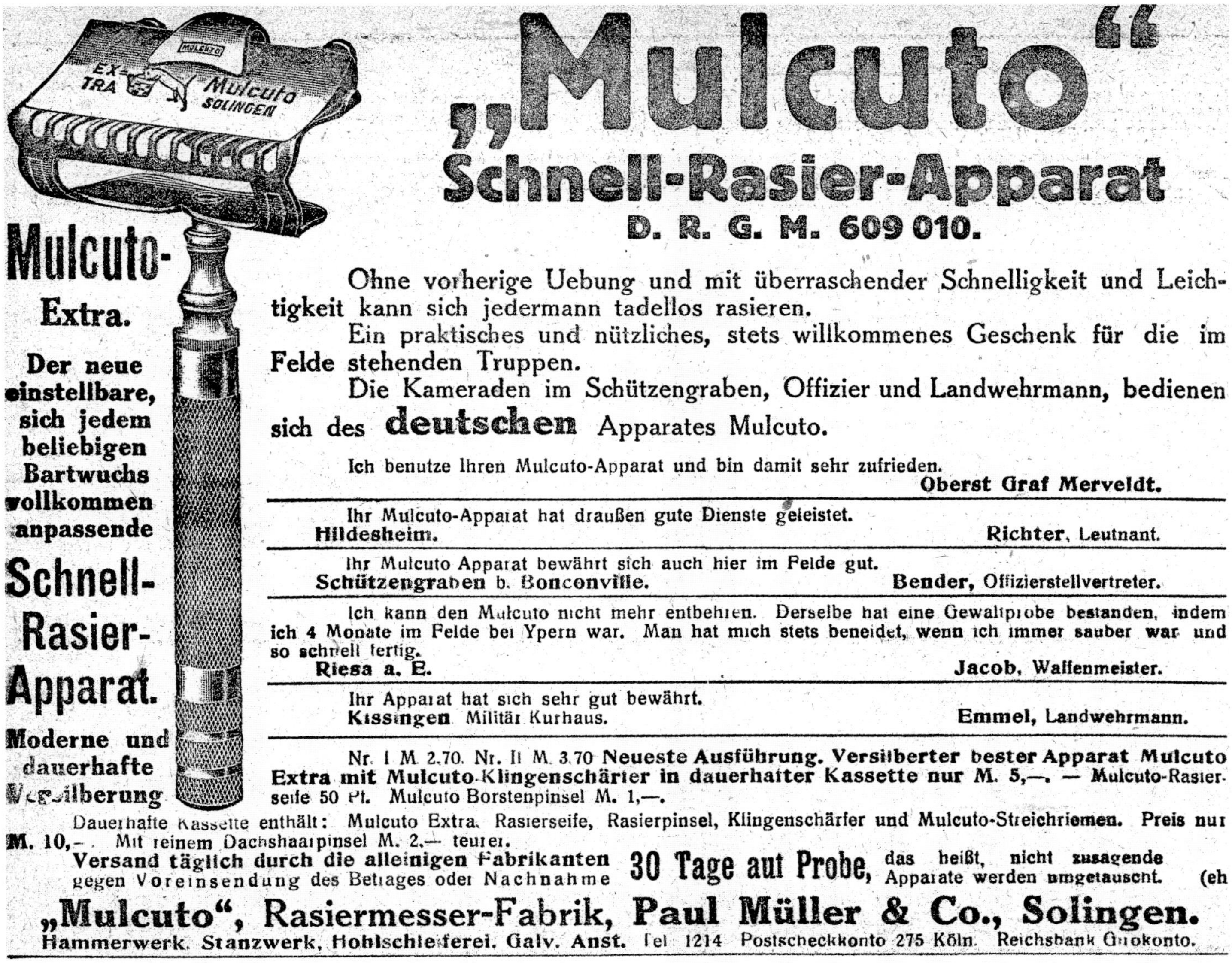

Beschleunigt wurde der Übergang zur Selbstrasur durch den Ausbruch des Ersten Weltkrieges und den militärischen Einsatz von Giftgas. Die Gasmasken der Soldaten boten nur bei dichtem Abschluß Schutz, weshalb vorhandene Bärte abgenommen werden mußten und eine regelmäßige Rasur zur Pflicht wurde. »Über Nacht mußten sämtliche Vollbärte der Gasmaske weichen, selbst der kleinste Spitzbart fiel ihr zum Opfer«[98], stellte ein Ratgeber »zur Pflege des Äußeren« später fest. Soldaten, die das Selbstrasieren noch nicht beherrschten, waren gezwungen, es zu erlernen. In den

Die patriotische Begeisterung zu Beginn des Ersten Weltkrieges wurde auch von der Barthobel-Werbung genutzt. Die vom »Mulcuto« begeisterten Soldaten sollten angesichts des bald ausbrechenden Gaskrieges noch erfahren, wie lebenswichtig dieser Apparat für sie werden sollte.
Kölnische Zeitung, Nr. 472 vom 10. Mai 1915

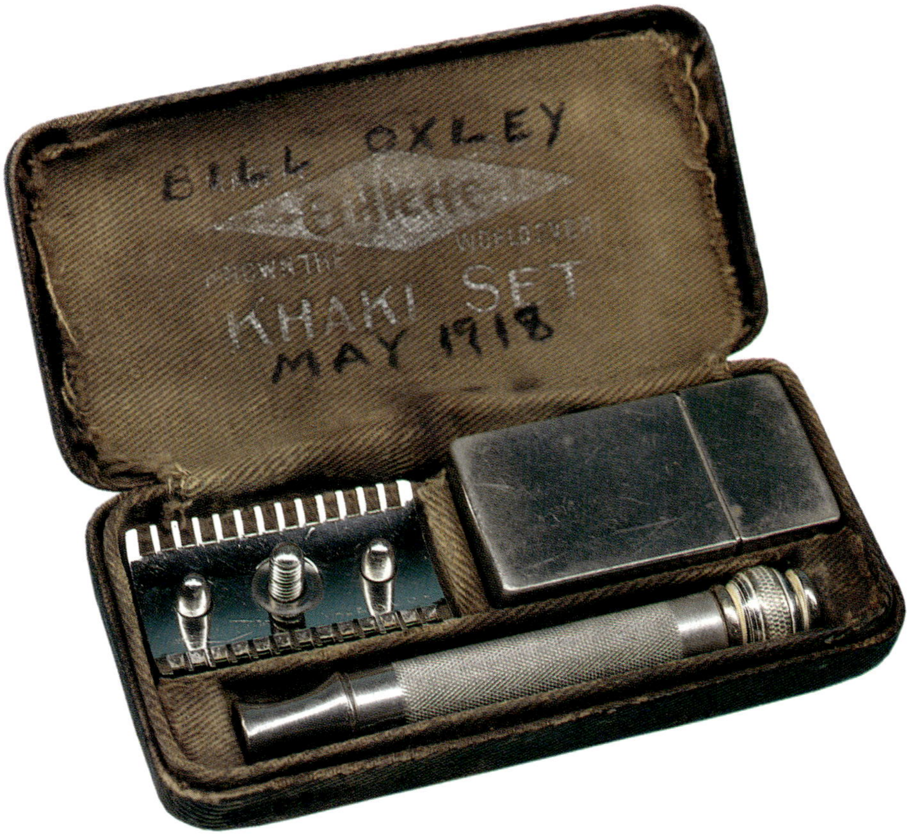

Gillette »Khaki-Set«
Mit diesem Rasierapparat zogen die amerikanischen Soldaten wie Bill Oxley in den Schützengraben.
USA, 1918
Deutsches Klingenmuseum, Solingen

USA verlief diese Entwicklung in noch weit stärkerem Maße als in Europa. Während in der deutschen Armee die Anschaffung der Rasierausrüstung reine Privatangelegenheit war, rüstete die US-Armee ihre Soldaten mit Gillette-Rasierern aus, von denen allein im Jahre 1918 mehr als 3,5 Millionen Stück an die amerikanischen Truppen ausgegeben wurden. Für den Gillette-Rasierer, der dadurch bekannt und populär wurde, war dies die Grundlage des florierenden Nachkriegsgeschäfts. Während des Krieges verschlechterte sich überdies die Qualität der Seife, so daß die Soldaten gezwungen waren, Haar und Bart aus hygienischen Gründen so kurz wie möglich zu halten. Viele Soldaten hielten an dieser Gepflogenheit auch nach 1918 fest: »Nicht wenige hatten die Angewohnheit des Selbstrasierens, die sie im Felde erworben hatten, nunmehr für immer beibehalten.«[99] Durch den Einsatz im Ersten Weltkrieg waren die Männer zu regelmäßiger und selbstdurchgeführter Rasur geradezu »erzogen« worden, wenngleich sich die veränderten Rasiergewohnheiten bereits vor Kriegsausbruch abgezeichnet hatten.

Wie bereits dargestellt, war seit der Mitte des 19. Jahrhunderts das Tragen von Bärten in Deutschland allgemein Mode, wobei der Schnurrbart zur beliebtesten Barttracht avancierte. Doch gegen 1910 breitete sich – von den Vereinigten Staaten ausgehend, über England und Frankreich – die Mode glattrasierter Gesichter aus. »Bekanntlich stammt diese abgeschmackte Mode aus England, wo sie vielleicht eher am Platze sein mag«, so klangen die patriotisch gefärbten Klagen aus dem Jahre 1913, »wir aber haben keinen Grund, einer solch absurden Mode zu folgen! … Warum soll nun der natürliche Schmuck und Schutz durch eine entlehnte Sitte ausgerottet werden?«[100] Derartige Appelle verhallten jedoch ungehört. »Der Bart ist ein Anachronismus geworden«, stellten bereits im Jahre 1912 die Friseure fest. »Der rasierte Herr ist jetzt der moderne Herr, der Gesellschaftsmensch, der Herr kurzweg.« Es wurde erklärt, »daß die Blankheit des Männergesichtes mit der erhöhten Sorgfalt zusammenhängen muß, die der Mann jetzt seinem Äußeren überhaupt widmet.« Man hielt »absolutes Enthaaren des Gesichts für ein Zeichen der Kultur« und erklärte, »daß man Wangen,

Kinn und Lippen ebenso rasieren müsse, wie man Nägel schneidet oder das Haupthaar stutzt«. Man erblickte sogar »im Barte eine Aeußerung des Barbarentums« und sah »im Verwachsenlassen der charakteristischen Gesichtspartie ein Armutszeugnis«.[101] Auch Arthur Schopenhauer wurde mit den Worten zitiert, daß nur Barbaren den Bart wachsen ließen – Barttragen galt plötzlich als unhygienisch. Die Friseure beklagten die »übertriebene Bazillenfurcht, die den Bart fast vertrieben hat«, denn nach ihren Rasierkunden verloren sie nun auch die Einnahmen aus dem Bartschneiden.[102]

Besondere Auseinandersetzungen gab es um das zunehmenden Verschwinden der Schnurrbärte in der Armee, dem die Heeresleitung vor

Schon vor dem Ersten Weltkrieg waren Naßrasierapparate in der Armee beliebt – mit Folgen für den als »männlich« geltenden Schnurrbart.
Gillette-Werbung, um 1910
Gillette Deutschland GmbH

1914 mit Nachdruck entgegenzuwirken versuchte. »Das Kriegsministerium«, so ließ es verlauten, »hat in einem jüngsten Erlasse auf die Bestimmungen der Adjustierungsvorschrift verwiesen, nach welchen es Angehörigen der Armee verboten ist, die Schnurrbärte zu rasieren, und fordert neuerdings zur stärkeren Beachtung dieser Normen auf.«[103] Die unteren Dienstgrade zeigten sich – da besondere Vorschriften über das Aussehen eines Schnurrbartes nicht bestanden – erfinderisch. Die Spitzen des Schnurrbarts wurden gekappt und der Bart nach dem englischen Vorbild der sogenannten »Zahnbürste« so weit als möglich zurückgestutzt. Mit Militärverfügungen der Generäle wurde ihnen dies allerdings alsbald untersagt: »Unteroffiziere und Mannschaften seien darüber zu belehren, daß die moderne Barttracht – Abschneiden des Schnurrbartes bis auf wenige Haare unter der Nase – sich nicht für den preußischen Soldaten eignet und der Eigenart der Deutschen nicht entspricht.«[104] Im Offizierskorps griff freilich die Bartlosigkeit um sich. So sah sich schließlich auch Kaiser Wilhelm II. genötigt, »gegen die jüngeren Offiziere der Armee, unter denen die glattrasierten Gesichter von Jahr zu Jahr häufiger werden und der Typus des altpreußischen Offiziers mit keckem, nach oben gezwirbelten Schnurrbart gänzlich zu verschwinden droht«, Stellung zu beziehen. »Für einen richtigen Mann gehört sich ein ordentlicher Schnurrbart!« wurde er zitiert. Nachdrücklich bekannte sich der Kaiser als »Gegner der Bartlosigkeit, die immer mehr zur Mode wird« und die er als Ausdruck »des Amerikanismus, der mehr und mehr bei uns zur Herrschaft gelangt«, auffaßte.[105]

Mit dem Ersten Weltkrieg kam der Bart jedoch endgültig aus der Mode. Ein Anstandsbuch der zwanziger Jahre stellte fest, daß »Bart und Schnurrbart heute allgemein rasiert werden«, und empfahl: »Schnurrbärte nach ›Es ist erreicht‹ oder Spitzbärte sind zu vermeiden, sie machen einen altmodischen Eindruck«.[106] Die Vorstellungen von der Häufigkeit der Rasur verschärften sich im Vergleich zur Vorkriegszeit erheblich, tägliche Rasur wurde nun auch für untere Schichten zur Pflicht. Dabei tat die stetig wachsende Zahl der Angestellten ein übriges. »Nie dürfen Wangen und das Kinn einem Stoppelfeld gleichen; tadellos rasiert zu sein ist eine der Hauptbedingungen, wenn man gut aussehen will. Wer es irgend kann, sollte es lernen, sich selbst zu rasieren«, hieß es in einem Ratgeber. »Man kann nicht gut genug rasiert sein, und man sollte sich nie damit beruhigen: ›Ach was, heute geht es wohl noch, heute brauche ich nicht zum Barbier zu gehen.‹ Wie alle derartigen Fragen, ist auch dies eitle Selbstbelügung, die der Bequemlichkeit entspringt.«[107] Ratgeber wie »Der vornehme Herr« wiesen auf die Selbstverständlichkeit hin, sich in der Frühe zu rasieren, was offenbar keineswegs immer üblich war. »Was nützt der eleganteste Anzug«, fragte der Autor, »wenn ein unrasiertes Gesicht darüber ist? Der Gesamteindruck wird immer ein unschöner sein.«[108]

Der Siegeszug des Sicherheitsrasierapparates hatte sich in der Nachkriegszeit fortgesetzt: Die weltweite Klingenproduktion des Gillette-Konzerns verdreifachte sich zwischen 1919 und 1925 von gut 2 auf 6 Milliarden Stück jährlich, die Zahl der hergestellten Apparate wuchs sogar um mehr als das sechsfache von 2,3 auf 14,9 Millionen. Während vor der Erfindung von Gillettes Wegwerfprodukt weltweit jährlich etwa 350 Tonnen Stahl für Rasierutensilien verbraucht wurden, verzehnfachte sich diese Menge bis zum Beginn der dreißiger Jahre. Im Deutschen Reich nahm die Rasierklingenproduktion von 210 Millionen Stück im Jahre 1928 bis auf 1,74 Milliarden im Jahre 1940 zu – und dies bei ständig rückläufigem Exportanteil. Ende der dreißiger Jahre verbrauchten allein die deutschen Männer jährlich mehr als 1,3 Milliarden Rasierklingen.

War es in der Zeit vor dem Ersten Weltkrieg der Wunsch nach Unabhängigkeit vom Barbier, so wirkte sich in der Nachkriegszeit ein verändertes Lebensgefühl letztlich auch auf die Benutzung des Rasierapparates aus. Modern sein war Pflicht, »Tempo« ein Begriff, der mehr als andere die schnellen zwanziger Jahre prägte. Das erhöhte Arbeits- und Konsumtempo drang auch in den privaten Lebensbereich vor. Der Rasierapparat sei daher, hieß es 1928, von »Vorteil in unserer bartlosen Zeit, die alles, nur selbst keine Zeit hat, der Warten auch in der angenehmsten Form ein Greuel ist und die das rasende Tempo der Maschinen auf die Lebenshaltung und die Geschwindigkeit der häuslichen Funktionen übertragen hat«.[109] An anderer Stelle hieß es: »Warum aber wurde in der Nachkriegszeit der Rasierapparat so groß? Das Leben nahm seinen Rhythmus, es pulsierte schneller, die Maschinen rasten und der Druck der Atmosphären wurde stärker. Gehetzt und gejagt geizte der Mann mit den Minuten seines Daseins. Das Rasiermesser war so ein rechtes Zeichen der vergangenen Tage, ein Zeichen der alten, geruhsamen, langsam dahinziehenden Zeit. Der Rasierapparat aber gehört uns, den Kindern dieser unruhigen Epoche, die mit ihren tausend Spannungen und abertausend Energien uns ganz beschlagnahmt.«[110] Der Übergang zum Naßrasierapparat vollzog sich jedoch keineswegs in allen Bevölkerungs- und Einkommensgruppen gleichmäßig – »rasende Maschinen und tausend Spannungen« prägten wohl das städtische Leben, weniger die weiten, noch immer agrarisch strukturierten Gebiete Deutschlands. »Während bei der städtischen Bevölkerung«, stellte man 1934 in einer Fachzeitschrift fest, »die Konkurrenten des Rasiermessers, Apparat und Klinge, in den letzten Jahren in steigendem Maße bevorzugt wurden, und das Messer weitgehend verdrängten, gelang es diesem besser, in ländlichen Gegenden seine alte Monopolstellung zu behaupten«, weil, so dachte man, »gerade die ländliche Bevölkerung fast überall aus althergebrachter Einstellung, wie auch aus Ersparnisgründen dem Rasiermesser weitestgehend die Treue gehalten hat.«[111] Das Stadt-Land-Gefälle war

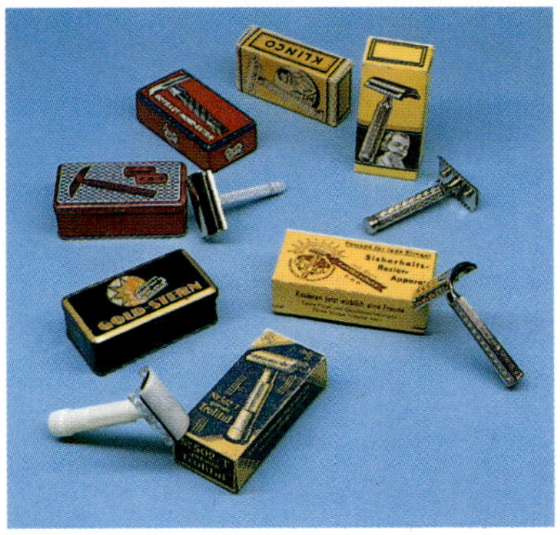

Naßrasierapparate
Nach dem Ersten Weltkrieg wurde die Zahl billiger Naßrasierer vollends unüberschaubar.
Deutschland, zwanziger und dreißiger Jahre
D. Horn, Hamburg/F. Gnegel, Münster

Die »goldenen Zwanziger«: Max Ehrlich und die Tiller-Girls werben für eine glatte Rasur.
Berliner Illustrierte Zeitung Nr. 44/1927 vom 11. November 1927, S. 1762

sicher augenfällig, die Begründung dafür aber nicht ganz schlüssig. Ein Rasiermesser kostete Anfang der dreißiger Jahre zwischen 11 und 15 Reichsmark. Es mußte etwa dreimal im Jahr beim Händler nachgeschliffen werden, was jeweils eine Reichsmark kostete. Damit summierten sich die Kosten für ein Rasiermesser – läßt man die Kosten des ledernen Abzugsriemens unberücksichtigt – im Anschaffungsjahr auf 18 Reichsmark. Dagegen kostete ein Naßrasierapparat zur gleichen Zeit 2 Reichsmark, Klingen – je nach Qualität – zwischen 5 und 30 Pfennigen. Bei einem mittleren Preis und einem Verbrauch von jährlich ca. 50 Klingen betrugen die Kosten für die Rasur mit dem Apparat im ersten Jahr also nur 8 Reichsmark. Allerdings lagen die laufenden Kosten in den Folgejahren beim Rasierapparat höher, wenn man auch durch das Nachschleifen der Klingen diese so weit senken konnte, daß man mit denen des Messers, das sich ja auch stetig abnutzte und irgendwann ersetzt werden mußte, gleichauf lag. Die Durchsetzung der Rasierklinge als Massenartikel war nicht nur von technischen Vorteilen, sondern wesentlich auch von der Preisgestaltung abhängig, die es einer breiten Bevölkerungsschicht erlaubte, das Produkt zu erwerben. Angesichts von Weltwirtschaftskrise und schwindender Kaufkraft konnte die Rasierklinge ihre Popularität sogar noch steigern, wenngleich das Rasiermesser in den ländlichen Gegenden bis zur Mitte der fünfziger Jahre das bevorzugte Rasierinstrument blieb.

Neben dem Marktführer Gillette mit seiner deutschen Tochterfirma Roth-Büchner und der Marke Rotbart – die den Löwenanteil der in Deutschland verkauften Klingen produzierten – existierte in Deutschland eine Vielzahl von kleinen und kleinsten Rasierklingenherstellern. Allein in Solingen gab es 300 Rasierklingenfabrikanten, in ganz Deutschland insgesamt etwa 450. Die Rasierklingenproduktion war in den zwanziger und dreißiger Jahren mit einer geringen Maschinenausstattung und daher wenig Kapitalaufwand möglich. Eine einzelne Schleifmaschine lieferte täglich bis zu 3000 Klingen, eine Packmaschine schaffte 25 000 Klingen am Tag. Dies begünstigte die Entstehung einer unübersichtlichen Struktur von Kleinst-, Klein- und Mittelbetrieben. Viele fertigten Rasierklingen nur als zweites Standbein in Krisenzeiten, die Mehrzahl erreichte nicht einmal einen Jahresausstoß von 100 000 Stück. Spezialisierte Lohnschleifereien, die keine Produkte unter eigenem Namen vertrieben, arbeiteten für andere Hersteller; reine Pack- und Vertriebsbetriebe brachten Klingen unter eigenem Namen heraus, ließen aber andernorts fertigen. Die Tatsache, daß viele Hersteller nicht nur eine, sondern mehrere Rasierklingenmarken produzierten und einzelne Händler Klingen in Solingen herstellen ließen und unter ihrem Namen vertrieben, führte zu einer unüberschaubaren Zahl von Marken. Allein zwischen 1930 und 1940 wurden 873 neue Rasierklingenmarken angemeldet, und der größte Teil der 14 000 beim Reichspatentamt geführten Warenzeichen für Schneidwaren wurde für Rasierklingen verwendet. Jede Marke wurde darüber hinaus in mehreren unterschiedlichen Ausführungen angeboten: Insgesamt wurden vier verschiedene Stahlsorten zur Klingenherstellung verwendet, es gab vier verschiedene Klingenstärken von 0,06 mm bis 0,13 mm, die Langloch- oder die Dreilochform, verschiedene Arten der Oberflächenbehandlung vom Vernickeln bis hin zum Vergolden, eine Anzahl von Schliffarten für die Schneiden vom Breit- über den Keil- bis zum Hohlschliff sowie hand- oder maschinenabgezogene Klingen. Damit sah sich der Verbraucher einer Vielzahl von Firmen und Marken gegenüber, von denen ihm jede in mehreren Sorten und Qualitäten offeriert wurde. Wenn der Kunde eine zufriedenstellende Klinge gefunden hatte, war damit jedoch nicht gesichert, daß diese beim nächsten Kauf dieselbe Qualität hatte, denn die Qualität der Klingen schwankte und selbst bei teuren Klingen konnte es je nach Charge erhebliche Unterschiede in der Schnittfähigkeit geben. Dieses unübersichtliche und unsichere Angebot der heimischen Produzenten stärkte die Position von Gillette, der dem Verbraucher eine gleichbleibend hohe Klingenqualität garantierte.

Die große Zahl deutscher Hersteller führte zu hohen Überkapazitäten, diese wiederum führten zu heftigen Preiskämpfen, die bei vielen der kleinen Hersteller dann eine sinkende Klingenqualität zur Folge hatten. Die Anzahl der Rasuren, die der einzelne Benutzer mit einer Klinge durchführte, war sehr unterschiedlich. Viele Konsumenten verwendeten eine Klinge nur ein- oder zweimal. Eine gute Rasierklinge hatte eine Lebensdauer von 5, maximal 15

Peri-Rasiercreme
Die Klinge, Jg. 1939

Rasuren. Um die Lebensdauer der Klingen zu erhöhen, hatte sich nicht nur das Abziehen der Klinge »auf dem Handballen« eingebürgert, es wurden auch spezielle Abziehmaschinen für den Hausgebrauch verwendet. Es war auch üblich, die Klingen nach einigen Rasuren aus dem Apparat zu nehmen und sie einige Tage liegenzulassen, in dem Glauben, sie würden dadurch wieder scharf. »Es sind dies jene Selbstrasiererkreise, die bei der heute gebotenen Sparsamkeit in allen Dingen aus der sogenannten Regeneration des Stahles finanzielle Vorteile erzielen zu können glauben. Sie benützen die einzelne Klinge 2 bis 3mal, um sie dann später nach Regeneration der Schneide wieder in Gebrauch zu nehmen«[112], kommentierte die Fachzeitschrift »Messer & Schere«. Manche empfahlen, die Klingen in Nord-Süd-Richtung liegend aufzubewahren, in der irrigen Ansicht, sie würden durch das Erdmagnetfeld wieder geschärft. Spezielle Behälter dienten zur Aufbewahrung und versprachen, durch eine »zwangsläufige Luftspülung« die Klingen wieder funktionsfähig zu machen. Die Vorstellung, daß Klingen durch bloßes Liegenlassen wieder scharf würden, war aber weitaus älter. Bereits im ausgehenden 18. Jahrhundert hieß es, ein stumpfes Rasiermesser würde seine Schneidfähigkeit zurückgewinnen, wenn man es einige Zeit an der Luft liegenließe.[113] Diesem langlebigen Glauben gegenüber wurde 1942 in der Fachzeitschrift »Die Klinge« bemerkt: »Einbildung und Vorurteile trüben hier mitunter das Urteil.«[114]

Eine praktische und ansprechende Neuheit ist der

Rasierklingentrockner „Kneif zu“

Die Gestaltung des Trockners ermöglicht ein schnelles Trocknen der Klinge und vor allen Dingen ist eine Beschädigung der feinen Schneiden vollständig ausgeschlossen. Ein wesentlicher Vorteil ist ferner noch: der Apparat schont die Wäsche. Eine für jede Hausfrau willkommene Folge, da es keine zerschnittenen Handtücher beim Reinigen der Rasierklingen mehr gibt.

Der Trockner ist aus Bakelit hergestellt und wird in rot, braun, braun-schwarz, grau Marmor und Mahagoni sortiert, oder in einer dieser Ausführungen geliefert. Jeder Apparat ist in einem Verkaufskarton verpackt. 2 Ersatz - Reinigungsrollen aus Ia. Zellstoff-Watte sind gleichzeitig beigefügt. Der sehr niedrige Preis wird den Rasierklingen-Trockner „Kneif zu“ zu einem unentbehrlichen Bestandteil eines kompletten Rasiergerätes machen.

Neben den Handschleifapparaten für den Hausgebrauch gab es auch richtige Maschinen für den Nachschliff der Rasierklingen. Sie waren für Stahlwarenhändler gedacht, die diese Marktlücke entdeckt hatten. Das Nachschleifen der Klinge beim Händler war eine lohnende Alternative: Ende der zwanziger Jahre kostete es maximal 3 Pfennige pro Stück, während man für eine neue Klinge zwischen 5 und 15 Pfennige ausgeben mußte. Durch den Preisverfall der Rasierklingen in der ersten Hälfte der dreißiger Jahre wurde das Nachschleifen jedoch immer unrentabler. Erst jetzt wurde die Klinge zu einem echten Wegwerfprodukt, und der Konsument konnte »sich mit Anstand« davon trennen, ohne sich unnötiger Verschwendung schuldig zu machen. Zudem wurde mit den sinkenden Klingenstärken das Nachschleifen auch technisch schwieriger. Waren sie anfangs 0,13 mm und 0,10 mm stark, reduzierte sich die Materialstärke in der ersten Hälfte der dreißiger Jahre auf 0,08 mm, später auf 0,06 mm. Ein Nachschleifen dieser hauchdünnen Klingen war nicht mehr möglich.

Neben dem raschen Stumpfwerden stellte das Trocknen der Klingen ein weiteres Problem dar. Rasierklingen wurden zunächst aus einfachen Kohlenstoffstählen gefertigt, später aus chromlegierten Stählen. Doch bis zum Beginn der fünfziger Jahre konnten sie nicht aus rostfreiem Stahl hergestellt werden, da dieser noch nicht schnittfähig genug war. Die Rostanfälligkeit ließ sich auch durch eine Beschichtung der Oberfläche – entweder durch Lakkieren, Platieren oder Galvanisieren – nur wenig mindern, weil eine Beschichtung die Schärfe der Schnittkante beeinträchtigte. Um zu verhindern, daß die zurückbleibende Restfeuchte die Schneide durch Rostbildung zerstörte, mußte nach jeder Rasur der Apparat komplett zerlegt, sorgfältig gereinigt und die Klingen getrocknet werden, was häufig zerschnittene Handtücher zur Folge hatte. Um dieses Problem zu lösen, wurden spezielle Klingentrockner angeboten. Dabei handelte es sich meist um einen Rahmen, der innen mit einem saugfähigen Material gefüllt war – meist Pappe – und mit einem Schlitz zum Durchschieben der Klinge versehen war. Darüber hinaus gab es auch Blöcke aus dickem, saugfähigem Papier, von denen zum Klingentrocknen einzelne Blätter abgerissen wurden.

Die übrigen Rasierutensilien – Pinsel, Seife und Seifenschale – waren unverändert geblieben. Problematisch für viele Selbstrasierer war die Tatsache, daß es in den meisten Wohnungen kein fließendes warmes Wasser gab. Das Einseifen erfolgte also entweder mit kaltem oder mit umständlich auf dem Küchenherd erwärmtem Wasser, doch unter dem morgendlichen Zeitdruck erfolgte es in der Regel eher flüchtig, was zur Folge hatte, daß die Barthaare nicht weich genug waren – angesichts der häufig schlechten Klingen kann das Rasieren unter diesen Umständen nur ein begrenztes Vergnügen gewesen sein.

Die Form der Apparate und Klingen war bis zur Einführung des Elektrorasie-

Die treusorgende Ehefrau verschönt durch den Kauf der »Globusmann Breitschliff-Klingen« die morgendliche Rasur ihres Gatten.
Die Klinge, Jg. 1940

◁ Schrägschnittapparate
Rasierapparate mit schräggestellten Klingen rasierten angeblich besonders sanft – im Ausland hielt man sie für eine deutsche Marotte.
Deutschland, dreißiger Jahre
D. Horn, Hamburg/F. Gnegel, Münster

◁ Feuchte Rasierklingen, die im Badezimmer Rost ansetzten, waren ein echtes Problem, zerschnitttene Handtücher die Folge – Rasierklingentrockner wie der »Kneif-zu« die Lösung.
Messer & Schere 44 (1937), S. 174

Rasierklingen-Schärfapparate
»B-B-Star« und Rotbart »Rollfix«
Besonders Sparsame warfen nichts weg, sie schliffen ihre gebrauchten Klingen nach.
Deutschland, zwanziger und dreißiger Jahre
D. Horn, Hamburg

Rasierklingenpackungen
420 Rasierklingenhersteller gab es in Deutschland – da war das Angebot kaum zu überblicken.
Deutschland, dreißiger Jahre
D. Horn, Hamburg/F. Gnegel, Münster

rers kaum Veränderungen unterworfen. Es gab zwar eine Unzahl von Veränderungsvorschlägen, die jedoch kaum beachtet wurden. Bedeutsam war allein die Einführung der Langlochklinge, bei der die mit drei Löchern versehene Urform der Rasierklinge durch Verbindung der Löcher zu einem durchgehenden Schlitz erweitert wurde. Die Langlochklinge war keine Entwicklung von Gillette, sondern stammte aus der später von Gillette übernommenen Auto-Strop-Safety-Razor-Company von Henry J. Gaisman. Dort hatte man damit begonnen, die Klingen nicht mehr einzeln zu schleifen, sondern als unzertrenntes Band an der Schleifmaschine vorbeizuführen, um eine gleichbleibende Klingenqualität zu erreichen. Der Schlitz war bei diesem Verfahren produktionstechnisch notwendig. Gillette versuchte nun, gestützt auf einen weitreichenden Patent- und Gebrauchsmusterschutz, die anderen Hersteller vom Markt zu verdrängen: Nur Gillette sollte Apparate herstellen dürfen, in die Langlochklingen paßten. Dabei ließen sich die von Gillette produzierten Klingen weiterhin in den mit drei Stiften versehenen Apparaten der Konkurrenz verwenden, doch umgekehrt paßten deren Dreilochklingen nicht in die neuen Apparate von Gillette.

Größere Bedeutung erzielten in Deutschland ab 1935 die schon vor dem Ersten Weltkrieg entwickelten Schrägschnittapparate, bei denen entweder der ganze Kopf des Rasierapparates in Längsrichtung der Klinge schräg gestellt wurde, oder aber Deck-

Jedem Truppenteil seine eigene Rasierklinge – bei Ausbruch des Zweiten Weltkrieges fanden erneut militaristische Motive Eingang in die Rasierklingen-Werbung.
Die Klinge, Jg. 1939

platte und Kammplatte des Rasierers gegeneinander verwunden waren, so daß sich die Schneiden der Klinge beim Einspannen in entgegengesetzte Richtungen schräg stellten. Man glaubte, damit eine besonders sanfte Rasur erzielen zu können. Schrägschnittapparate waren in den dreißiger Jahren stark gefragt, in den fünfziger und sechziger Jahren ging ihr Absatz jedoch zurück. Ihre Verwendung war eher eine Modeerscheinung und weniger auf tatsächliche Vorteile dieser Form zurückzuführen: »Im Ausland sind Schrägschnittapparate unbekannt, man hält sie dort für eine deutsche Marotte«[115], schrieb eine Fachzeitschrift 1968.

Trotz der starken Konkurrenz der Hersteller untereinander gelang es 1930, einen Verband der Rasierklingenhersteller zu gründen, der zunächst als Interessengemeinschaft der kapitalschwachen Einzelmitglieder gegen den übermächtigen Gillette-Konzern gedacht war. Die nationalsozialistische Wirtschaftspolitik und die Umstellung des Rasierklingenindustrie-Verbandes auf das »Führerprinzip« begünstigten 1935/36 die Errichtung eines Zwangskartells. Die Mitgliedschaft aller Rasierklingenhersteller war Pflicht, und die Zulassung neuer Betriebe wurde beschränkt. Das Kartell erlaubte zur Klingenherstellung nur noch vier Stahlsorten und legte Mindestpreise fest – ein Kontrollsystem mit Kennummern der Betriebe auf den Klingen ermöglichte eine strenge Kontrolle, ob die Kartellbestimmungen eingehalten wurden. Die dominierenden großen Firmen nutzten das Kartell, um eine Marktbereinigung in ihrem Sinne vorzunehmen und die Kleinunternehmen zu verdrängen. Dabei instrumentalisierten sie geschickt die auf Kriegsvorbereitung ausgerichtete nationalsozialistische Wirtschaftspolitik, die eine größere Rationalisierung und Effektivität propagierte. Kriegsbedingte Bewirtschaftungsmaßnahmen, Wettbewerbsbeschränkungen und die Vereinheitlichung der Produktion kennzeichneten den Rasierklingenmarkt nach 1939. Es durfte schließlich nur noch eine Stahlsorte zur Klingenherstellung verwendet werden, die Zahl der Klingenstärken wurde zunächst auf zwei, später auf eine reduziert. Die Hersteller sollten, um »Klarheit und Wahrheit« in der Werbung zu fördern, nur noch eine Marke verwenden dürfen, wodurch der Vielzahl von Marken und Sorten ein abruptes Ende bereitet wurde. Für Händler, Hersteller und Endverbraucher galten fortan Fixpreise, die auch die Gewinnspannen zementierten. 1942 erließ der Reichswirtschaftsminister eine Stillegungsverordnung, die alle Betriebe zur Produktionseinstellung zwang, die entweder im Vorjahr weniger als 30 000 Reichsmark umgesetzt oder weniger als 3 Millionen Klingen produziert hatten oder keinen eigenen Markennamen führten. Damit war der Markt im Sinne der Großunternehmen bereinigt. Obwohl die alliierte Dekartellisierungspolitik nach 1945 die alten Marktverhältnisse wieder herstellte, blieb die Zahl der Hersteller und damit auch die Zahl der Marken und Sorten deutlich hinter dem Vorkriegsniveau zurück.

Der Weg zum Trockenrasierer

»Bartroßmühlen« und andere Rasiermaschinen

Der älteste erhaltene Entwurf eines mechanisch angetriebenen Rasiergerätes stammt aus dem Jahre 1745. Es handelte sich um eine von einem Pferdegöpel angetriebene »Bartroßmühle«, die 60 Personen gleichzeitig rasieren sollte. In einer Schrift aus dem Jahre 1754 wird sie folgendermaßen beschrieben: »Die Bartmühle, davon anjezo die Rede ist, bestehet aus einem runden Gebäude von Brettern, darein mancherlei Kopflöcher geschnitten, und wodurch der Bart hinein gestecket wird, inwendig aber wird ein großes Horizontalrad von einem Pferde herumgetrieben, an welchem eine Menge Scheermesser in verschiedenen Stellungen, wie es die Gegenden des Gesichts, wo Haare sitzen, nöthig haben, feste gemacht. Und derjenige, der sich barbieren lässet, mus die Gegenden an die verschiedenen Messer halten, welche vermittelst der angebrachten stählernen Federn nachgeben, so wird der Bart und alles Haar glüklich abgenommen.«[116]

Die Erfindung erreichte – trotz ihrer offensichtlichen Unrealisierbarkeit – ein bemerkenswertes publizistisches Echo. Der Erfinder, ein Brite namens Hallezius, ließ seine Maschine 1745 in einem patentamtsähnlichen Verfahren beim englischen Parlament registrieren, um Geldgeber für ihren Bau zu finden. In Frankreich kam es zu Unruhen unter den Barbiergesellen, als das Gerücht auftauchte, dort solle eine solche »Bartroßmühle« gebaut werden.[117] Die meisten Zeitgenossen hielten die Bartroßmühle schon seinerzeit für unsinnig, was einige jedoch nicht daran hinderte, das Projekt noch in den achtziger Jahren des 18. Jahrhunderts in Artikeln und Lexika ausführlich zu diskutieren. »Wenn diese Erfindung«, so hieß es beispielsweise 1782 in der Enzyklopädie von Krünitz, »nicht dem Lächerlichen und der Verschwendung eines übermäßig angewendeten und unrecht angewendeten Witzes nahe wäre: so würde dieselbe den Barbiren und Feldscheren ihr Brod schmälern; zu ihrem Glück aber wird wohl so leicht niemand seyn, der sich in Gefahr setzen wird, Mund, Nase, Kinn und Ohren durch einen geringen Fehler oder unrechte Verrückung der Stellung der Messer und Maschine zu verlieren.«[118]

Diese Bartroßmühle sollte nicht die einzige Konstruktion bleiben, bei der unter großem technischen Aufwand die Energie einer zentralen Kraftquelle

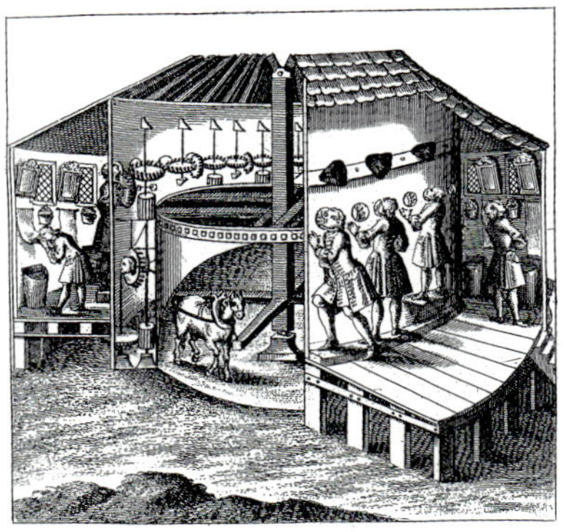

Bartroßmühle
Kupferstich aus Johann Andreas Maschenbauers »Im Reiche der Wissenschaften wohlversuchten Referendarius«, 1754

»Shaving by Steam« – Rasieren mit der Dampfmaschine
Kolorierter Stich, England, 1. Hälfte des 19. Jahrhunderts
Wella-Museum, Darmstadt

»Sechs Rasuren in fünf Sekunden«
Aquarellierte Federzeichnung nach Jean Ignac Isidore Gérard, gen. Grandville, 1837
Wella-Museum, Darmstadt

über Zahnräder und Hebel in die mechanische Nachahmung der Tätigkeit eines Barbiers umgewandelt wurde. Allen diesen Maschinen war gemein, daß rationellerweise stets mehrere Personen gleichzeitig rasiert werden sollten. Ein englischer Kupferstich des ausgehenden 18. Jahrhunderts zeigt eine Apparatur, bei der die Rasiermesser auf einem Wagen befestigt waren, der mittels einer Zahnstange an den Rasierkunden vorbeigezogen wurde, deren Köpfe in einer Halterung fixiert waren – gleichzeitig wurden deren Perücken gepudert.

Der englische Stahlstich »Shaving by Steam« zeigt in karikierender Weise eine mit Dampfkraft betriebene Rasiermaschine. Die Darstellung widmet sich jedoch weniger einem tatsächlich konzipierten »Patent-Shavographen«, sondern diente vielmehr dazu, Dampfmaschinen, davon angetriebene Apparaturen und deren Erfinder lächerlich zu machen. Hauptzielrichtung war die kritiklose Technikbegeisterung des 19. Jahrhunderts, als die Fortschritte in den Ingenieurwissenschaften alles zu ermöglichen schienen. Dabei bediente sich die Karikatur der Doppeldeutigkeit des englischen Wortes »shave«: Wie die deutsche Formulierung »über den Löffel barbieren« bedeutet der englische Begriff auch Betrug und Schwindel. In ähnlicher Weise karikiert die aquarellierte Federzeichnung »Sechs Rasuren in fünf Sekunden« von Grandville aus dem Jahre 1837 das straffe Zeitreglement der französischen Armee, dem der Soldat nur mit Hilfe solcher Apparaturen gerecht werden konnte. Abgesehen von der »Bartroßmühle« waren diese Rasiermaschinen natürlich nicht zur tatsächlichen Realisierung gedacht. Doch die »Bartroßmühle« zeigt, daß die Idee von mechanisch angetriebenen Rasierapparaten bereits 250 Jahre zurückreicht.

Mechanisch betriebene Naßrasiergeräte

Im Jahre 1897 – vier Jahre vor Gillettes Rasierklinge – wurde in Deutschland der erste mechanisch angetriebene Rasierapparat patentiert. Das Gerät verfügte über ein Federwerk, das eine mit mehreren Messern versehene Welle antrieb. Die Messer waren wie bei einem Handrasenmäher schraubenförmig eingedreht. Die Barthaare sollten durch einen Schlitz treten und von den rotierenden Messern an der Innenkante des Gehäuses abgeschnitten werden. Wie bei der Rasur mit dem Messer mußte man sich zuvor einseifen, weshalb der Rasierer im Inneren mit einer besonderen Vorrichtung zum Sammeln des Rasierschaums ausgerüstet war.

Alle mechanischen Rasierapparate der Jahrhundertwende arbeiteten mit horizontal umlaufenden Messern, die an einem Schlitz im Gehäuse die Barthaare abtrennten. Mit diesen Geräten verfolgte man letztlich das gleiche Ziel wie mit dem Schutzkamm für Rasiermesser, den Barthobeln oder den Naßrasierapparaten von Gillette: Die Rasur sollte sicherer und Schnittverletzungen vermieden werden. Man suchte sich von den Barbieren unabhängig zu machen; das Rasiermesser sollte entbehrlich werden, war doch die Rasierklinge bis dahin noch unbekannt.

»In Gegensatz zu den bekannten Sicherheitsrasirvorrichtungen«, heißt es in einer Patentschrift, »bei denen das Rasirmesser gegen unbeabsichtigtes Eindringen in die Haut mit einen Kamm überdeckt war, hatte man bereits Sicherheitsrasirvorrichtungen hergestellt, bei denen die Messer in einer Hülse umlaufen, die mit einem schmalen Schlitz versehen ist. Die Wirkung der letzteren Vorrichtungen erfolgt genauso wie beim gewöhnlichen Rasirmesser, indem die Haare gewissermaßen abgesichelt werden. Der Schutz, den diese Vorrichtungen gewähren, besteht darin, daß die Messer nicht aus der sie umgebenden Hülse heraustreten können und ihre Schneidwirkung nur auf diejenigen Theile, die durch den Schlitz in den Cylinder eindringen, ausüben können.«[119] Erst wesentlich später wurde der Gedanke entwickelt, mit dieser Technik, aber ohne die Vorbehandlung mit Pinsel, Wasser und Seife, bei der Rasur Zeit und Aufwand einzusparen.

Hinweise darauf, ob diese Patente in realisierte Produkte mündeten oder ob es bei bloßen Entwürfen blieb, sind spärlich. Verbesserungsvorschläge für diese Geräte deuten auf Erfahrungen in der praktischen Anwendung hin; jedoch kann die Zahl der produzierten Apparate nicht groß gewesen sein, da keiner von ihnen erhalten blieb. Die »Süddeutsche Fachzeitung für Friseure« meldete allerdings im Jahre 1914: »Eine amerikanische Firma hat einen Rasiermotor in den Handel gebracht. Die kleine Rasiermaschine ist mit einer elektrischen Schnur und einem Steckkontakt versehen. An der anderen Seite befinden sich mehrere kleine Messerschneiden, die sichelförmige Bewegungen machen und so das Haar abschneiden.«[120] Bemerkenswert an dieser Rasiermaschine ist vor allem, daß sich der Elektromotor – anders als bei den zeitgenössischen Haarschneidemaschinen – bereits im Geräte-

Mit rasenmäherähnlichen Konstruktionen wollten Erfinder wie Théophile Normandin die Rasur mechanisieren – vom Gebrauch konnte nur abgeraten werden. Reichspatentschrift 236.231 vom 24. 3. 1910 für Théophile Normandin

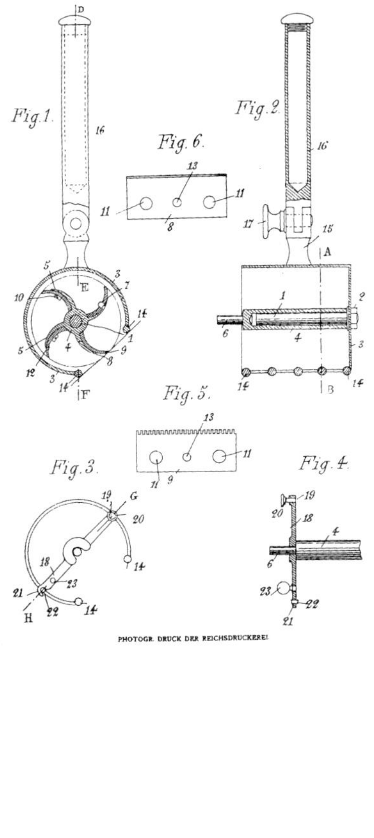

»Collins Safety Razor«
Ein Federwerk drehte die runde Rasierklinge während der Rasur – der erste mechanische Rasierapparat machte das Einseifen noch nicht überflüssig.
USA, 1915
W. Hasselmann, München

häuse selbst befand. Schon im Jahre 1898 war in den Vereinigten Staaten der erste Elektrorasierer patentiert worden – eine mit einem Schwingankermotor betriebene, miniaturisierte Haarschneidemaschine. Doch diese Geräte waren wohl kaum dazu geeignet, eine gründliche Rasur zu erzielen, und blieben daher technische Randerscheinungen.

Betrachtet man die jährlich erteilten Patente für mechanisch angetriebene Rasiergeräte, so herrschte bis 1901/02 eine rege Erfindungstätigkeit auf diesem Gebiet. Sie brach mit der Erfindung der Rasierklinge durch Gillette abrupt ab, da nun eine brauchbare Alternative zum Rasiermesser zur Verfügung stand und damit der Anlaß zur Entwicklung mechanischer Rasierer vorerst entfallen war. Zum Ende des Jahrzehnts setzte dann erneut eine Phase ein, in der mechanische Rasierapparate entwickelt wurden. Bei ihnen handelte es sich jedoch nicht mehr um Apparate, bei denen man sich vorab einzuseifen hatte, sondern um regelrechte Trockenrasierer.

Erklärtes Ziel war nun, das als lästig empfundene Schaumschlagen, Einseifen und Abwaschen der Seife nach der Rasur zu umgehen: »Bei den jetzt gebräuchlichen Methoden des Rasierens ist es nötig, die Haut vorher einzuseifen, ein immerhin umständlicher Vorgang, welcher eine größere Anzahl von Hilfsapparaten und Handgriffen bedingt. Bei der vorliegenden Erfindung ist dieser Übelstand vermieden, indem die Haare zwischen zwei gegeneinander bewegten Schneiden, welche scherenartig wirken, abgeschnitten werden.«[121] Interessanterweise konstruierten viele Erfinder zunächst Naßrasierapparate, bevor sie sich der Entwicklung von Trockenrasierern zuwandten. So trat Heinrich Westendorp 1905 zuerst als Erfinder eines Rasierhobels in Erscheinung, bevor er sich dem Bau von Trockenrasierern widmete. Fernan Oskar Conill konstruierte den ersten Naßrasierer mit bewegter Klinge, später eines der ersten brauchbaren Schersysteme für Trockenrasierer.

Die Entwicklung der Trockenrasierer wurde durch den Ersten Weltkrieg unterbrochen und setzte sich erst zu Beginn der zwanziger Jahre fort. Bis 1931 wurden in Deutschland ausschließlich Geräte patentiert, die an die Vorkriegskonstruktionen angelehnt waren: Entweder rotierte innerhalb einer Trommel eine Messerwalze, die die durch einen Schlitz eintretenden Haare an der Gehäusekante abtrennte, oder die Geräte orientierten sich an der Konstruktion miniaturisierter Handrasenmäher. Die Brauchbarkeit aller dieser Geräte ist außerordentlich zweifelhaft, manche waren geradezu grotesk und für ihren Verwendungszweck offensichtlich ungeeignet. So blieben mechanische Rasierer in Deutschland faktisch bedeutungslos, da sie kaum jemals über das Stadium bloßer Prototypen hinauskamen. Die Entwicklung tauglicher Geräte gelang erst Ende der zwanziger Jahre.

Rasieren mit der »Schwinge-Klinge«

Eine Zwischenstufe auf dem Weg zum modernen Elektrorasierer waren Rasierapparate, in denen eine gewöhnliche Rasierklinge elektrisch bewegt wurde. Diese Geräte gehören nicht zu den Trockenrasierern, vielmehr variieren sie den Naßrasierapparat, da man sich für ihren Gebrauch zuvor einseifen mußte. Bereits vor dem Ersten Weltkrieg hatte es Barthobel gegeben, bei denen eine über die Haut rollende Walze als Antrieb für eine hin und her gehende Bewegung der Klinge verwendet wurde. Dieses Prinzip wurde nach der Erfindung des Naßrasierers durch Gillette auch bei diesem Typ angewandt. Die Antriebswalze war mit einer kurvenförmigen Nut versehen, die Rasierklinge war auf einen Schlitten montiert, den ein Stift in der Nut führte. Wenn der Rasierer über die Haut gezogen wurde, drehte sich die Walze und der Schlitten bewegte sich durch die kurvenförmige Nut seitlich hin und her.[122] Dadurch sollte das Barthaar mit einem bogenförmigen, möglichst sensenartigen Schnitt abgetrennt werden. Normalerweise wird der Rasierapparat gerade heruntergezogen und das Haar dabei gekappt. Dieser Vorgang – so glaubte man – ginge durch die zusätzliche seitliche Bewegung der Klinge im Moment des Durchtrennens leichter vonstatten, und daher sollte diese Art der Rasur besonders sanft sein. Derartige Apparate setzten sich aber nicht durch, weil sich die Rollen auf der eingeseiften Gesichtshaut nur schlecht drehten. In der zweiten Hälfte der zwanziger Jahre ersetzte dann ein elektrischer Antrieb der Klinge diese Mechanik.

Während 1925 in den Vereinigten Staaten erstmalig derartige Apparate angeboten wurden, war auf dem deutschen Markt vor allem die seit 1932 vom Siemens-Konzern hergestellte sogenannte »Sirama« (Siemens-Rasier-Maschine) erfolgreich. Ein kleiner Elektromotor bewegte die Rasierklinge hin und her. Auf die Konstruktion eines Elektrorasierers verfiel Siemens eher zufällig – man suchte ein Anwendungsgebiet für einen zuvor entwickelten Motor. Nach amerikanischem Vorbild hatte die Firma eine besondere Abteilung zur Entwicklung von Hausgeräten

King »Oscillator«
Mit der Rolle oben am Apparat wurde die Klinge hin und her bewegt und das Haar dabei sanft abgetrennt.
USA, 1931
W. Hasselmann, München

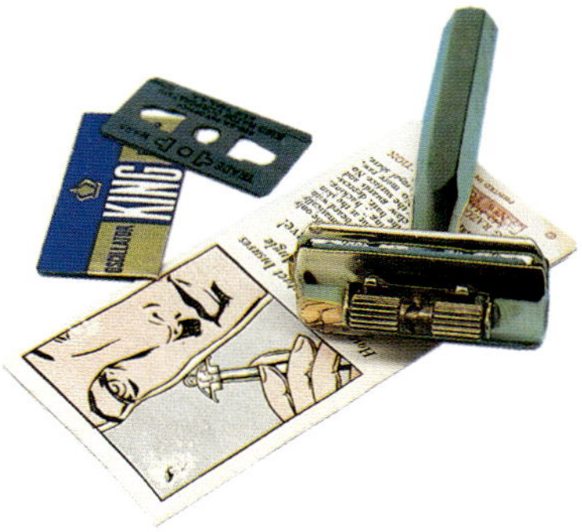

»Vibro-Shave«
Seifenschaum war leider ein Schmiermittel für die Antriebsrollen der mechanischen Apparate – elektrisch funktionierte der Klingenantrieb natürlich zuverlässiger.
USA, 1925, W. Hasselmann, München

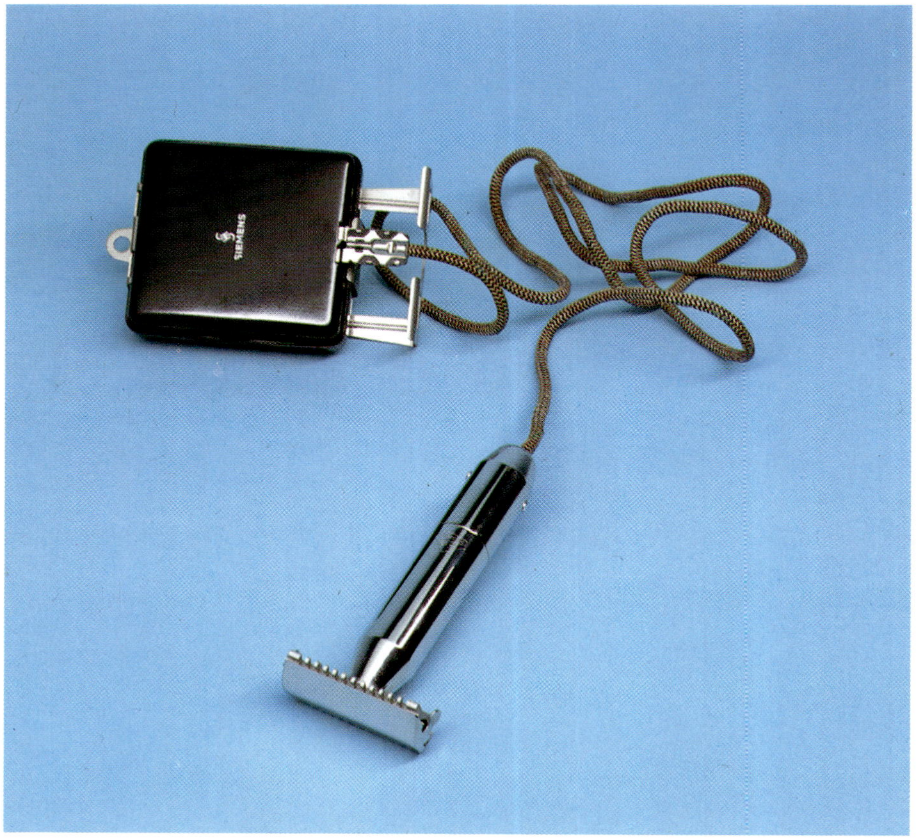

»Sirama«
Die Siemens-Rasier-Maschine war der erfolgreichste elektrische Naßrasierer in Deutschland – aber reiner Luxus für die breite Masse der rasierenden Bevölkerung.
Deutschland, 1932
H. Waschkewitz, Hattingen

aufgebaut, in der ein Stab von Konstrukteuren beliebige elektrische Geräte entwickelte. Denn der Konzern profitierte nicht nur vom Absatz der Geräte selbst, sondern vor allem von der durch sie hervorgerufenen Steigerung des Stromverbrauchs, da Siemens die gesamte Ausrüstung zur Stromerzeugung und -verteilung vom Kraftwerk bis zur Steckdose lieferte. Dieses Geschäft war weitaus wichtiger und lukrativer als das der Hausgeräte, deren Produktionswert erst 1953 den der elektrotechnischen Ausrüstung übertreffen sollte. Bei der Sirama schien jedoch die Verwendung von Netzstrom im Badezimmer auf Dauer zu riskant, zumal Steckdosen im Badezimmer bis in die fünfziger Jahre eine Ausnahme darstellten. Deshalb verzichtete Siemens auf den Antrieb durch einen Wechselstrommotor. Statt dessen kam ein Gleichstrommotor zum Einsatz, der von einer Taschenlampenbatterie mit Strom versorgt wurde und über einen Exzenter die Klinge in schwingende Bewegung versetzte.

Mit Slogans wie »Warum rasiert Sirama glatt – weil sie die Schwinge-Klinge hat« oder »Sirama rasiert besser als Apparat und Messer« versuchte man dem Verbraucher die Neuerung schmackhaft zu machen. Tatsächlich wurde der Rasierer mit elektrisch bewegter Klinge in den dreißiger Jahren recht erfolgreich verkauft, obgleich man in der Fachpresse feststellte, daß »über dessen Eignung und Wert sehr viel gestritten wurde«[123], und es an anderer Stelle hieß, daß »diese Apparate allgemein abgelehnt wurden«.[124] Mitte der dreißiger Jahre boten jedoch verschiedene Firmen zahlreiche derartige Apparate an. Ein Zeitgenosse bemerkte im Jahre 1935 dazu: »Die Urteile über diese Apparate sind sehr verschieden, teils werden sie sehr gelobt, teils abgelehnt. Jedenfalls dürften die vorläufig noch recht hohen Preise einem Massenabsatz nicht zuträglich sein.«[125]

Darüber hinaus war für einen bahnbrechenden Erfolg vor allem eine andere Tatsache hinderlich: Man mußte sich – wie beim gewöhnlichen Naßrasierapparat – weiterhin vor der Rasur einseifen. Die Vorteile der Geräte hielten sich daher – abgesehen von einer vielleicht etwas angenehmeren Rasur – in engen Grenzen. Die Zwischenlösung war jedoch für die generelle Akzeptanz elektrischer Rasiergeräte beim Verbraucher in den dreißiger Jahren nicht unwichtig, da sie an die gewohnte Naßrasur anknüpfte.

Mit Ausbruch des Zweiten Weltkrieges wurde die Fertigung von Elektrorasierern im Deutschen Reich verboten – die Rohstoffe sollten für kriegswichtige Produkte verwendet werden. Nach Kriegsende nahm Siemens die Herstellung der Sirama nicht wieder auf. Andere Firmen versuchten sich Anfang der fünfziger Jahre mit Kopien, die jedoch angesichts mittlerweile funktionstüchtiger Trockenrasierer kaum mehr eine Rolle spielten. Nicht besser erging es allen weiteren Versuchen, derartige Geräte am Markt zu etablieren.

Primitiver konstruiert und sehr billig sind heutzutage angebotene Apparate, die in Kunststoff eingegossene Einfach- oder Doppelklingen verwenden. Ein kleiner, batteriebetriebener Motor im Griff versetzt das gesamte Oberteil in Vibrationen. Der erreichte Effekt entspricht durchaus dem ihrer mechanisch aufwendigeren Vorgänger, und die für wenige Mark angebotenen Geräte stellen für Liebhaber der Naßrasur eine angenehme und durchaus empfehlenswerte Alternative zum herkömmlichen Naßrasierapparat dar.

Die Rasierklingen der Vorkriegszeit rasierten ziemlich rauh – die vibrierende Klinge in der »Sirama« machte das Rasieren etwas angenehmer.
Westermanns Monatshefte 8/1934

◁
»Rasiere elektrisch bequem und angenehm!« – doch was war eigentlich der Vorteil, wenn man sich weiter einseifen mußte?
Messer & Schere 44 (1937), S. 366

Das Scherkammsystem – verkleinerte Haarschneidemaschinen

In den Jahren 1919 bis 1921 wurde der Versuch unternommen, handbetriebene Haarschneidemaschinen soweit zu verfeinern, daß sie auch zum Rasieren verwendet werden konnten. Einem Erfinder zufolge hoffte man, »daß mit der Maschine ein Haarschnitt von einer dem Rasieren gleichartigen Feinheit erzielt wird, und das völlige Kurzscheren des Haares auf beliebige Bruchteile eines Millimeters wie ein glattes Rasieren ohne Auswechseln der Kämme und ohne Hautverletzung möglich ist«.[126] Ein gezahntes Obermesser wurde dabei auf einem feststehenden, ebenfalls gezahnten Untermesser hin und her geführt, so daß eine Art Scherkamm entstand, wie er heute noch bei den

»Rastro«
Die Mini-Haarschneidemaschine zum Aufziehen war einer der ersten Trockenrasierer in Deutschland.
Deutschland, 1935
H. Waschkewitz, Hattingen

Langhaarschneidern der Trockenrasierer Verwendung findet. Vor allem die Firma Kober in Suhl, die 1882 die erste Haarschneidemaschine produziert hatte, betrieb deren Weiterentwicklung zu Rasierapparten, die zwar nahelag, aber da die durch Handhebel betriebenen Scherkamm-Rasierer kaum praxisgerecht sein konnten, gab Kober das Projekt zunächst auf und verlegte sich auf die Konstruktion von Trockenrasierern anderer Bauweise.

Statt dessen entwickelte der Leipziger Willy Rabald im Jahre 1935 einen Rasierapparat mit Scherkamm. Bei seinem Rasierer, »Rastro« genannt, waren die beiden Scherkämme aus dünnen, gebogenen Stahlblättern gefertigt. Sie lagen nur auf den Schneidezähnen auf, um die Reibungsverluste gering zu halten und um ein ständiges Selbstnachschärfen der aufeinanderdrückenden Klingen zu erzielen. Als Antrieb diente ein Federwerk, das pro Rasur zwei- bis dreimal aufgezogen werden mußte. Rabald produzierte diesen Trockenrasierer bis zum Beginn des Zweiten Weltkrieges. Er wurde ab 1948 in der ehemaligen DDR weiter gefertigt und bis 1950 auch in der Bundesrepublik verkauft.

Neben mechanischen Apparaten wurden bis 1951 auch zahlreiche elektrisch betriebene Scherkamm-Rasierer angeboten. Diese Technik verschwand jedoch nach 1952 fast vollständig vom Markt, da inzwischen konkurrierende Trockenrasiersysteme gründlichere Rasierergebnisse erzielten. Wegen der notwendigen Stabilität des Scherkopfes konnten die Scherkämme nicht hinreichend dünn gefertigt werden und verhinderten, wie auch die Fachpresse zu berichten wußte, eine wirklich glatte Rasur: »Die Ergebnisse waren nicht recht befriedigend. Die Prozedur dauerte verhältnismäßig lange und war nicht mit dem Ergebnis einer Naßrasur zu vergleichen. Selbst wenn man sich bei den Klingen und Kammteilen dünnster Stahlbleche bediente, war es kaum möglich, das Haar ohne Gefahr einer Hautverletzung dicht über der Wurzel abzuschneiden. Eine Tiefrasur war mit Geräten, die mit dem offenen Schneidsystem arbeiteten, somit nicht zu erzielen, während längere Haare ganz gut zu schneiden waren.«[127]

Scherkämme, die »lange Zeit für den elektrischen Rasierapparat das bevorzugte Schneidwerkzeug gewesen waren«, wurden daher seit 1953 nur noch in Kombination mit anderen Schersystemen angeboten.[128] Der Scherkamm sollte dabei lediglich zur »Vorrasur« dienen, während das andere System zum »hautglatten Ausrasieren« diente.[129] »Der Kammscherkopf kommt allein kaum noch in Frage, man hat ihn nur bei einzelnen Apparaten, wo er neben einem Sieblochscherkopf aufzusetzen ist und zum Abschneiden größerer Haare dienen soll, beibehalten.«[130] 1958 wurde mit dem »Calor Prestige« der letzte ausschließlich mit einem Scherkamm ausgerüstete Rasierapparat auf dem Markt angeboten. Auch dieser Versuch, die Rasierleistung durch vier hintereinander angeordnete Scherkämme zu verbessern, scheiterte. Seither fanden Scherkämme nur noch als Langhaarschneider oder für Ladyshaves Verwendung.

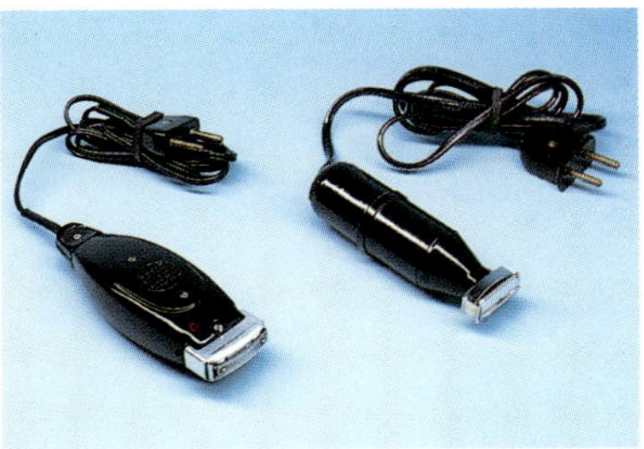

»Belcut« und »Harab«
Auch elektrisch konnte man sich mit den Scherkämmen nicht »hautglatt« rasieren – verkleinerte Haarschneider waren eine technische Sackgasse.
Schweiz, 1939 und 1944
H. Waschkewitz, Hattingen

Schick und die Entwicklung gebrauchsfähiger Trockenrasierer

Schick »Colonel«
Der erste wirklich brauchbare Trockenrasierer – Schicks Pionierleistung brachte den Durchbruch für die Elektrorasur.
USA, 1938
W. Hasselmann, München

Es war der Amerikaner Jakob Schick, dem als erstem die Konstruktion eines wirklich brauchbaren Trockenrasierers gelang. Schick war – ähnlich wie Gillette – eine schillernde Persönlichkeit. Mit 16 Jahren bereits Leiter einer Eisenbahnlinie, wurde er 1898 Berufsoffizier. Als er in Alaska mit der Verlegung von Telegraphenkabeln betraut war, konstruierte er das sogenannte »General-Jacobs-Boot« für den Einsatz in seichten Gewässern. 1910 nahm Schick seinen Abschied, um nach Gold zu schürfen. Bei Ausbruch des Ersten Weltkrieges trat er als Transportoffizier wieder in die Armee ein, wurde dann aber Leiter einer Geheimdiensteinheit. 1919 schied er aus der Armee aus, um sich nun ausschließlich dem Projekt des Trockenrasierers zu widmen.

Schick hatte bereits während seiner Goldsucherzeit die Idee zur Konstruktion eines Trockenrasierers entwickelt. Als er während eines kalten Winters in Alaska eingeschneit war und wegen des gefrorenen Wassers Schwierigkeiten hatte, sich für die Naßrasur einzuseifen, entwarf er einen Rasierkopf, der über eine flexible Welle von einem separaten Motor angetrieben wurde. Der von Schick erfundene Scherkopf wird als »Kammkäfig-Schersystem« bezeichnet. Es bestand aus zwei ineinanderliegenden, U-förmigen Metallschienen mit zahlreichen quer verlaufenden Schlitzen. Die äußere Schiene wird auf die Haut gedrückt, während die sich innen hin und her bewegende Schiene die durch die Schlitze eindringenden Barthaare abtrennt.

Es gelang Schick jedoch nicht, einen Produzenten für seinen Rasierer zu interessieren. Nach dem Ende des Ersten Weltkrieges versuchte Schick, selbst das notwendige Kapital aufzutreiben. Zu diesem Zweck erfand er einen neuen Naßrasierer-Typ, bei dem der Apparat zum Wechseln der Klinge nicht mehr zerlegt werden mußte. Der Wechsel erfolgte durch ein spezielles Klingenmagazin, das an den Apparat angesetzt wurde. Dabei wurde die neue Klinge in den Apparat eingeführt und die alte Klinge gleichzeitig ausgeworfen. Schick gründete 1925 die Magazine Repeating Razor Co., um diesen Injektor-Rasierer zu vermarkten, verkaufte aber 1928 seine Anteile an der gutgehenden Firma wieder, um den Erlös in die Realisierung seiner Trockenrasierer-Pläne zu investieren. Immerhin gelang Schicks Magazine Repeating Razor Co. mit dem »Schick Injektor« der Aufstieg zum weltweit drittgrößten Hersteller von Naßrasierern.

Die deutsche Konkurrenz zog bald nach – dem Verbraucher mußte man allerdings den Verzicht auf Wasser, Seife und Rasierpinsel erst schmackhaft machen. Messer & Schere 42 (1935), S. 79

1929 begann Schick dann schließlich mit der Fertigung seines ersten Trockenrasierers, bei dem zunächst – wie 1910 ursprünglich vorgesehen – ein kleiner Elektromotor über eine flexible Welle den Rasierkopf antrieb. Nach anfänglichen Verkaufsschwierigkeiten entwickelte Schick verbesserte Modelle, die Rasierkopf und Motor in einem Gehäuse vereinigten. Daraufhin schnellte der Absatz in die Höhe, und an den 1,2 Millionen im Jahre 1936 in den Vereinigten Staaten insgesamt verkauften Trockenrasierern konnte sich Schick einen Anteil von 700 000 Stück sichern. In England verkaufte Schick im selben Jahr nur 500 Rasierer im Monat, wenngleich es im folgenden Jahr immerhin bereits 2000 Exemplare monatlich waren.[131]

Schick wurde der mit Abstand weltweit führende Hersteller von Elektro-

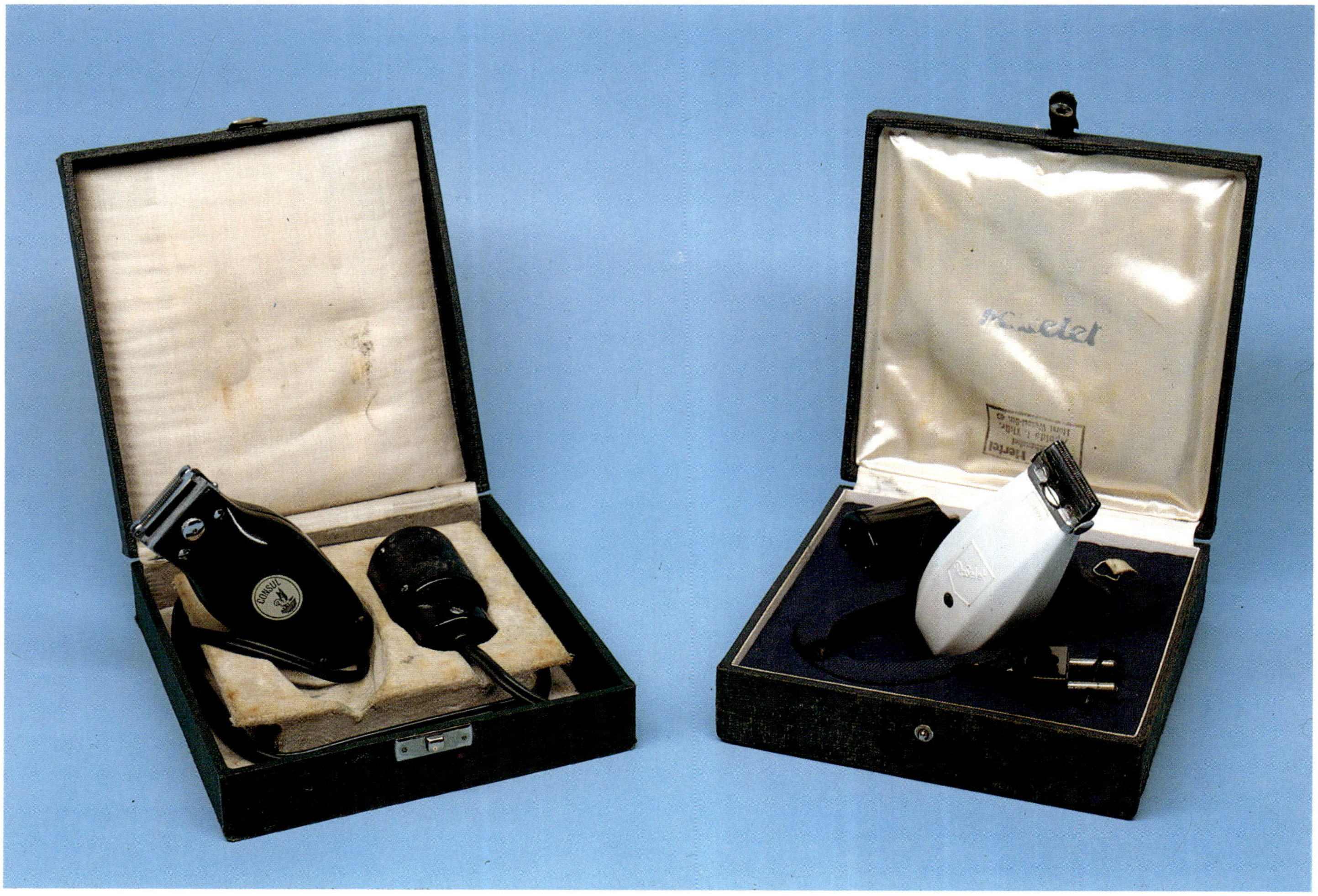

»Consul« und »Raselet«
Die Elektrorasierer der dreißiger Jahre waren noch teuer – nur wenige konnten sich diesen Luxus leisten.
Deutschland, 1935
H. Waschkewitz, Hattingen

rasierern. Seine größte Leistung bestand darin, mit dem Kammkäfig-Schersystem das erste zufriedenstellend arbeitende Trockenrasier-System entwickelt und damit den ersten kommerziell erfolgreichen Elektrorasierer produziert zu haben. Auch wenn zuvor bereits andere denselben konstruktiven Weg beschritten hatten, gelang es Schick als erstem, diese zur Serienreife zu entwickeln. Sowohl in Amerika wie auch in Europa drängte eine ganze Reihe von Herstellern mit ähnlichen Apparaten auf den Markt. Im Jahre 1935 bot die Firma Scharff, Kober & Co. einen eigenen Trockenrasierer mit Kammkäfig an, nachdem sie sich mit Schick wegen der kollidierenden Patentansprüche geeinigt hatte. Bereits Anfang der dreißiger Jahre hatten einzelne Großhändler damit begonnen, Schick-Rasierer in das Deutsche Reich zu importieren. Anfänglich wurden nur Posten von 100 Stück eingeführt, da das Gerät Ende der dreißiger Jahre den damals beachtlichen Betrag von 70 Reichsmark kostete und sich der Absatz eines solchen Luxusgeräts in entsprechenden Grenzen hielt.

In der Schweiz begann die Firma Kobler im Jahre 1940 ebenfalls mit dem Bau derartiger Elektrorasierer. Kobler etablierte sich nach 1949 mit seinen Rasierern – hinter Philips, Braun, Schick und Remington – unter den größten Anbietern von Trockenrasierern in der Bundesrepublik. Die Firma verschwand aber bereits 1962 vom bundesdeutschen Markt, weil sich ihre Geräte seit den vierziger Jahren kaum weiterentwickelt hatten. Ähnlich erging es allen anderen Herstellern von Kammkäfig-Geräten. Bis in die sechziger Jahre hinein versuchte man, diese Apparate an den Mann zu bringen, aber die im Vergleich zu später entwickelten Systemen mangelhafte Rasierleistung ließ sich konstruktiv nicht beheben. Anfangs waren die Geräte mit nur einem Kammkäfig ausgerüstet, später steigerte man ihre Anzahl. Von zweifelhafter Wirksamkeit waren Verbesserungen wie »Hautspannrollen«, die die Haut vor der Berührung mit dem Schersystem straffen sollten. Eine stufenlose Regulierung der Arbeitsgeschwindigkeit oder höhenverstellbare Kammkäfige sollten zu einer gründlicheren Rasur führen, behoben aber das Grundproblem nicht.

Selbst Schick gab diese Bauweise 1971 auf, nachdem das Unternehmen zur Überzeugung gelangt war, daß die Zukunft des Trockenrasierer-Geschäftes nicht beim Kammkäfig-, sondern beim Scherfolien-System liege. Sie stellte die eigene Produktion ein und importierte für den amerikanischen Markt von Krups hergestellte Scherfolien-Rasierer. Der Marktanteil von Kammkäfig-Rasierern in der Bundesrepublik ging seit den fünfziger Jahren kontinuierlich zurück – er sank von über 50 Prozent im Jahre 1958 auf unter 5 Prozent im Jahre 1978. Remington als letzter Hersteller bot derartige Geräte nur noch für Altkunden an, die – an die Geräte gewöhnt – Ersatz für defekte Rasierer älterer Produktion wünschten. Kammkäfig-Rasierer rasierten sehr scharf, und es konnte – wie bei der Naßrasur – zu Hautverletzungen kommen. Zwar warb man mit Formulierungen wie »für den härtesten Bart« oder »wenn eine kräftige Rasur gewünscht wird«, konnte damit jedoch den Untergang dieses Systems nicht aufhalten. 1991 bot Remington als letzter Anbieter unter 10 Modellen lediglich 2 Kammkäfig-Rasierer an. In den Tests der Stiftung Warentest tauchen diese Rasierer bereits seit 1981 nicht mehr auf.

Gillette-Trockenrasierer
Aufgeschreckt durch die wachsende Beliebtheit des Elektrorasierers, zog Gillette mit eigenen Apparaten nach.
USA, 1937
W. Hasselmann, München

Philips – im Kreis herum

Anders als die vom Erfindergeist angetriebenen Unternehmerpersönlichkeiten wie Jakob Schick gingen die großen Elektrokonzerne bei der Entwicklung von Trockenrasierern vor. Als Schick gezeigt hatte, daß der Elektrorasierer ein kommerziell erfolgreiches Produkt sein konnte, dachte man auch in den Chefetagen dieser Konzerne über eine Serienfertigung nach, wenngleich die Rasierapparate oftmals »Lückenbüßer« darstellten, um die Produktionsanlagen besser auszulasten.

Die niederländische Firma Philips stellte beispielsweise in den dreißiger Jahren vornehmlich Glühlampen und Radiogeräte her. Doch seit der Weltwirtschaftskrise versuchte das Unternehmen, seine Produktpalette zu erweitern. Angesichts des gestiegenen Absatzes von Trockenrasierern in Amerika – von 76 000 Stück im Jahr 1934 auf 1,5 Millionen im Jahr 1937 – plante Philips, einen amerikanischen Trockenrasierer zu importieren und unter eigenem Namen zu verkaufen. Man entsandte eigens einen Mitarbeiter in die Vereinigten Staaten, um den Markt zu sondieren, entschloß sich daraufhin allerdings zur Konstruktion eines eigenen Gerätes, da die zu erwartenden Entwicklungskosten bescheiden bleiben würden. Philips hatte sich nämlich eine Auswahl der amerikanischen Trokkenrasierer für die heimische Entwicklungsabteilung beschafft. Im Gegensatz zu den amerikanischen Rasierern mit ihren sich vertikal hin und her bewegenden Scherkämmen entwickelte Philips dann jedoch ein rotierendes Schersystem. Es bestand aus einer runden, mit radialen Schlitzen versehenen Scherfläche, auf deren Innenseite eine Anzahl kleiner Messer rotierte, die die eintretenden Bartstoppeln an den Schlitzkanten abschoren.

Diese Konstruktionsidee kam nicht von ungefähr: Philips hatte bereits Magnete für Radiolautsprecher gefertigt und diese dann für die Produktion besonders effektiver Fahrraddynamos verwendet; die dabei gewonnenen Erfahrungen nutzte Philips dann zur Herstellung kleiner Elektromotoren, die sich wiederum für eine Verwendung in Rasierergehäusen anboten. Gleichzei-

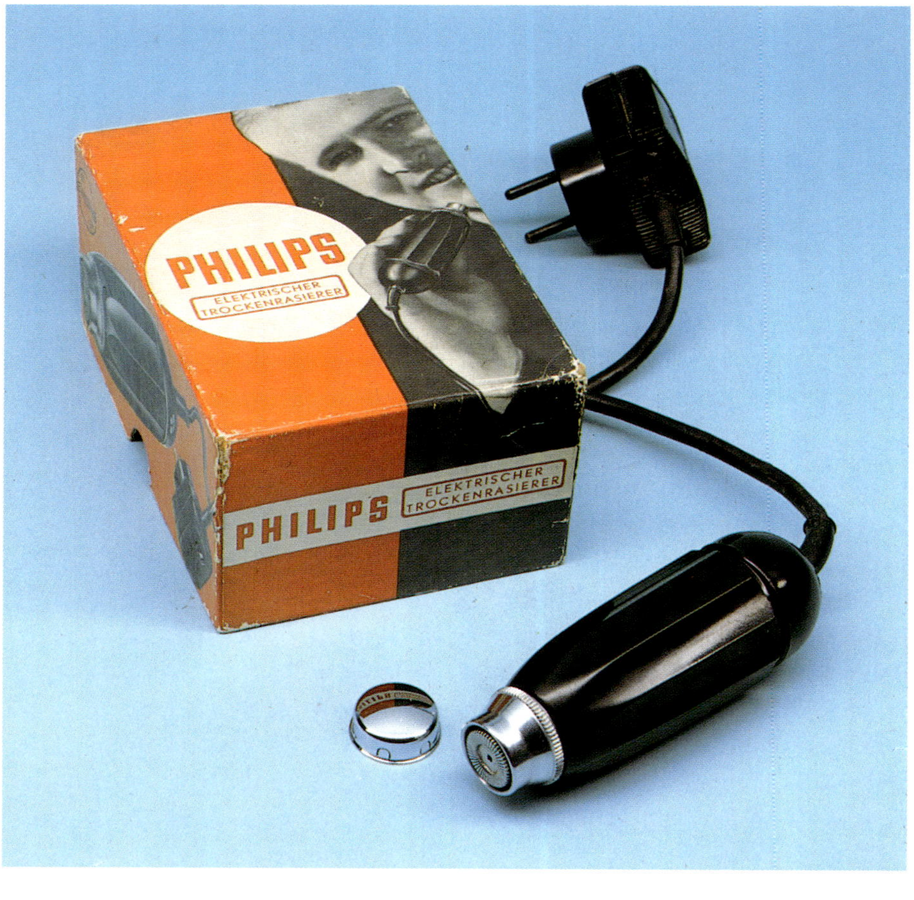

»Philishave«
Philips führte 1939 eine neue Technologie ein – rotierende Messer sollten die Elektrorasur voranbringen.
Niederlande, 1940
W. Hasselmann, München

tig sollte der Rasierapparat zur Kapazitätsauslastung in der Bakelitproduktion dienen. Philips besaß entsprechende Anlagen zur Fertigung von Radio-Gehäusen, doch Radios verkauften sich seinerzeit vornehmlich im Herbst, so daß die Fertigungsanlagen für Bakelitgehäuse einen Teil des Jahres unausgelastet blieben. Philips suchte verzweifelt nach Produkten, um die teuren Anlagen besser zu nutzen, und hatte bereits die Herstellung von Möbelgriffen, Beistelltischen und Toilettenbrillen aus Bakelit aufgenommen. Die Entwicklung des später »Philishave« genannten Trockenrasierers kam gerade recht, um für eine zusätzliche Auslastung zu sorgen. Auf der Utrechter Frühjahrsmesse des Jahres 1939 wurde der erste Philips-Rasierer der Öffentlichkeit vorgestellt, doch wegen des bald folgenden Kriegsausbruchs war ihm zunächst nur ein geringer Erfolg beschieden. Dies änderte sich jedoch nach dem Krieg, als Philips zum führenden Anbieter von Elektrorasierern aufstieg. Philips blieb dem im Jahr 1939 verwendeten technischen Prinzip bis heute treu, erhöhte lediglich die Zahl der Scherköpfe von zunächst einem auf bis zu drei. Die Scherköpfe wurden verfeinert, die Zahl der Schlitze im Kopf und der innen rotierenden Messer vermehrt, und nach 1959 wurden zusätzlich die Scherköpfe beweglich gestaltet. Wesentliche Änderungen betrafen jedoch eher das an den jeweiligen Zeitgeschmack gebundene Design.[132]

Während Philips-Rasierer mehrere Scherköpfe mit radialen Schlitzen aufwiesen, boten ab 1953 zahlreiche Firmen Rasierapparate an, bei denen sich unter einer einzelnen gelochten Scherfolie ein Messerkopf drehte. Große Unternehmen wie Braun, AEG, Dual oder Siemens bezogen fertig montierte Scherköpfe oder Rasierer und vertrieben die Geräte lediglich unter ihrem Namen. So war das von Otto Hübner geführte Münchner Unternehmen Euras in den fünfziger und sechziger Jahren einer der größten Hersteller von Trockenrasierern in der Bundesrepublik, trat aber im Endverbrauchergeschäft kaum in Erscheinung. Obwohl Trockenrasierer dieser Bauart relativ preiswert waren – im Jahre 1967 kostete der Braun Rasierstab 29,– DM, ein Trockenrasierer mittlerer Preisklasse dagegen 69,– DM –, ging ihr Anteil an den verkauften Elektrorasierern im Verlauf der frühen siebziger Jahre stark zurück. Dabei waren diese Geräte nicht leistungsschwächer als andere Systeme. Dennoch sank der Marktanteil von Rotationsschergeräten seit den fünfziger Jahren stetig, und außer Philips gaben alle anderen Hersteller die Fertigung nach und nach auf.

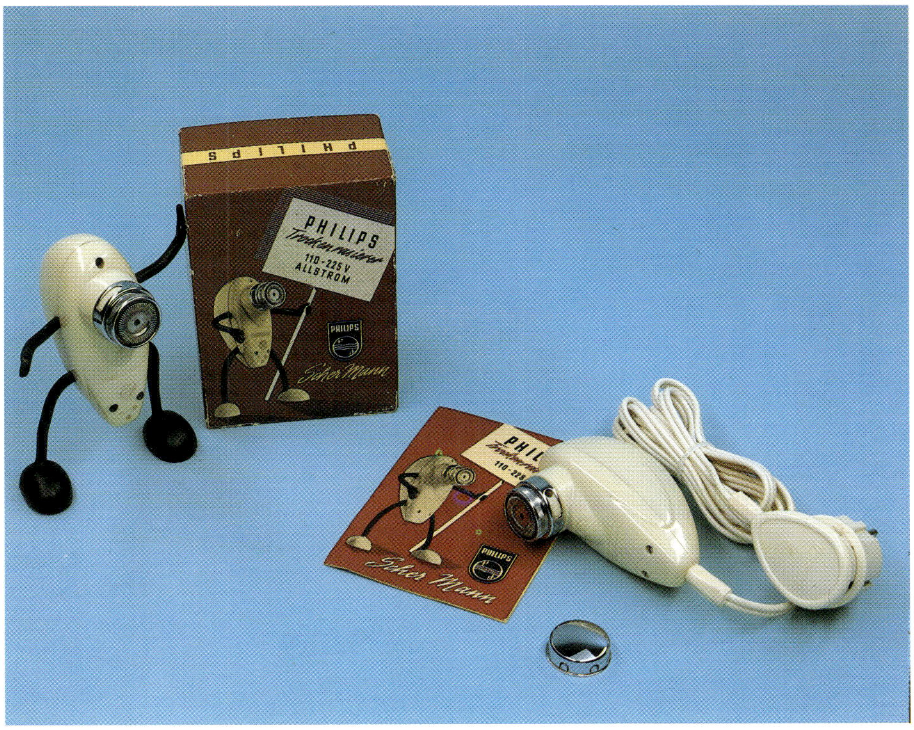

»Philishave«
Von Raymond Loewy in Stromlinienform gebracht, wurde der »Philishave« ergonomischer – und zum erfolgreichsten Elektrorasierer der fünfziger Jahre.
Niederlande, 1948
H. Waschkewitz, Hattingen/
W. Kronesser, Bonn

Unic »Vedette«
Schweiz, 1949
W. Hasselmann, München

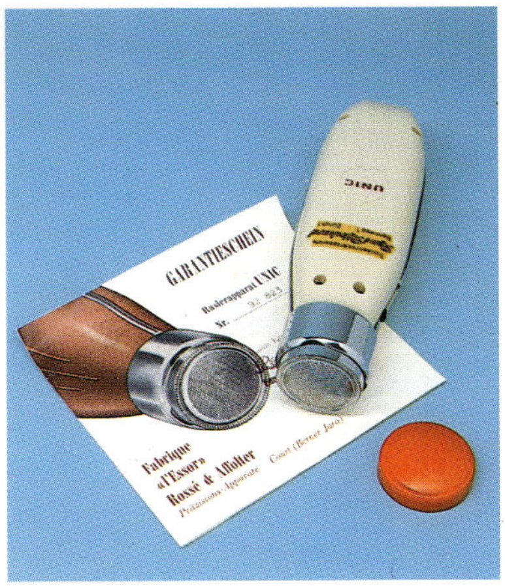

Das Scherfoliensystem

Sunbeam »Shavemaster«
Der »Shavemaster« war der erste Trockenrasierer mit einer gelochten Scherfolie.
USA, 1937
W. Hasselmann, München

Ganz andere Wege beschritt die amerikanische Firma Sunbeam. Seit den frühen zwanziger Jahren arbeitete sie an der Entwicklung elektrischer Rasierapparate und produzierte bereits im Jahre 1925 zwei verschiedene Elektrorasierer-Modelle. Es waren die Vorläufer des seit 1936 hergestellten Sunbeam »Shavemaster«. Unter einer gewölbten Siebfolie wurde ein Messer hin und her bewegt. Die Konstruktion war mechanisch recht aufwendig, da eine Kurbelwelle die Drehbewegung eines Elektromotors übersetzen mußte. 1937 patentierte man das System auch in Deutschland, vor dem Krieg wurden hier jedoch nur wenige Apparate verkauft. Sunbeam blieb seiner Konstruktion im wesentlichen treu und nahm lediglich Veränderungen im Design vor. In der Bundesrepublik wurden Sunbeam-Rasierer nur zwischen 1953 und 1964 angeboten – in diesem Jahr stellte die Firma in den Vereinigten Staaten ihre Fertigung ein, die Geräte waren zwar solide gebaut, aber wegen des hohen mechanischen Aufwands sehr teuer. Im Jahre 1955 kostete ein Sunbeam »Shavemaster« 212,– DM, ein Remington »60« dagegen nur 98,– DM, ein Philips-Gerät 55,– DM und ein Braun »S 50« war schon für 39,50 DM zu erstehen.

Der Rasierer mit gelochter Scherfolie war zwischen 1938 und 1941 von Max Braun weiterentwickelt und in veränderter Form 1949 zur Serienreife gebracht worden. Dabei bewegte sich unter der Scherfolie ein halbrunder, der Folienform angepaßter Block mit zahlreichen senkrecht nebeneinanderstehenden Messern. Braun, 1890 als Sprößling einer Familie ostpreußischer Bauern und Fischer geboren, hatte nach einer Schlosserlehre am Hamburger Elbtunnel mitgearbeitet, war anschließend Prüfingenieur bei AEG geworden und hatte sich schließlich 1921 mit einer kleinen Frankfurter Schlosserwerkstatt selbständig gemacht. Neben dem Werkzeugbau begann er, Detektorempfänger zu bauen. Braun stellte sich im Laufe der zwanziger Jahre ganz auf die Radioproduktion um und erfand unter anderem das »magische Auge«, eine vorwiegend in Radiogeräten eingesetzte Röhre zur optimalen Sendereinstellung. Daneben arbeitete er an der Entwicklung von Küchenmaschinen und Fotoblitzgeräten.

Brauns Rasierapparat war aus mehreren Gründen besonders erfolgreich. Der Messerblock stützte die Scherfolie gegen den Druck der Haut ab; sie konnte deswegen dünner als bei anderen Bauarten ausgeführt werden und rasierte somit gründlicher. Der in Längsrichtung bewegte Messerblock eignete sich besonders für den Antrieb durch einen billigen Schwingankermotor, weshalb die Geräte insgesamt recht preiswert waren. Die Zahl der Löcher und Messer ergab eine besonders große »aktive Scherfläche«, das heißt, daß die Länge der zeitgleich wirkenden Schneidkanten größer war als bei den anderen Systemen. Das bedeutete jedoch nicht, daß es sich damit um die endgültige und objektiv beste Lösung des »Trockenrasierer-Problems« handelte: Die Zufriedenheit des Kunden mit einem Rasierapparat ist eine subjektive Größe und von nicht meßbaren individuellen Faktoren abhängig.

Im Jahre 1950 begann Braun mit der Produktion seines ersten Scherfolien-Rasierers »S 50«. Drei Jahre später wurde dieses Gerät als Braun »300 Deluxe« im Detail technisch verfeinert und mit einem Design, das für die kommenden Jahrzehnte bestimmend bleiben sollte, in den Handel gebracht. Anfangs war Braun der einzige Hersteller von Scherfolien-Rasierern dieser Bauart. Die Firma hatte – gestützt auf weitreichende Patentansprüche – andere Firmen an der Produktion ähnlicher Apparate gehindert. Durch eine Entscheidung des Bundespatentgerichts wurde jedoch ein Teil der Ansprüche Brauns für nichtig erklärt, und so nahmen 1955 auch andere Firmen die Fertigung vergleichbarer Rasierer auf. In der Folge produzierten auch Dual oder Krups Scherfolien-Rasierer. Siemens bot einen Rasierer an, der einen Scherfolienkopf und ein Kammkäfig-Schersystem miteinander kombinierte. Dabei sollte der Kammscherkopf eine Vorrasur und der Scherfolien-Kopf eine gründliche Nachrasur garantieren – nach Meinung des Herstellers unübertroffen gründlich. Der Verbraucher schien weniger überzeugt, weshalb die Produktion dieser Kombigeräte 1968 eingestellt wurde. Insgesamt stieg der Anteil reiner Scherfolienrasierer an den insgesamt verwendeten Rasierapparaten seit den fünfziger Jahren kontinuierlich bis auf gegenwärtig knapp 80 Prozent. Davon stammten gut 86 Prozent von Braun, was der Firma einen Anteil von 68 Prozent an allen verkauften Elektrorasierern sicherte.

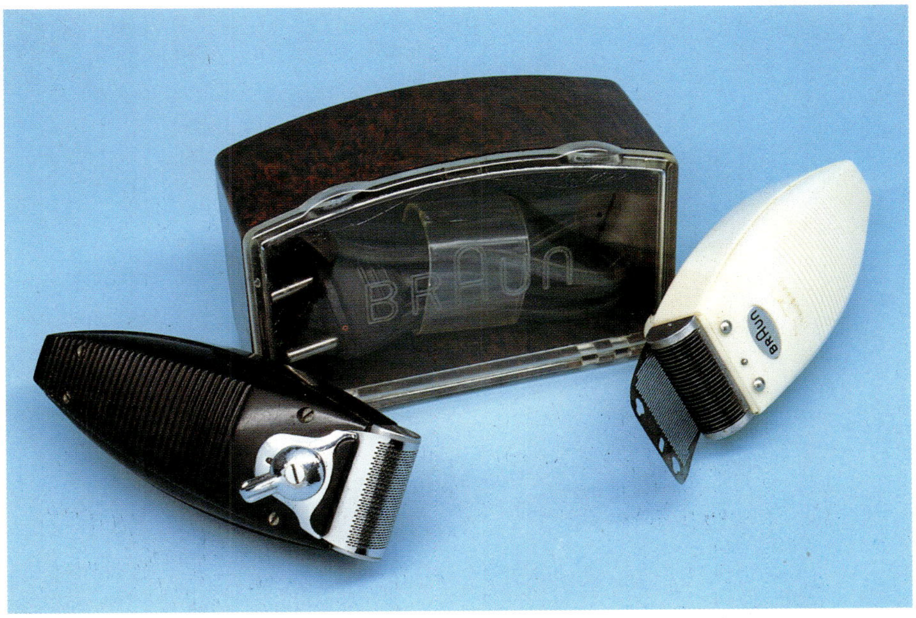

Braun »S 50«
Max Braun kombinierte die Scherfolie mit einem vibrierenden Messerblock – die bis heute führende Trockenrasierer-Technologie war geboren.
Deutschland, 1949/50
H. Waschkewitz, Hattingen

Die Elektrorasur nach 1945

»Überall und jederzeit auch ohne Strom rasierbereit«[133]

Rolls Razor »Viceroy«
Alternativ zu seinem Elektrorasierer bot Rolls Razor Ltd. dieses mechanische Gerät an. In der Praxis zeigte sich allerdings, daß man nur eine Sache gleichzeitig kann: Den Hebel drücken oder sich rasieren.
Großbritannien, 1946
D. Horn, Hamburg

Neben den Elektrorasierern für Netzanschluß begannen die Hersteller zu Beginn der fünfziger Jahre auch Geräte für den Anschluß an eine Auto- oder Motorradbatterie, mit einem aufladbaren Akkumulator oder mit Trockenbatterien, zu produzieren. »Kein Reisender«, hieß es in einer Fachzeitschrift, »braucht mehr auf die Bequemlichkeit des elektrischen Trockenrasierens zu verzichten. Insbesondere die große Zahl der Fahrer und Reisenden in 400 000 Lkw und 800 000 Pkw in Westdeutschland werden diese Neuerung begrüßen.«[134] Neben den Reisenden dachten die Fabrikanten vornehmlich an die stetig wachsende Zahl von Pendlern auf ihrem Weg zur Arbeitsstätte. »Da für immer mehr Menschen das Auto eine zweite Wohnung geworden ist, hat sich die Notwendigkeit ergeben, sich auch im Auto zu rasieren«, dachte man.[135] Neben den Autofahrern wurden auch bestimmte Berufsgruppen und – unter dem Eindruck sich wandelnden Freizeitverhaltens – ebenso die Sportler als Abnehmer entdeckt: »Viele sehen in ihm nur ein Gerät für den Autofahrer. Sportler, Bergsteiger, Wasserwanderer, Binnenschiffer, Förster, Jäger und Polizeibeamte sind nur einige der zahlreichen Freunde, die dieses Gerät finden wird.«[136]

»Moderne Formen des Freizeitverhaltens und des Urlaubs (Camping, Sozialtourismus, Bevorzugung ausländischer Reiseziele)« ließen den Bedarf an netzunabhängigen Geräten wachsen.[137] »In den Sommermonaten wird ein nicht geringer Teil der Stadtbevölkerung zu Nomaden. Wer seinen Urlaub mit Fahrzeug und Zelt auf den Camping-Plätzen verbringt, möchte nicht auf den Komfort verzichten, der ihm zuhause selbstverständlich ist«, priesen die Hersteller ihre Errungenschaft an. »Aber nicht nur der Camping-Mann, sondern auch der Autofahrer, der Segler, überhaupt jeder trokkenrasierende Urlaubs- oder Geschäftsreisende wird diese Neuerung, die ihm die so begehrte Unabhängigkeit vom Stromnetz sichert, lebhaft begrüßen.«[138]

Neben Urlaub und Reise sollte der netzunabhängige Trockenrasierer auch im täglichen Gebrauch eine größere

Bedeutung erlangen, die Werbung wies stets auf die Möglichkeit einer Rasur im Büro hin. »Gleich kann es losgehen«, lautete beispielsweise der Kommentar zu einem Werbefoto eines sich an seinem Schreibtisch rasierenden Angestellten. »Alle Voraussetzungen für eine Party oder einen netten Abend zu zweit sind erfüllt: Die Arbeit ist getan, Blumen und Konfekt liegen bereit und jetzt noch schnell eine Blitzrasur mit dem ›Philishave-Batterie‹.«[139] Diese Geräte wurden angeboten, um »vor entscheidenden Stunden am Abend den inzwischen wieder munter sprießenden Bart wieder verschwinden zu lassen«. Die Batterierasierer wurden leitenden Angestellten ans Herz gelegt, »die häufig genug auch in den Abendstunden noch Besprechungen pflegen

Philips Batterie-Rasierer
Von der Campingbewegung erhoffte sich die Branche eine wachsende Käuferschar – wenn man sich im Urlaub überhaupt rasierte.
Niederlande, 1952
H. Waschkewitz, Hattingen

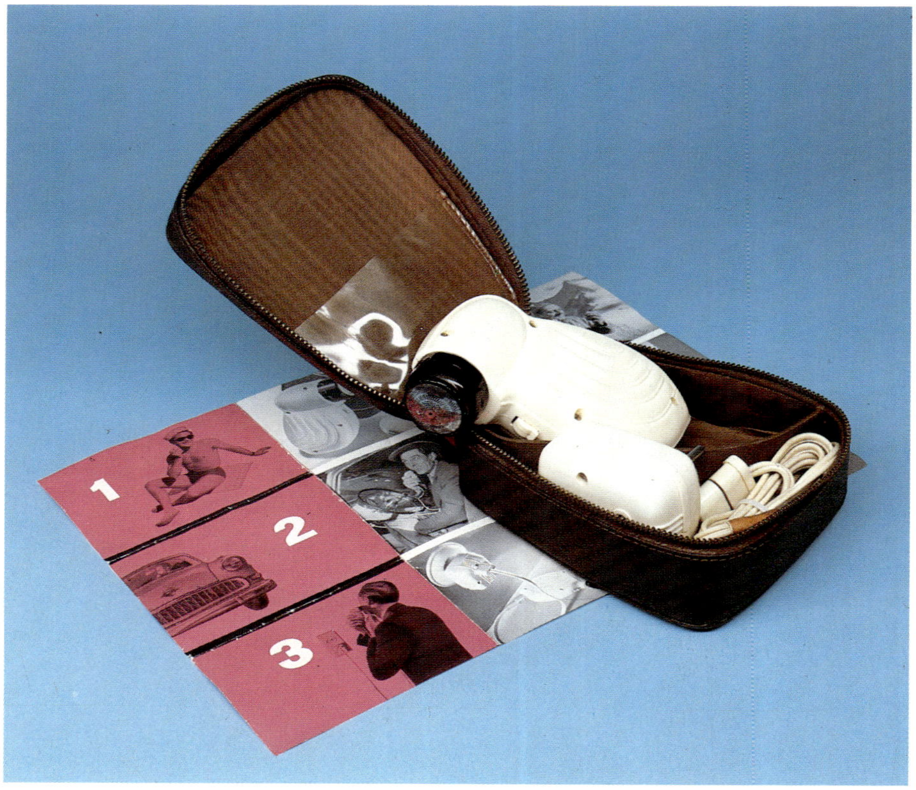

»Accura-2«
Der erste Trockenrasierer mit aufladbarem Akku war überall einsatzbereit – aber wer wollte sich schon ständig rasieren?
Deutschland, 1958
H. Waschkewitz, Hattingen

»Senator«
Der Trockenrasierer mit Batterie sollte in jede Aktentasche passen – die Rasur im Büro wertvolle Zeit sparen.
Deutschland, 1959
W. Hasselmann, München

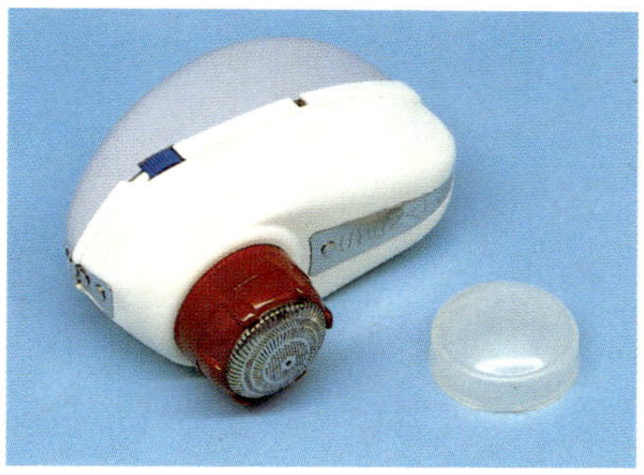

und Kunden betreuen müssen – natürlich jetzt stets gut rasiert«.[140] »Der moderne Mann will«, so wurde behauptet, »das Gerät, mit dessen Hilfe er praktisch jederzeit ›fit‹ ist, stets bei sich tragen. Der Trockenrasierer ist also vom Waschtisch in die Aktentasche gewandert.«[141] Die Werbung pries immer wieder die Möglichkeit, sich zeitsparend »jederzeit und überall völlig zwanglos rasieren zu können«. Die Phantasie der Werbetexter trieb dabei bisweilen absonderliche Blüten: »Und wie zeitsparend ist es für den Herrn Direktor, daß er gleichzeitig diktieren, telefonieren und rasieren kann.«[142]

Dies war keineswegs eine Ausnahmeerscheinung. Die allzeit und allerorten durchgeführte männliche Körperpflege wurde als zeitgemäß und weltgewandt verkauft. Der Elektrorasierer ermöglichte es nun, die zuvor in der Abgeschiedenheit des Badezimmers vorgenommene Rasur an die Öffentlichkeit zu verlegen. Werbephotos von sich im Auto rasierenden Männern wurden ebenso häufig veröffentlicht wie Aufnahmen von seriösen Herren im vollbesetzten Zugabteil, die sich rasierten, während die Mitreisenden – anscheinend völlig unbeeindruckt von dessen Tätigkeit – weiter ihrer Zeitschriftenlektüre nachgingen. Eine Rasur in der Öffentlichkeit erfüllte jedoch noch einen weiteren Zweck: Der Trockenrasierer war zu Beginn der fünfziger Jahre ein kostspieliges und vornehmlich bei Besserverdienenden beliebtes Statussymbol.

Im Vergleich zu den netzbetriebenen Apparaten spielten die Akku- oder Batteriegeräte insgesamt gesehen jedoch nur eine untergeordnete Rolle. »Einer besonderen Vorliebe erfreut sich letztere Bauart in Selbstrasiererkreisen nicht«, wurde bereits im Jahre 1950 festgestellt, »da ja Lichtleistung und Steckdose heute in fast jedem Wohnraum nicht minder wie in jedem Hotelzimmer anzutreffen sind.«[143] Dies galt auch für die zahlreichen Rasierapparate, für deren Betrieb man gänzlich auf Elektrizität verzichten konnte, wie der zwischen 1954 und 1956 angebotene »Ohnestrom«-Trockenrasierer. Er wurde mit einer Schwungscheibe betrieben, die man durch mehrmaliges Ziehen an einer im Gerät aufgerollten Schnur in Bewegung setzte. Das Gerät,

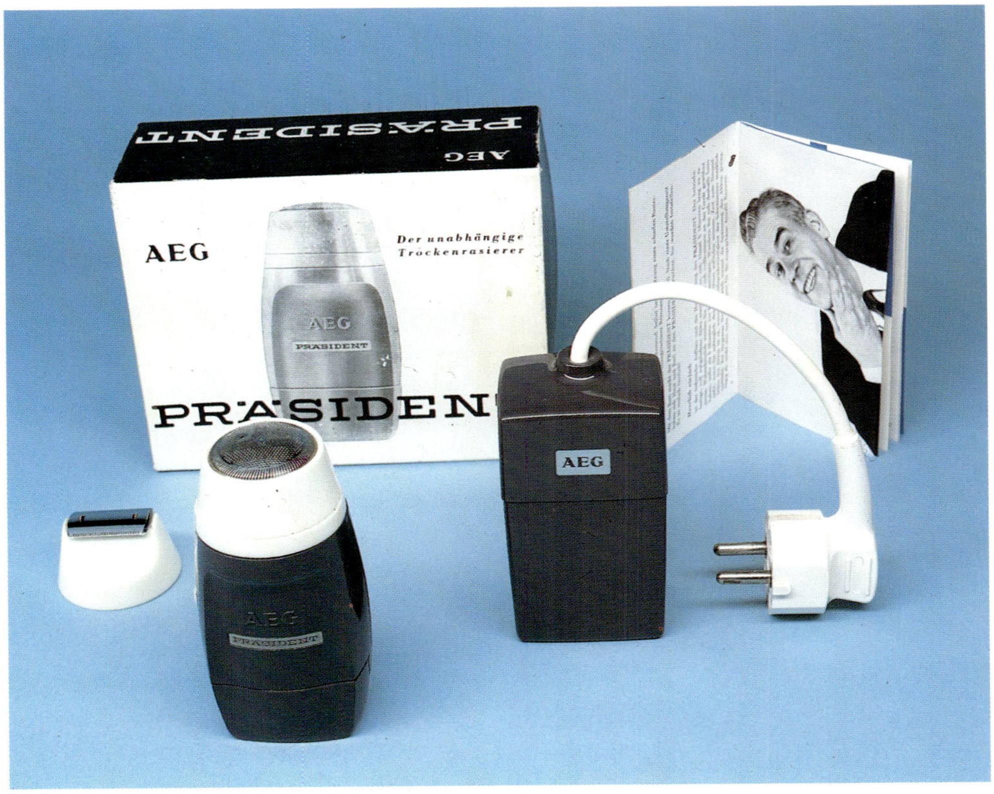

AEG »Präsident«
Der »Präsident« hatte vor allem den Geschäftsmann im Blick, der sich vor abendlichen Besprechungen in einen äußerlich tadellosen Zustand versetzen wollte.
Deutschland, 1959
H. Waschkewitz, Hattingen

»Ohnestrom«
Ein Zug an der Schnur, schon drehte sich eine Schwungscheibe im Inneren. Leider erforderte die rotierende Masse ein kräftiges Zupacken, denn sie entwickelte eine unangenehme Eigendynamik.
Deutschland, 1954
W. Hasselmann, München

Thorens »Riviera« und Accura-1«
Trockenrasierer zum Aufziehen – im größtenteils elektrifizierten Europa weitgehend überflüssig.
Schweiz/Deutschland, 1952 und 1956
H. Waschkewitz, Hattingen

»Otas-tr«
Ständiges Drücken am Hebel hielt beim »Otas« eine Schwungmasse in Bewegung.
Deutschland, 1960
H. Waschkewitz, Hattingen

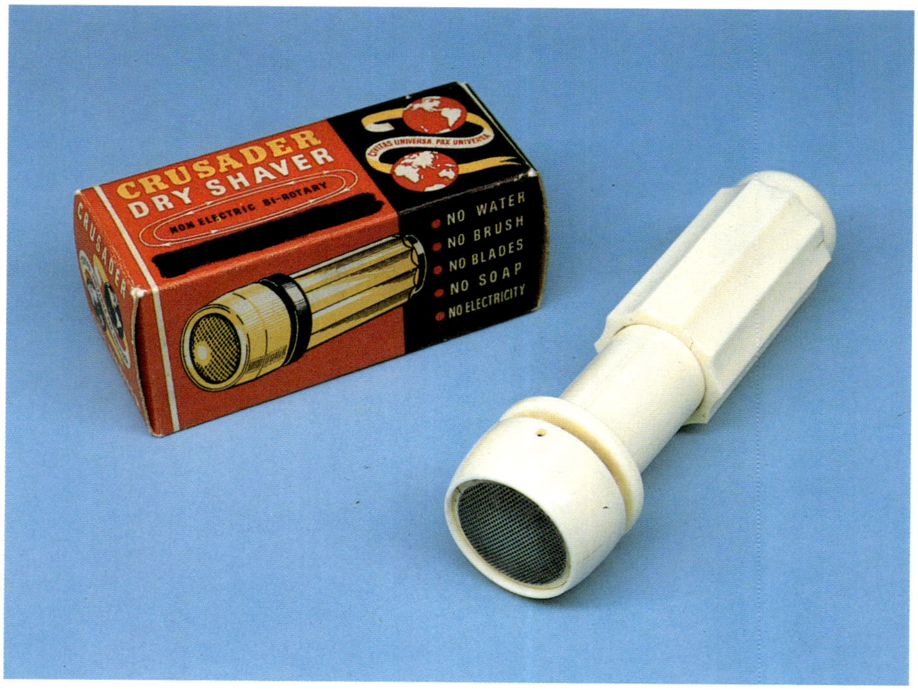

»Crusader Dry Shaver«
Wie ein Spielzeugkreisel hielt dieses Gerät nur ständiges Pumpen am Griff in Bewegung. So wurden immer nur kleine runde Flecken rasiert – abgesehen von dem albernen Stampfen im Gesicht.
USA 1947; W. Hasselmann, München

das »eine einwandfreie Rasur zu jeder Tages- und Nachtzeit und an jedem Ort« versprach, »findet vor allem dort seine begeisterten Anhänger, wo kein Strom normaler Spannung zur Verfügung steht, also auf dem Lande und auf der Reise«.[144] Dem Gerät eigentümlich war das physikalische Bestreben rotierenden Massen, ihre einmal eingenommene Bewegungsrichtung beizubehalten. Bei jeder Bewegung des »Ohnestrom« versuchte die Schwungscheibe, wieder in die vorherige Ausgangslage zurückzukehren – er war nur durch kräftiges Zupacken zu bändigen.

Im Jahr 1954 tauchten erneut Trokkenrasierer mit einem Federwerk auf. Der Thorens »Riviera« mußte, wie der 1957 folgende »Accura-1«, mit einem Schlüssel aufgezogen werden. Das ständige Aufziehen war ebenso lästig wie die geringe Umdrehungszahl der Scherköpfe, die die Rasierdauer zusätzlich verlängerte. Der »Otas-tr« des Jahres 1960 war einer der letzten mechanischen Trockenrasierer auf dem deutschen Markt. Das mit einem Schwungmotor versehene Gerät wurde durch ständiges Drücken eines seitlichen Hebels in Bewegung gehalten.

Die Bedeutung mechanisch betriebener Rasiergeräte blieb verschwindend gering. Die Werbung für den »Riviera«, die mit Bildern von sich rasierenden Expeditionsteilnehmern in der Sahara oder von Missionaren in Zentralafrika zu überzeugen versuchte, läßt bereits erahnen, daß ein tatsächlicher Bedarf im weitgehend elektrifizierten Europa nicht bestand. Denn anstelle der Anschaffung eines – auch im Vergleich zu Elektrorasierern – teuren handbetriebenen Trockenrasierers bestand bei fehlender Stromversorgung immer noch die Möglichkeit, auf die preiswerte Naßrasur zurückzugreifen. »Die ohne Strom mit Federaufzug oder Exzenter betriebenen Apparate«, mußte der Fachhandel bereits 1957 feststellen, »haben nicht die Rolle spielen können, die man im Hinblick auf die Campingbewegung erhofft hatte.«[145]

Ein besonderes Antriebskonzept verfolgte ein Trockenrasierer der Schweizer Firma Unic Anfang der fünfziger Jahre: Er wurde mit Wasserkraft betrieben. Der Antriebsteil des Geräts wurde mit einer Gummihülse am Wasserkran des heimischen Badezimmers angesteckt. Im Inneren befand sich eine Wasserturbine, die mit dem Scherkopf über eine bewegliche Welle verbunden

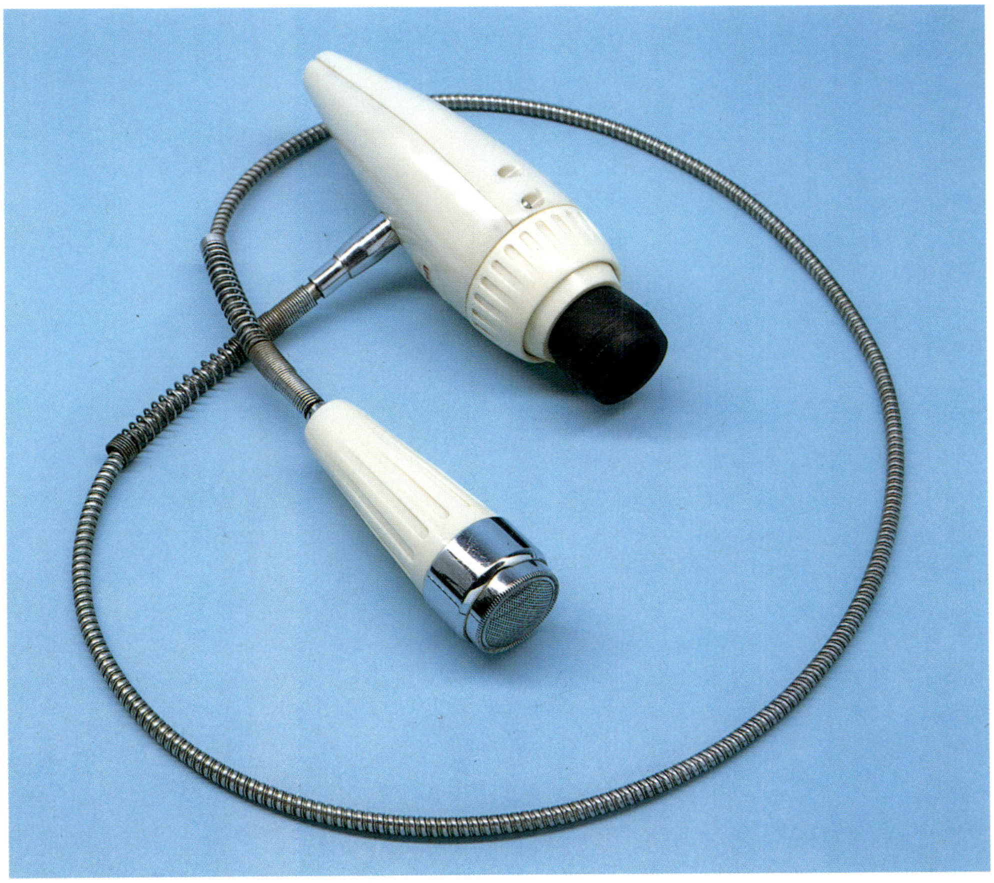

war. Der Antrieb war unten offen, so daß das Wasser aus der Turbine in das Waschbecken laufen konnte.

Noch seltsamer mutete ein Trockenrasierer an, der erstmals in den vierziger Jahren auf den Markt kam. Der »Vestpok Dry Shaver« bestand aus einer durchlöcherten Trommel, in deren Inneren ein Messer gegen die Trommelwand drückte. Die frei drehbare Trommel wurde beim Rasieren über die Haut gerollt. Dabei sollten die Barthaare durch die Löcher eintreten und – während die Trommel sich weiterdrehte – gegen das feststehende Messer gedrückt und abgeschnitten werden. Es war zwar durchaus möglich, mit diesem Apparat relativ kurze Stoppeln zu rasieren, aber das Gerät wies einen entscheidenden Mangel auf: Um das Haar abschneiden zu können, mußte es weitergerollt werden, wobei der Apparat zwangsläufig am Barthaar zog. Wenn es dann nicht zuverlässig abgetrennt wurde, stand dem Benutzer eine äußerst schmerzhafte Erfahrung bevor. Die Rasur eines zwei Tage alten Bartes gestaltete sich schon recht schwierig, die eines drei Tage alten Bartes war nur besonders Abgehärteten zu empfehlen.

»Unic«
Mit einem Gummistöpsel an den Wasserkran angeschlossen, nutzte dieser Rasierer eine kleine Wasserturbine zum Antrieb – die hemmungslose Verschwendung teuren Trinkwassers hielt die Deutschen wohl davon ab, dieses Gerät in größeren Stückzahlen zu erwerben.
Schweiz, 1959
W. Kronesser, Bonn

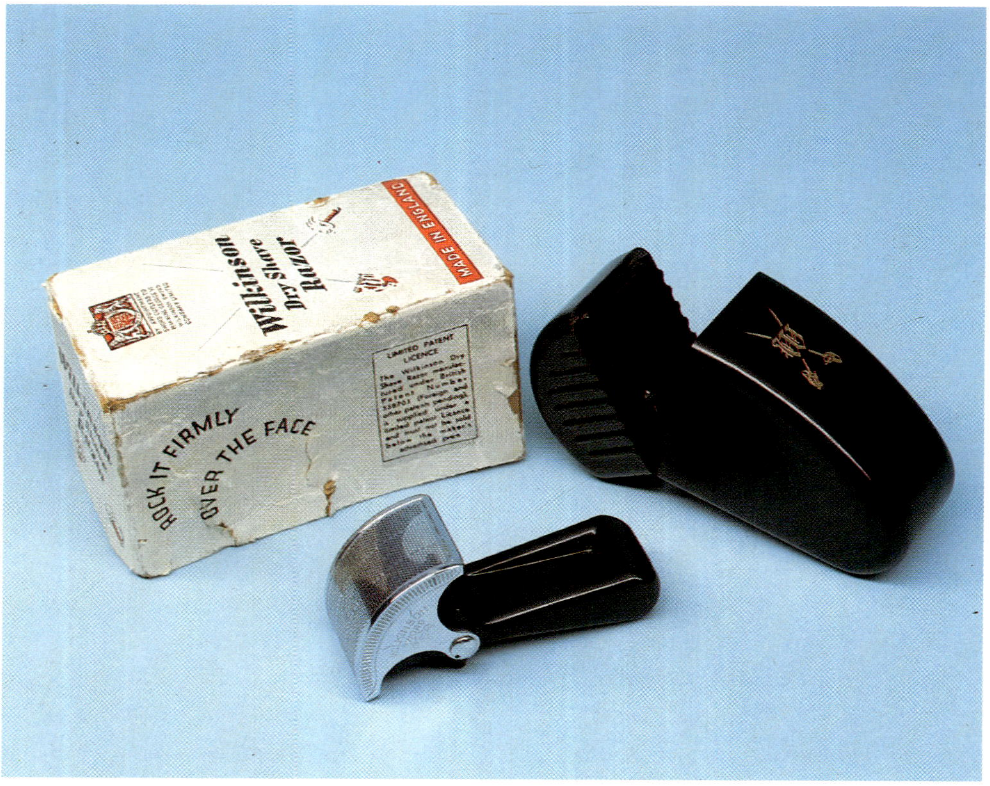

Wilkinson »Dry Shaver Razor«
Durch hin und her wippen des Griffs konnte ein Stück Gesicht in der Größe der Scherfolie rasiert werden. War man damit fertig, kamen die nächsten Quadratzentimeter an die Reihe – kaum jemand mochte die Zeit für diese langwierige Prozedur aufbringen.
Großbritannien, 1934
D. Horn, Hamburg

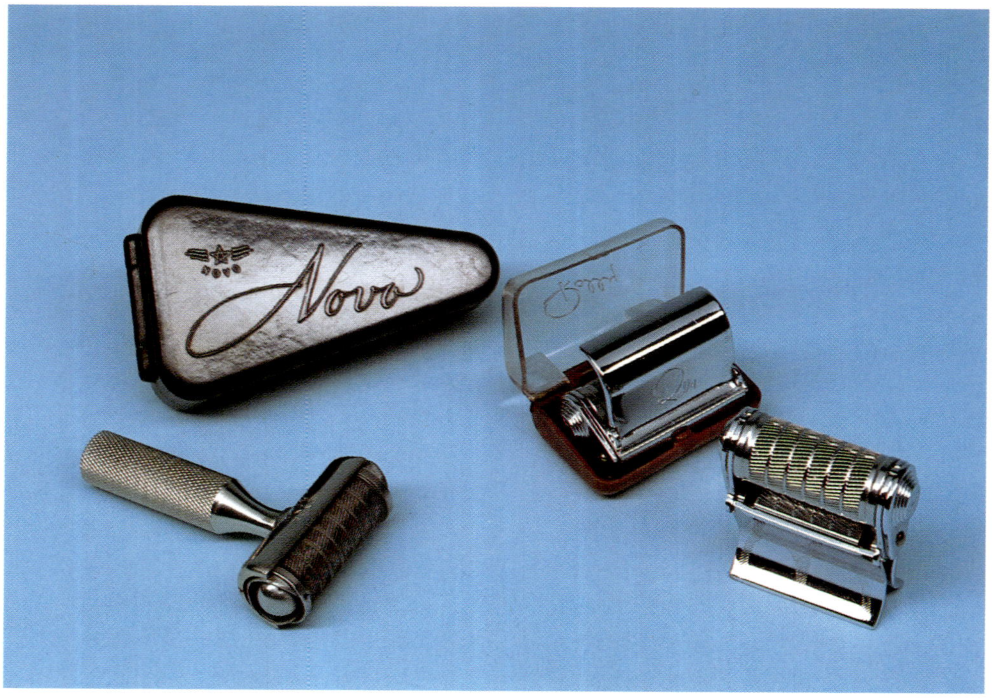

Trockenrasierer »Novo« und »Rolly«
Die durchlöcherte Trommel wurde über das Gesicht gerollt, die Barthaare trennte ein Messer im Inneren ab – leider nicht immer, weshalb die festgeklemmten Haare beim Weiterrollen ausgezogen wurden. Diese Apparate eigneten sich nur für besonders schmerzunempfindliche Männer.
USA/Schweden, dreißiger und fünfziger Jahre
D. Horn, Hamburg/F. Gnegel, Münster

Der Erfolg des Elektrorasierers in den fünfziger Jahren

Während 1934 in den Vereinigten Staaten nur 76 000 Elektrorasierer verkauft wurden, stieg der Absatz bereits in der zweiten Hälfte der dreißiger Jahre auf mehr als eine Million Geräte pro Jahr. 1936 fanden 1,2 Millionen Rasierer einen Käufer, im Jahr darauf waren es schon 1,5 Millionen Apparate. In Deutschland wurden solche Zahlen bei weitem nicht erreicht. Zwar konnten einzelne spezialisierte Geschäfte in den Großstädten monatlich bis zu 20 Trockenrasierer verkaufen, aber technische Unzulänglichkeiten und der hohe Preis setzten ihrer Verbreitung enge Grenzen. »Diese Apparate steckten noch in den Kinderschuhen und fanden wegen mancherlei Mängeln bei der Kundschaft nur ein geringes Echo«, hieß es in der Fachpresse.[146] Hinzu kam die Devisenbewirtschaftung während des Dritten Reichs, die einen Import der zahlreichen amerikanischen Trockenrasierer in größerem Umfang verhinderte. Bei Kriegsausbruch wurde die Herstellung von Elektrorasierern verboten, und die wenigen deutschen Hersteller mußten sich im Rahmen der Kriegswirtschaft auf andere Produkte umstellen.

Erst im Jahre 1949 – nach Kriegsende und Währungsreform – waren Elektrorasierer in Deutschland wieder erhältlich. Die wenigen angebotenen Geräte waren jedoch kaum verkäuflich, und der Absatz stieg nur langsam. »In Deutschland verhält man sich der Mode des Trockenrasierens gegenüber zurückhaltender, was bei der Verarmung weiter Kreise des deutschen Volkes nicht verwunderlich ist«, stellte die Fachpresse 1950 fest.[147] »Selbstrasierer, die ständig einen mechanischen oder elektrischen Rasierapparat zur Entfernung des Bartwuchses benutzen, sind immer noch Ausnahmeerscheinungen«, hieß es an anderer Stelle. »Der Hauptgrund für die zögernde Einführung und Aufnahme der bewährten elektrischen Rasierapparate dürfte der immer noch relativ hohe Preis sein, der für die breite Masse infolge der beschränkten Kaufkraft die Anschaffung eines solchen Objektes verbietet.«[148]

Ende der vierziger Jahre existieren in der neugegründeten Bundesrepublik nur wenige Trockenrasierer aus der Vorkriegszeit. Die 100 000 im Jahre 1950 verkauften Trockenrasierer entsprachen in etwa der Zahl der im selben Jahr in bundesdeutschen Haushalten überhaupt vorhandenen Geräte. Benutzten 1953 nur 1,5 Prozent der bundesdeutschen Männer einen Trockenrasierer, waren es im Jahr darauf bereits 10 Prozent. 1957 betrug der Anteil 20 Prozent, im Jahre 1960 schon 40 Prozent. Nur ein Jahr später verwendeten über die Hälfte der Männer einen elektrischen Rasierapparat. Nachdem diese Zahlen zu Beginn der sechziger Jahre wieder leicht rückläufig waren, stiegen sie bis zum Ende der sechziger Jahre auf 61 Prozent. Seither ist der Trend wieder leicht rückläufig: 1984 benutzten nur noch 56 Prozent der bundesdeutschen Männer einen Elektrorasierer.[149]

Es war die recht kurze Zeitspanne zwischen 1953 und 1961, in der sich der Elektrorasierer durchsetzte.

In den ersten Nachkriegsjahren konnten sich die vom Krieg verschonten Schweizer ein solches Gerät leisten – noch immer war der Elektrorasierer nur etwas für den eleganten Herrn. Atlantis, 12/1947

Betrachtet man jedoch die Zahl der in der Bundesrepublik jährlich produzierten und verkauften Trockenrasierer im einzelnen, so verlief der Trend zur Elektrorasur keineswegs gradlinig. In den Jahren 1959 und 1961 kam es zu erheblichen Einbrüchen in Produktion und Verkauf. Stiegen die Absatzzahlen bis 1958 stark an, so ging der Trockenrasiererverkauf 1959 um 14 Prozent und im Jahre 1961 um 17 Prozent gegenüber dem jeweiligen Vorjahr zurück. Trotzdem stieg die Zahl verwendbarer Elektrorasierer weiter an – wenn auch langsamer als in den Vorjahren. In den frühen sechziger Jahren pendelte sich der Absatz für Elektrorasierer schließlich auf das heutige Niveau von ungefähr 2,2 Millionen Stück jährlich ein.[150]

Der Absatzrückgang Ende der fünfziger Jahre war vornehmlich auf die Preisgestaltung der Hersteller zurückzuführen. In den Anfangsjahren galt der Besitz eines elektrischen Rasierers als modischer Luxus, in den fünfziger Jahren wurde er vornehmlich von gut-

◁ Punktal »Super«. Mit diesem Rasierer war Ernst August Siepen der erste Rasierklingen-Hersteller, der mit einem Trockenrasierer den drohenden Marktverlust kompensieren wollte.
Deutschland, 1954. H. Waschkewitz, Hattingen

Rasieren ohne Qual – das wichtigste Versprechen des Elektrorasierers.
Stern 15/1954

Im Wirtschaftswunder galt es, Zeit zu sparen. ▷
Theo Lingen machte es vor, schließlich waren 125 mit Rasieren verbrachte Tage vor allem verschwendete Arbeitszeit.
Revue 43/1955

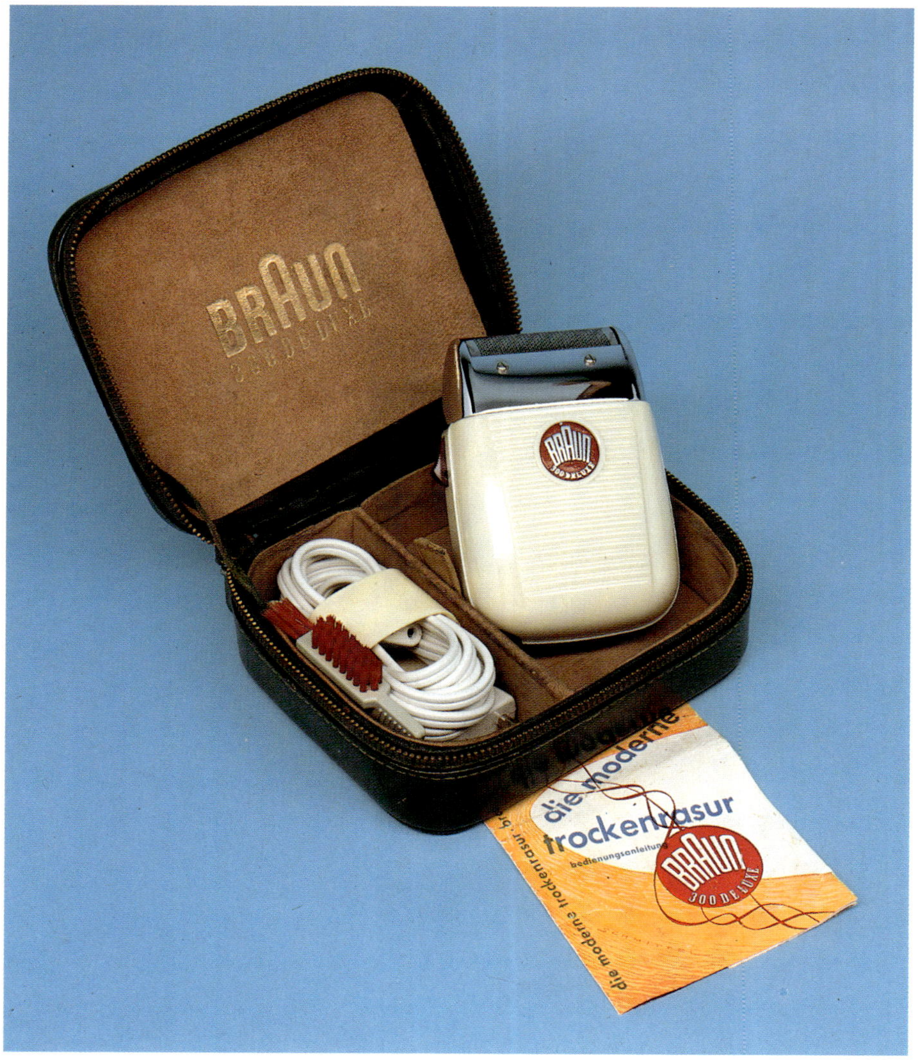

Braun »300 Deluxe«
Deutschland, 1953
H. Waschkewitz, Hattingen

Remington »Contour« und Remington »60«
USA, 1951/52 und 1954
H. Waschkewitz, Hattingen/
Sammlung M. Kriegeskorte

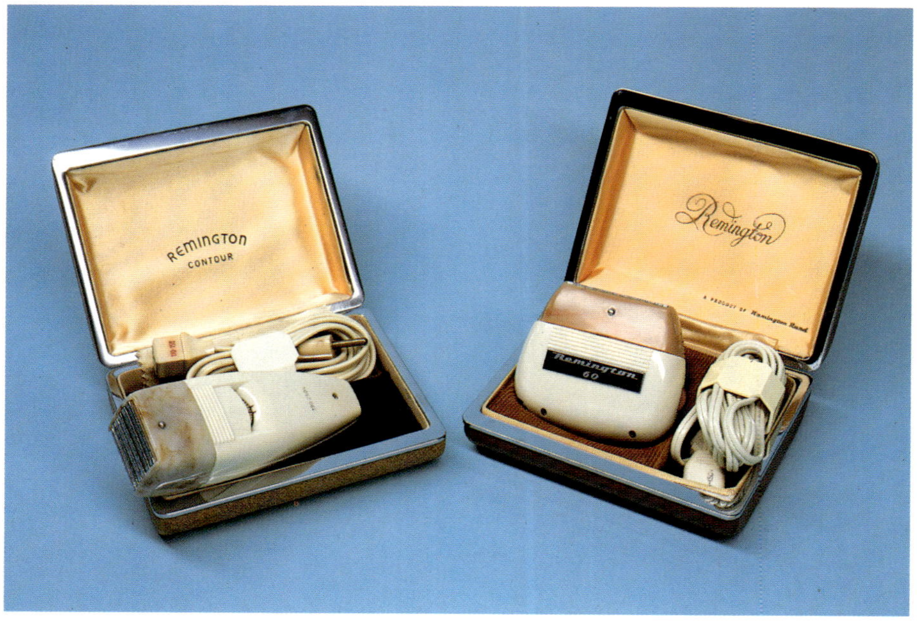

verdienenden Angestellten, Selbständigen und Beamten bevorzugt. Im Jahre 1955 benutzten durchschnittlich 15 Prozent aller Männer einen Trockenrasierer – bei einem Einkommen von mehr als 600,– DM waren es jedoch 37 Prozent. Der durchschnittliche Wochenlohn eines Arbeiters betrug in diesem Jahr 86,85 DM. Ein Braun »300« kostete seinerzeit 68,– DM, ein Remington »60« 98,– DM, somit ein Viertel eines Monatslohns. Drei Jahre später, 1958, hatte sich das Verhältnis nicht wesentlich verschoben: Durchschnittlich 28 Prozent der Männer rasierten sich elektrisch, bei einem Monatseinkommen von mehr als 750,– DM waren es jedoch 39 Prozent und bei einem Monatseinkommen von mehr als 1000,– DM sogar 47 Prozent – der durchschnittliche Wochenlohn lag zu dieser Zeit bei nur 104,– DM.

Bereits 1955 wurde in Fachzeitschriften konstatiert, »daß die Entscheidung für oder gegen den elektrischen Rasierapparat nicht eine Frage der Aufgeschlossenheit gegenüber technischen Neuerungen, sondern des Geldbeutels ist«.[151] Der relativ hohe Anschaffungspreis hielt zuvor viele Männer vom Kauf ab, obwohl andererseits »für den Rasierapparat viele gern einen größeren Betrag ausgeben, denn das Rasieren ist eine ›männliche‹ Angelegenheit, bei der man nicht in erster Linie sparsam ist«.[152] Als 1959 der Absatz für Elektrorasierer drastisch zurückging, versuchten die Hersteller »mit einer neuen Preislinie neue Käuferschichten für den Trockenrasierer zu gewinnen«. »Zweifellos«, so hieß es, »denkt man

Keine Zeit

125 Tage seines Lebens verbringt der Mann beim Rasieren. Das sind 3 000 Stunden. Mit dem PHILIPS Trockenrasierer läßt sich die Zeit um die Hälfte verkürzen.

Leichtes Einfangen der Barthaare ist das A und O für schnelles elektrisches Rasieren. Hierzu müssen die Eingangsschlitze im Scherkopf mit der Richtung des Bartwuchses übereinstimmen. Barthaare wachsen nicht in Reih' und Glied, sondern wirbelartig nach allen Seiten. Deshalb laufen beim PHILIPS Trockenrasierer die Schlitze strahlenförmig in jeder Richtung.

Barthaare, die der Scherkopf erfassen soll, müssen aufrecht stehen. Flachliegende Haare werden beim PHILIPS Scherkopf automatisch aufgerichtet, denn ein Spannring strafft die Haut. Die beiden Schermesser schneiden gleichzeitig mit dem Strich und gegen den Strich. Jedes Haar wird auf Anhieb scharf ausrasiert.

Wieviel Millionen mal über den Bart hinweggeschnitten wird, ist nicht maßgebend; ein Bart hat nur 10 000 Haare. Viel wichtiger ist, daß das Barthaar jeweils einmal richtig und tief unten an der Wurzel abgeschnitten wird.

Theo Lingen freut sich über seinen PHILIPS Scher Mann

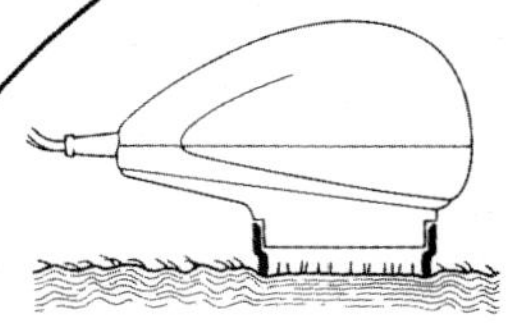

Ein Spannring strafft die Haut automatisch

Um den PHILIPS Doppelscherkopf liegt ein Spannring, der die Haut beim Rasieren strafft und das Barthaar aus den Poren heraustreten läßt. Dabei richtet sich das Haar auf. Die kreisenden Schermesser können das Barthaar an der Wurzel abschneiden. Der Stumpf verschwindet nach dem Schneidvorgang unter der Hautoberfläche.

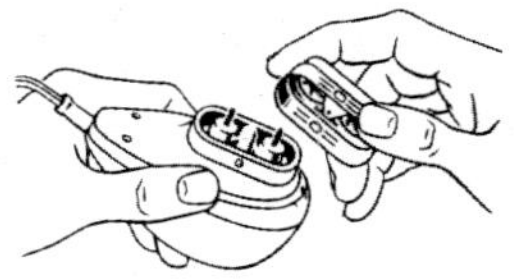

Ermöglicht schnelle und bequeme Reinigung

Die abgeschnittenen Barthaare werden in der Haarkammer aufgefangen. Nach der Rasur läßt sich die Haarkammer schnell und mühelos durch kurzes Ausblasen reinigen.

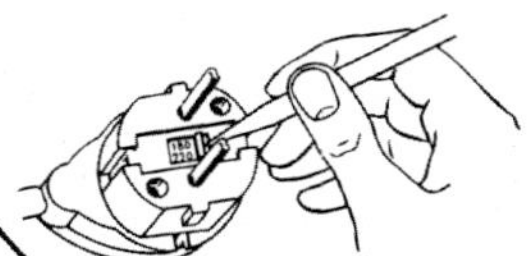

Verwendbar für jede Stromart und Netzspannung

Durch einfaches Verschieben des Spannungswählers am Netzstecker kann der Apparat beliebig auf 110/130 Volt oder 180/220 Volt eingestellt werden. Der Stecker paßt für Normal- und Schuko-Steckdosen.

DM 55.-

ALLSTROM 110-220 VOLT

nimm doch PHILIPS

Der Remington »60« leitete seinen Namen von den 60 Sekunden ab, die man angeblich nur noch benötigte, um sich mit diesem Gerät zu rasieren. ▷
Neue Illustrierte, Jg. 1955, Heft 37

»Die Zeit der Igel ist vorbei« – Mit dem vergnüglichen Trockenrasieren sollten die deutschen Rasiermuffel zu ordentlichem Aussehen angehalten werden.
Westermanns Monatshefte 6/1957

dabei nicht nur an die sozial schwächeren Käuferkreise, die bisher dem Rasierer abwartend gegenüberstanden, weil es ihnen am nötigen Geld für die bisherigen Rasierer-Typen fehlte, sondern gewiß auch an die Jugend, die hier durch ein billiges Gerät gleich zur Trockenrasur hingeführt werden soll, ohne überhaupt die Naßrasur kennenzulernen.«[153] Die Hersteller wollten einen weiteren Bedarf wecken und gingen davon aus, daß die neugewonnenen Käufer über kurz oder lang auch teurere Modelle erstehen würden. Eine Senkung der Werkspreise um mehr als 30 Prozent war ihnen ohne weiteres möglich. Braun und Remington, die offenbar eine Vorreiterrolle übernahmen, zwangen die anderen Hersteller, nachzuziehen. Philips nannte dies eine »realistische Anpassung an die gegenwärtige Marktsituation«.[154] Die niedrigen Preise belebten den Absatz und nivellierten zu Beginn der sechziger Jahre die Unterschiede, die es hinsichtlich des Einkommens zwischen den Naß- und Trockenrasierern noch gab.

So wie der Gebrauch von Elektrorasiergeräten in der Bundesrepublik zunahm, verringerte sich der Benutzerkreis von Naßrasierapparaten oder Rasiermessern. Rasierten sich 1955 noch 85–90 Prozent aller Männer naß, so ging dieser Anteil kontinuierlich bis auf 35 Prozent zurück. Dabei ist das Verhältnis der Anhänger von Naß- bzw. Trockenrasur in den neuen Bundesländern genau umgekehrt: Dort verwendeten lediglich 30 Prozent der Männer einen Trockenrasierer, gegenüber knapp 60 Prozent in der alten

das
ist
er-
der
neue
Remington
Super 60
Tun Sie sich selbst den Gefallen und probieren Sie diesen enorm leistungsfähigen Elektro-Rasierer unverbindlich in irgendeinem guten Fachgeschäft aus. Seine vollendet glatte, wirklich hautschonende und unvergleichlich schnelle Rasur sagt Ihnen mehr als viele Worte. Sie werden staunen!
Es gibt eben keinen Ersatz für Qualität!
REMINGTON
Super 60
Zeichen der Zufriedenheit
Remington Rand
FRANKFURT·MAIN
G·M·B·H

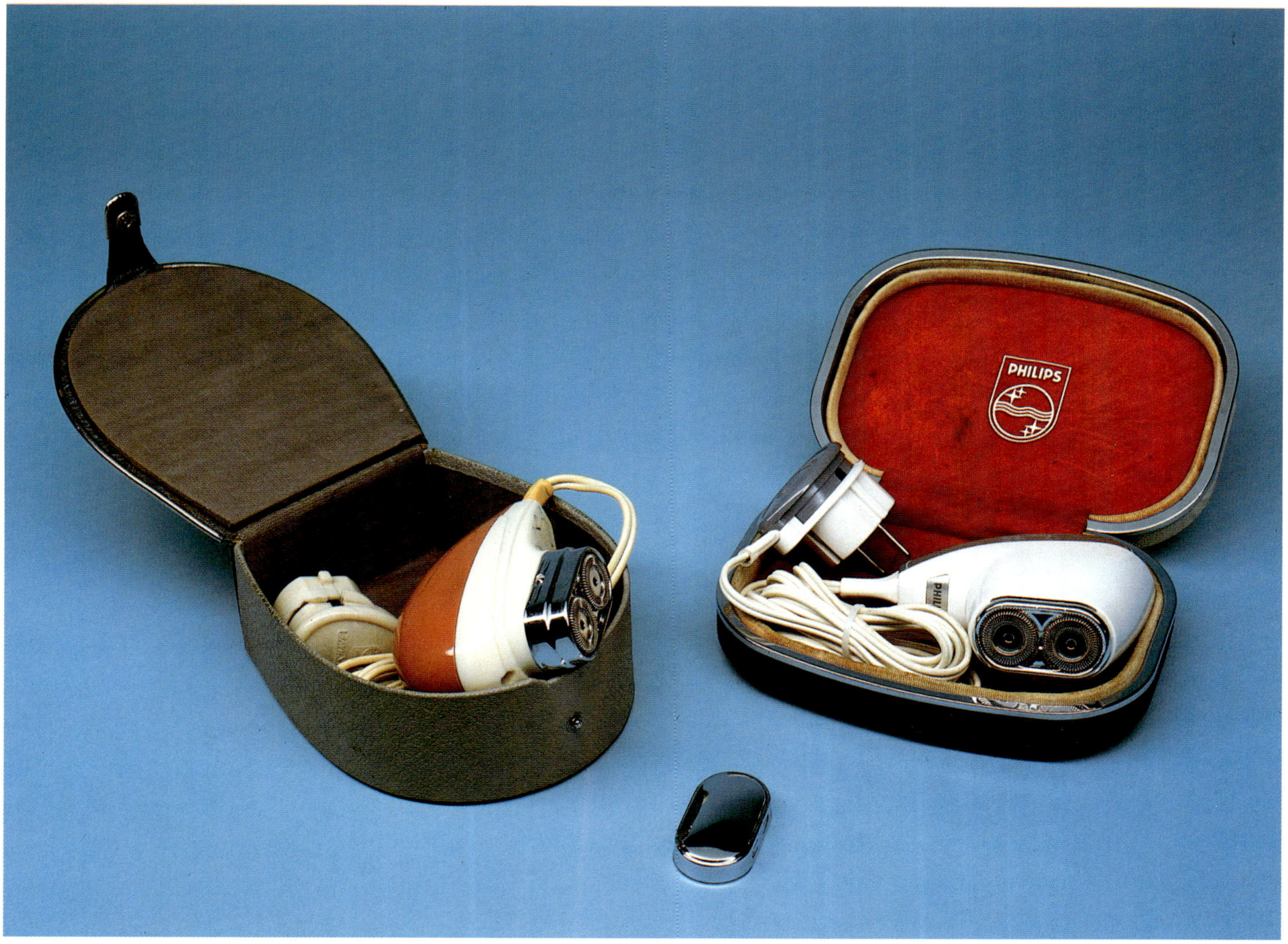

Philips »Schermann« und »120 M«
Mit dem Doppelkopf steigerte Philips die Rasierleistung seiner Apparate, die gegenüber anderen Systemen ins Hintertreffen geraten war.
Niederlande, 1951 und 1957
H. Waschkewitz, Hattingen/Sammlung M. Kriegeskorte

Bundesrepublik. Für diese Unterschiede gibt es verschiedene Erklärungsmöglichkeiten: Lieferengpässe, technisch überholte Rasiersysteme, hohe Preise und nicht ausgereifte Geräte mögen in der ehemaligen DDR dazu beigetragen haben, daß sich der Elektrorasierer dort nicht in dem Maße durchsetzte wie in den alten Bundesländern, doch das Zahlenverhältnis von Naß- und Trockenrasierern war hier kaum anders als in den Vereinigten Staaten oder im übrigen Westeuropa. Die Rasiergewohnheiten in der ehemaligen DDR waren also nicht außergewöhnlich, sondern vielmehr die der Männer in den alten Bundesländern, die – neben den Japanern – zu den weltweit eifrigsten Verwendern von Trockenrasierern zählen. Im Jahre 1979 wurden 10 Prozent der gesamten Weltproduktion allein in der Bundesrepublik verkauft. Gemessen an der Einwohnerzahl war dies rund doppelt so viel wie in den anderen europäischen Industrienationen. In den USA rasierten sich beispielsweise Anfang der achtziger Jahre 68 Prozent aller Männer naß, nur 22 Prozent verwendeten einen Trockenrasierer.[155] Gleiches galt für andere europäische Länder. Da das Angebot sowohl an Naß- als auch an Trockenrasierern in allen westlichen Ländern identisch war, bleibt die Frage, warum ein so großer Teil der bundesdeutschen Männer im Gegensatz zu seinen ausländischen Geschlechtsgenossen zum Elektrorasierer griff.

Werbung und Durchsetzung des Trockenrasierers

Ganz wesentlich scheint die Werbung das Kaufverhalten beeinflußt zu haben, denn der Vormarsch des Trockenrasierers und der gleichzeitige Rückgang der Naßrasur steht offensichtlich in einer Beziehung zu den quantitativ unterschiedlichen Werbeanstrengungen der Produzenten. Zwischen 1962 und 1964 wurden in der Bundesrepublik 50 Millionen DM für Elektrorasierer-Werbung aufgewendet, hingegen betrug der Werbeaufwand für die Naßrasur mit lediglich 20 Millionen DM im selben Zeitraum weniger als die Hälfte. Im Jahre 1970 investierten die beiden Marktführer für Rasierklingen, Gillette und Wilkinson, 13 Millionen DM in die Werbung, während die drei führenden Trockenrasierer-Hersteller (Braun, Philips und Remington) im selben Jahr 25 Millionen DM für denselben Zweck ausgaben. Die Firma Braun schaltete allein im ersten Halbjahr 1968 10 854 Anzeigen in 750 Zeitungen und Zeitschriften mit einer Gesamtauflage von 151 Millionen Exemplaren. Dabei lagen die Werbemaßnahmen von Braun noch hinter denen der Konkurrenten, die sich zusätzlich des Mediums Fernsehen bedienten. Die vereinten Anstrengungen der Produzenten nahmen auch die Einzelhändler mit Wohlgefallen zur Kenntnis. »Der Trokkenrasierer«, stellten sie bereits 1958 befriedigt fest, »ist eines der glänzendsten Beispiele in der jüngeren Geschichte der Konsumgüter-Industrie dafür, wie man durch neue Geräte neuen Konsum schaffen kann, wie sich Wünsche wecken und geweckte Wünsche decken lassen und in welchen Größenordnungen sich eine solche Entwicklung bewegt.«[156] Dem Fachhandel war schon 1956 klar, daß für den Elektrorasierer zunächst »neue Bedürfnisse geweckt« werden mußten.[157] »Diesen vorhandenen Besitzwunsch zu fördern und zu wecken und ihn im Kaufakt zu realisieren, ist das Ziel einer umfassenden Werbung, die heute für den Trockenrasierer-Absatz läuft. Diese Werbung bedient

Dual-Elektrorasierer
Wie Dual nahmen alle Hersteller von Elektrogeräten in den fünfziger Jahren Trockenrasierer in ihr Programm auf – keiner konnte sich auf diesem Markt dauerhaft etablieren.
Deutschland, 1955

Begeistert erscheinen auch die Ehefrauen der fünfziger Jahre über den Fortschritt, den der Trockenrasierer gebracht hatte – das hier gezeichnete Frauenbild läßt kaum ein Klischee aus.
Das Beste aus Readers Digest 5/1958

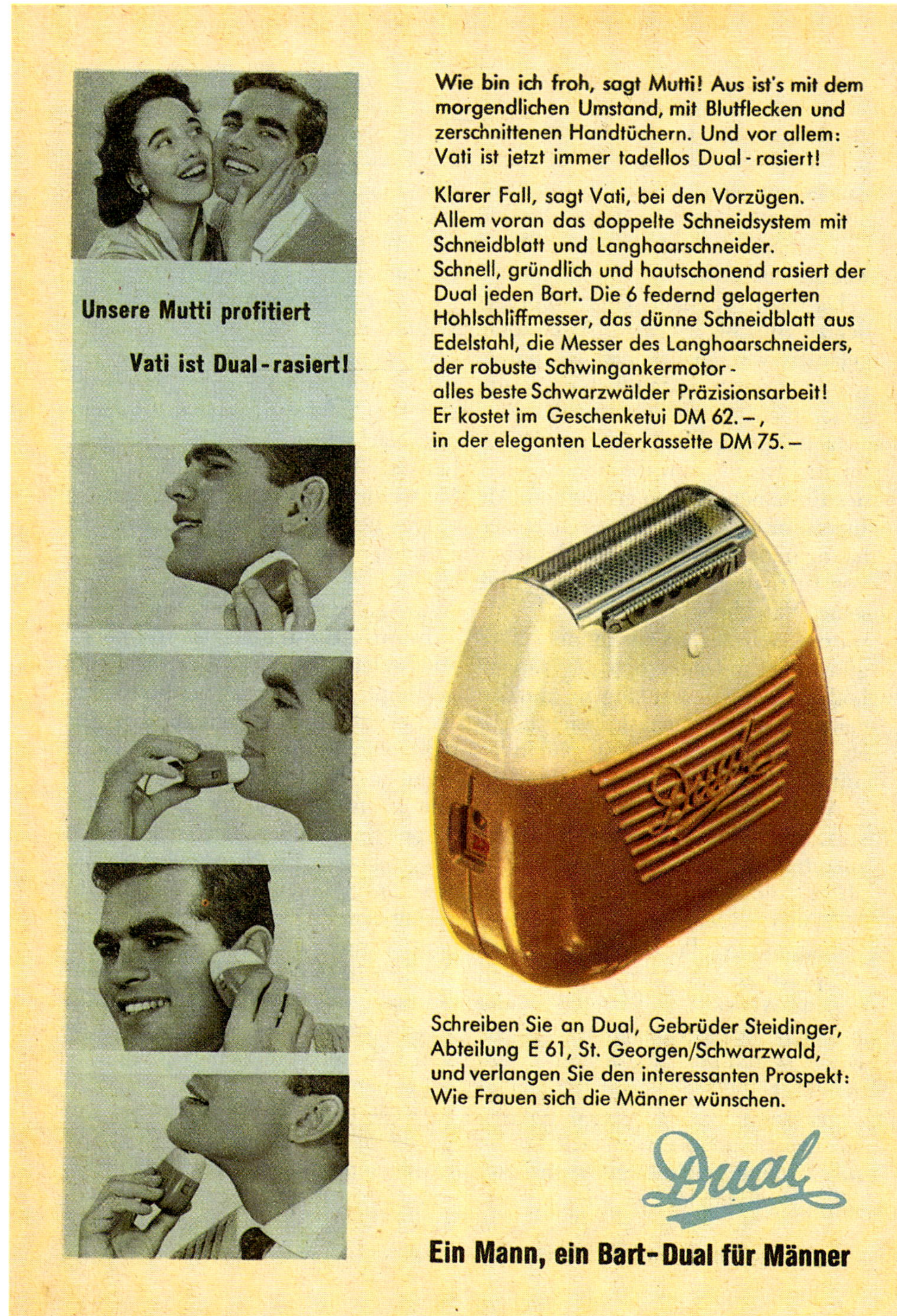

Unic »Type 54« ▷
Schweiz, 1952
W. Hasselmann, München

Sunbeam »Shavemaster« und ▷
»Shavemaster S«
USA, 1948 und 1952
Sammlung M. Kriegeskorte

sich aller nur denkbaren Ausdrucksformen und -möglichkeiten. Sie reicht von der Film- und Rundfunkwerbung über das Zeitungsinserat in neuartiger Form bis zu bebilderten, verkaufsfördernden Prospekten und Verpackungen.« Der Trockenrasierer »erfreut sich einer Werbe-Unterstützung wie wohl kein anderes Gerät des normalen Stahlwaren-Sortiments. Steigender Bedarf und Weckung dieses Bedarfs durch die Herstellerfirmen sind zwei Voraussetzungen für den geschäftlichen Erfolg des Fachhändlers.«[158]

Gegen die Anstrengungen der Elektrorasierer-Industrie nahmen sich die

Werbeaufwendungen der Rasierklingenhersteller mehr als bescheiden aus. Erst 1965 begann die Firma Wilkinson mit der Fernsehwerbung für ihre rostfreien Rasierklingen. Jedes Jahr diskutierten die Hersteller auf der Versammlung des Rasierklingen-Industrieverbandes über eine Gemeinschaftswerbung, begrüßten einmütig dieses Vorgehen, konnten sich dann jedoch nie über die Kostenverteilung einigen. Daraufhin scheiterte das Projekt, um im Jahr darauf erneut zur Diskussion zu stehen. Die Rasierklingenhersteller sahen im Trockenrasierer anfangs auch gar keinen ernsthaften Konkurrenten und fühlten sich daher nicht zu vermehrten Anstrengungen veranlaßt. Selbst als sich 1955 der rasante Bedeutungszuwachs des Elektrorasierers deutlich abzeichnete, »äußerten sich die meisten Experten dahingehend, daß die Naßrasur immer bleiben und durch das Trockenrasieren nur unwesentlich beeinträchtigt werden könne«.[159] Diese Fehleinschätzung wurde dadurch begünstigt, daß infolge der gestiegenen Kaufkraft die Rasierklingen nicht mehr so häufig benutzt und schon nach wenigen Rasuren weggeworfen wurden. So wuchs der Verbrauch von Rasierklingen, obwohl die Zahl ihrer Verwender stetig zurückging. Als schließlich die Mehrheit der Produzenten den »gefährlichen Konkurrenten, der namentlich bei der Jugend Anklang findet«, erkannten, war es bereits zu spät: »Jedenfalls sieht sich die Rasierklingen-Industrie außerstande, wirksame Propaganda gegen den elektrischen Rasierapparat zu machen.«[160]

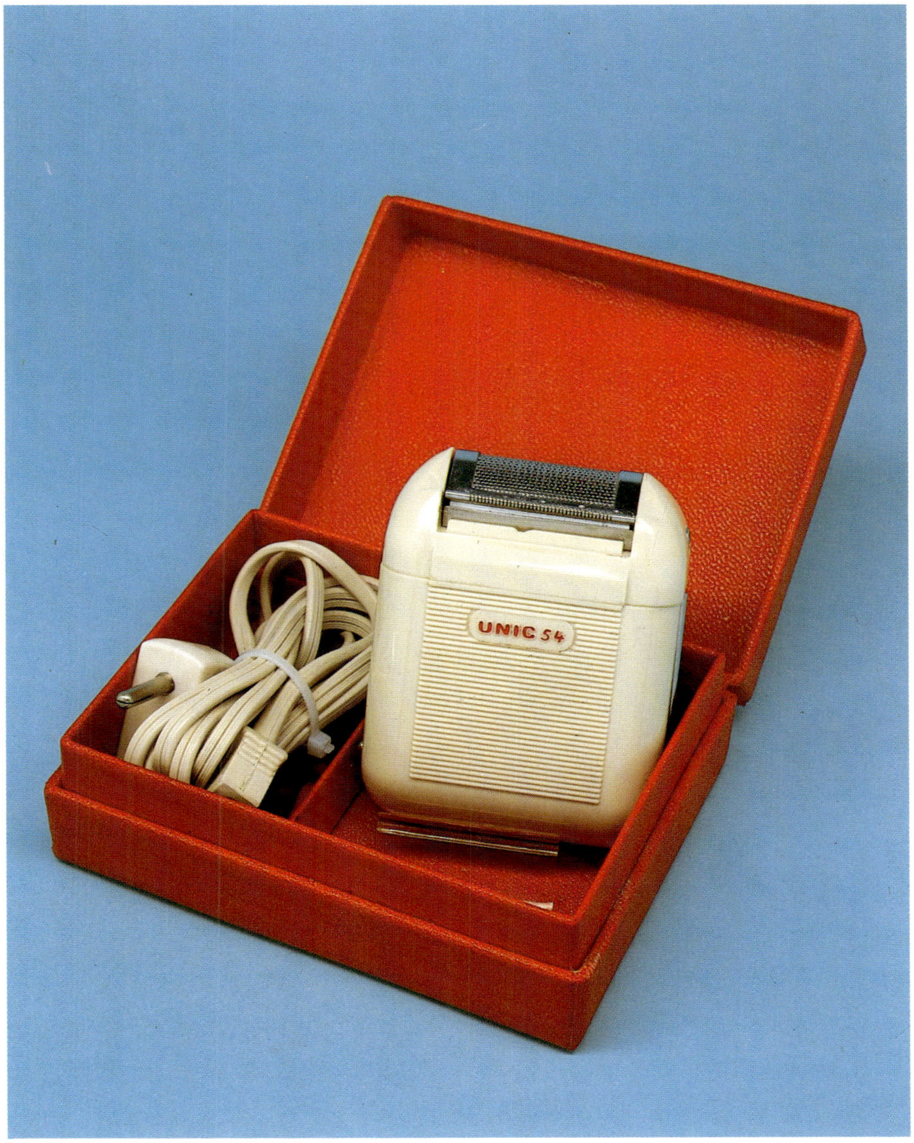

Auch der Marktführer Gillette reduzierte seine Werbeaufwendungen in Deutschland, was der Konzern rückblickend als einen der Gründe für den Rückgang der Naßrasur wertete. Die für das Europageschäft verantwortliche Filiale von Gillette kürzte ohne Rücksicht auf langfristige Wirkungen die Werbeausgaben, um den Gewinn zu erhöhen. Daneben schrieb Gillette den Erfolg des Elektrorasierers in Europa der Tatsache zu, daß im größten Teil Europas die Versorgung der Haushalte mit billigem Hausstrom weiter fortgeschritten sei als die Ausstattung der Badezimmer mit fließendem warmen Wasser. Darüber hinaus glaubte man, daß die niedrigere relative Luftfeuchtigkeit im Sommer in Europa das Trockenrasieren angenehmer machen würde als im feuchten New York.

Die Werbung in den Zeitungen und Zeitschriften für Elektrorasierer in den fünfziger und sechziger Jahren zeichnete ein hoher Textanteil aus. Ausführlich wurden die technischen Einzelheiten und Vorzüge des verwendeten Schersystems geschildert und mit schematischen Darstellungen illustriert. Die Werbung war – im Gegensatz zu der späterer Jahre – mehr auf Argumentation und Überzeugung ausgerichtet. Bis weit in die sechziger Jahre hinein war in der Werbung für Elektrorasierer die Naßrasur der Maßstab, mit dem die Leistungen der Trockenrasierer verglichen wurden. In Slogans wie »Ein Rasiersystem mit dem Schereffekt der Naßrasur« oder »Jetzt gibt es einen Elektrorasierer, der so glatt rasiert wie Großvaters Rasiermesser« zeigt sich das Bemühen, die Elektrorasur als der Naßrasur ebenbürtig darzustellen.[161]

Als charakteristisch für die Film- und Fernsehwerbung darf eine Staffel von Werbefilmen gelten, die die Firma Remington im Jahre 1960 im damals noch neuen Medium Fernsehen ausstrahlen ließ. »Mit der Rollectric-Fernsehwerbung werden Käufer verschiedener Altersgruppen und Altersschichten angesprochen«, hieß es zu den Werbespots. »Wünsche nach einem Rollectric in vielen Männern zu wecken – dazu trägt die Remington Fernsehwerbung bei.«[162] In den vier verschiedenen Werbespots trat jeweils ein Mann – Mitte Zwanzig, Mitte Dreißig, Ende Vierzig oder Anfang Sechzig – im heimischen Badezimmer auf, begleitet von seiner Gattin, die angesichts des tadellosen Rasierergebnisses beglückt strahlte. Modellhaft sollten sie Menschen in gleicher Lebenssituation ansprechen. Die Rolle des Mannes Anfang Vierzig wurde zum Beispiel so beschrieben: »Sympathisch, ruhig, ein Mann, der Entscheidungen trifft und Verantwortung trägt. Männer dieses Typs sind Vorbilder in der Gesellschaft. Daß sich dieser Mann mit einem Remington Rollectric rasiert, wird für manchen Käufer beim Entschluß, sich auch einen Rollectric zu kaufen, mitbestimmend sein.«[163]

Besondere Bedeutung kam der Tatsache zu, daß ein Großteil der Geräte gar nicht von den Männern selbst erstanden, sondern an sie verschenkt wurde. »An sich kommt es selten vor, daß ein täglicher Gebrauchsartikel erst über die Form als ›Geschenkartikel‹ tatsächlich zu einem Gebrauchsgegen-

◁
Zu spät merkte Sunbeam, daß seine mechanisch aufwendigen Geräte nicht mehr konkurrenzfähig waren – trotz des späten Schwenks auf das Scherkammsystem sollte das Traditionsunternehmen bald vom Markt verschwinden.
Kristall 3/1959

Dieses Wortspiel Paul Hörbigers stammt wohl eher aus der Philips-Werbeabteilung – die meisten Deutschen waren 1956 auch ohne Trockenrasierer ganz gut rasiert.
Neue Illustrierte 44/1956

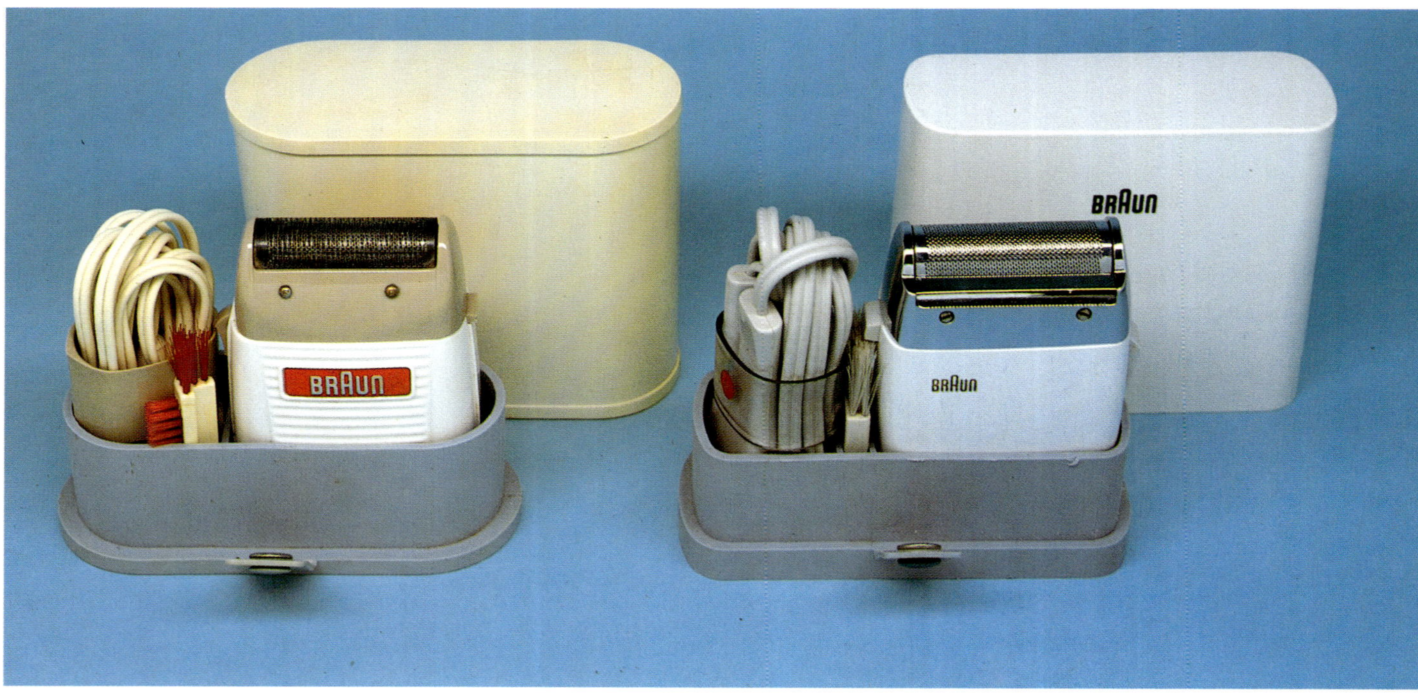

Braun »300 spezial« und Braun »SM 3«
Deutschland, 1955 und 1960
Sammlung M. Kriegeskorte

Die rauhen Zeiten sind vorüber – bald sollte die Naßrasur mit den teflonbeschichteten Klingen wieder Boden gut machen.
Das Beste aus Readers Digest 8/1956 ▷

stand wurde. Aber für den Trockenrasierer würde dies zutreffen.«[164] Im Jahre 1956 wurden mehr als 40 Prozent der Geräte von Frauen gekauft; diese Quote ist bis heute unverändert geblieben. Hersteller und Händler richteten sich auf diese Kundschaft ein – die Frauen wurden zum Ziel besonderer Werbeanstrengungen. Dies betraf sowohl die direkte Werbung, wie Schaufenstergestaltung oder Werbespots im Fernsehen, als auch die Gestaltung der Rasierer und ihrer Etuis, die man vor der Fertigung hinsichtlich ihrer Farbgebung und Ausstattung von Verkaufspsychologen auf ihre Wirkung testen ließ. »Denn überall dort, wo er unter dem Lichterbaum auf dem Geschenktisch lag, da weckte er Besitzwünsche bei all denen, die bisher noch die Naßrasur bevorzugten. … Der Trockenrasierer hat sich den Rang eines repräsentativen Herrengeschenks erworben, und 1957 waren es rund 40% Frauen, die als Käufer für den Trockenrasierer in den bundesdeutschen Geschäften erschienen – Frauen, die ihre Männer mit dem technischen Fortschritt beglückten.«[165] Bis heute werden 40 Prozent aller Trockenrasierer im letzten Quartal des Jahres – also im Weihnachtsgeschäft – verkauft.

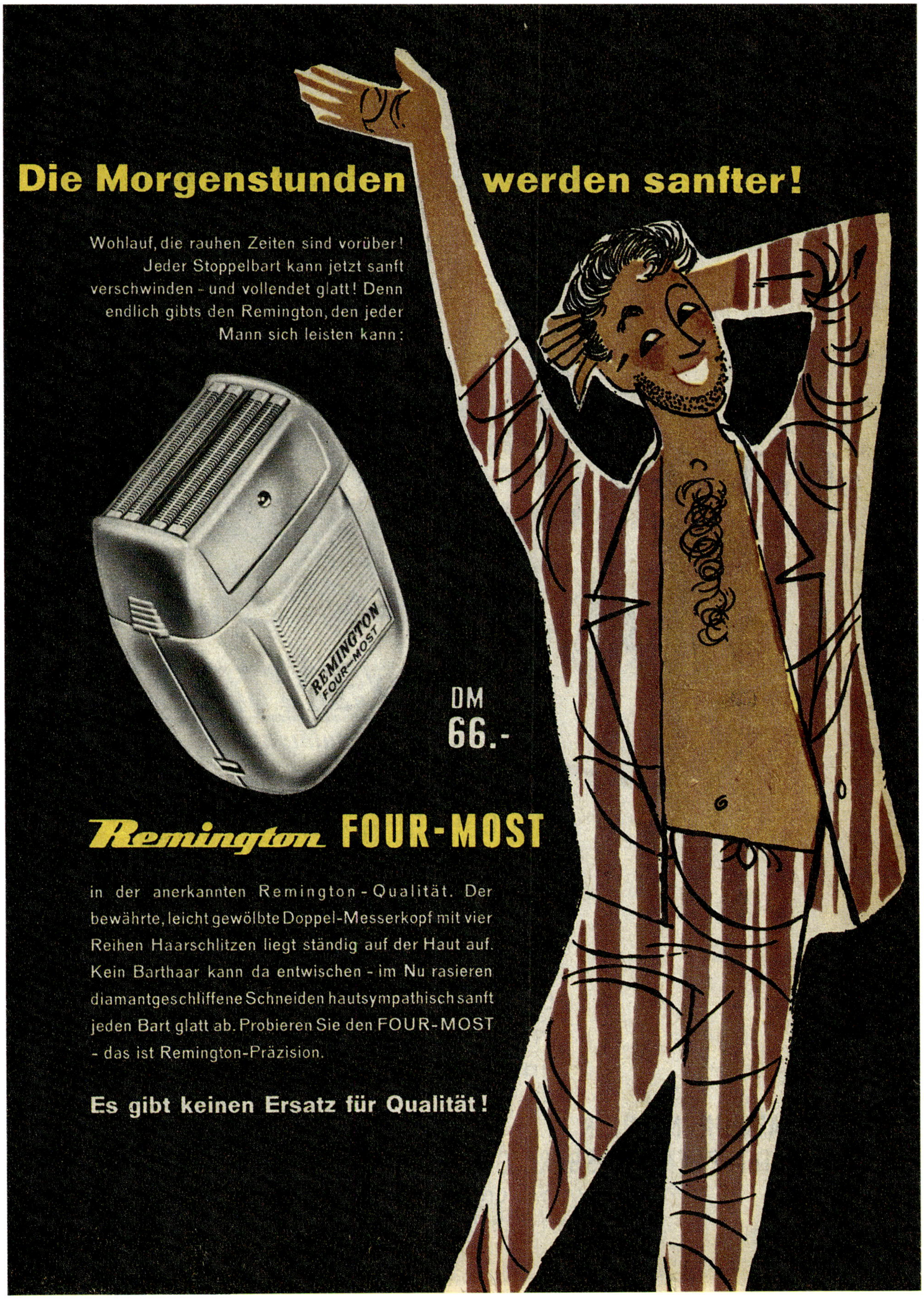
Die Morgenstunden werden sanfter!
Wohlauf, die rauhen Zeiten sind vorüber! Jeder Stoppelbart kann jetzt sanft verschwinden - und vollendet glatt! Denn endlich gibts den Remington, den jeder Mann sich leisten kann:
REMINGTON FOUR-MOST
DM 66.-
Remington FOUR-MOST
in der anerkannten Remington-Qualität. Der bewährte, leicht gewölbte Doppel-Messerkopf mit vier Reihen Haarschlitzen liegt ständig auf der Haut auf. Kein Barthaar kann da entwischen - im Nu rasieren diamantgeschliffene Schneiden hautsympathisch sanft jeden Bart glatt ab. Probieren Sie den FOUR-MOST - das ist Remington-Präzision.
Es gibt keinen Ersatz für Qualität!

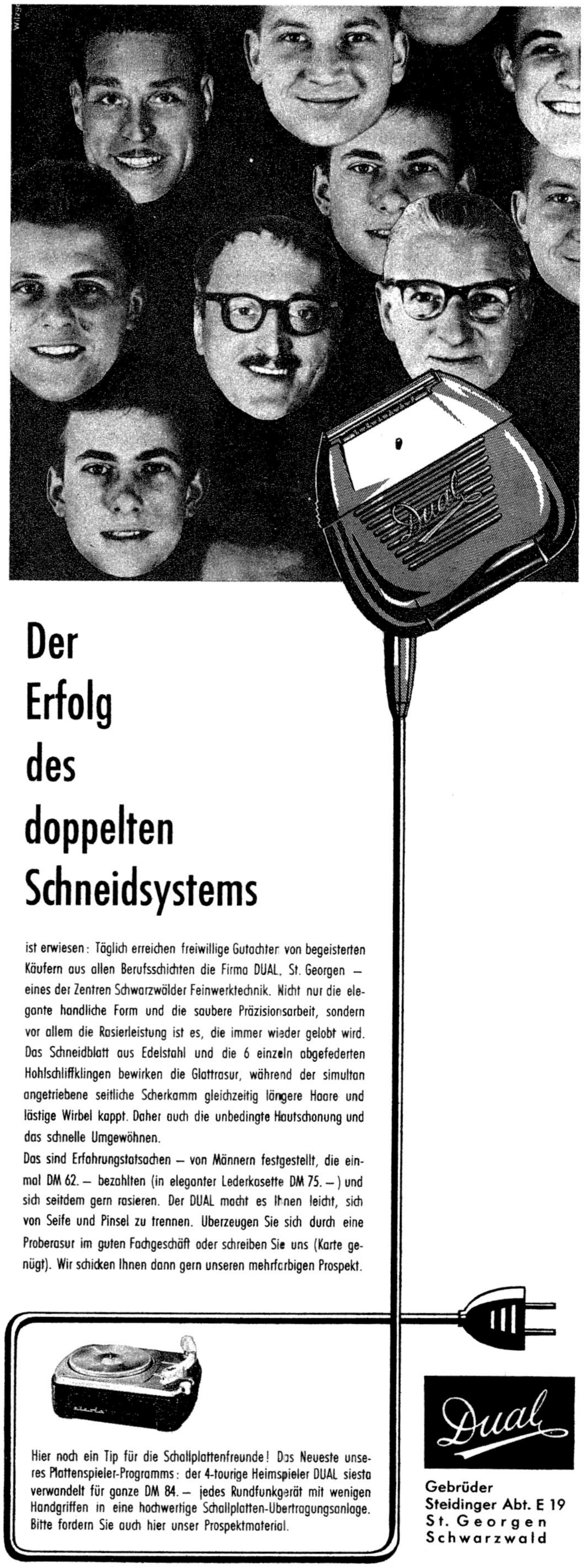

Aus dem Dunkel heraustretend, scheint eine unüberschaubare Zahl von Männern sehr zufrieden mit Duals doppeltem Schneidsystem – es sollte nicht mehr lange am Markt bleiben.
Das Schönste 4/1957

Schick »20« ▷
USA, 1950
W. Hasselmann, München

»Der Trockenrasierer – Symbol des Fortschritts«[166]

Die Hersteller waren bemüht, den Trockenrasierer als modern und fortschrittlich darzustellen. Dies galt bereits bei der Markteinführung der ersten Trockenrasierapparate im Jahre 1950. »Der Trockenrasierer ist nicht irgendeine modische Neuheit, die keine Vorteile bringt, sondern eine Errungenschaft des technischen Fortschritts«[167], wurde ebenso behauptet wie, daß »zum Lebensstil des modernen Menschen, der den Komfort liebt, weil er ihm das Leben angenehmer und leichter macht«, einfach der Trokkenrasierer gehöre.[168] In Artikelüberschriften der Fachzeitschriften wie »Trockenrasierer – Symbol des Fortschritts« fand diese Auffassung ihren Ausdruck.[169] Besondere Bedeutung kam Ländern wie den Vereinigten Staaten oder der Schweiz zu, deren Vorbild es nachzuahmen galt, denn »Trockenrasierer sind heute fast ein Gradmesser für die Lebenshaltung eines Volkes«.[170]

Dabei manipulierten die Hersteller die Zahlen über die Verbreitung des Elektrorasierers massiv, um Verbrauchern und Einzelhändlern eine wachsende Beliebtheit des Konsumartikels in diesen Ländern vorzugaukeln. »In anderen Ländern, wie z. B. der Schweiz, rasiert man sich heute fast ausschließlich elektrisch«, wurde 1950 in der Zeitschrift »Messer & Schere« behauptet, während man noch wenige Wochen zuvor angegeben hatte, nur 23 Prozent aller Schweizer würden sich elektrisch rasieren.[171] Insbesondere das Zahlenmaterial für die Vereinigten Staaten ist systematisch immer

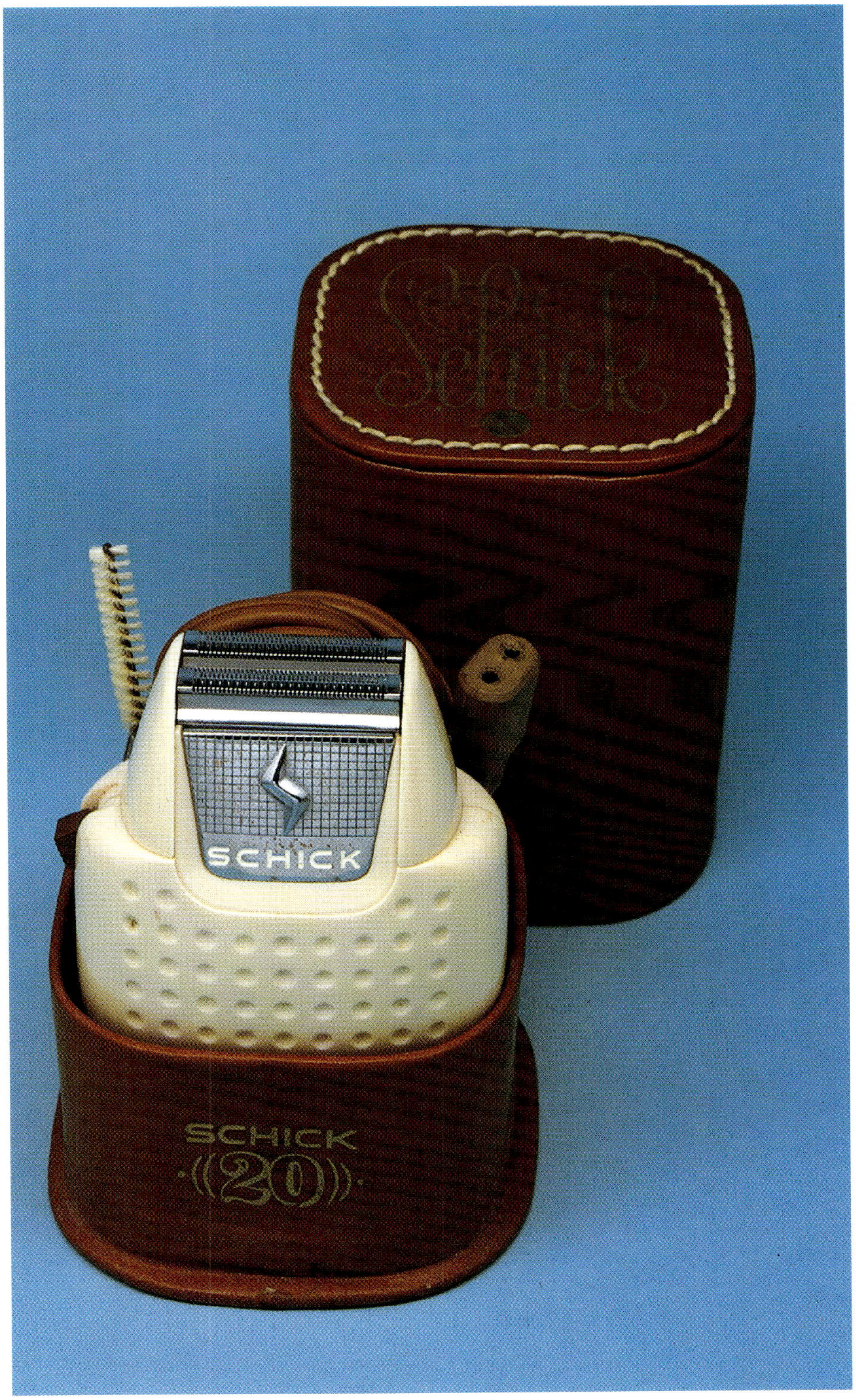

▷
Kombinationsgeräte, die verschiedene Scherköpfe vereinigten, blieben wie der Siemens-Tandemschnitt erfolglos: Die verschiedenen Schersysteme erfordern beim Rasieren jeweils eine andere Technik.
Merian 4/1958

wieder verfälscht worden, um mit einer wachsenden Verbreitung des Elektrorasierers bis auf über 73 Prozent den Einzelhändlern rosige Geschäftsaussichten zu vermitteln – reine Phantasie angesichts einer nie über 25 Prozent hinausgehenden Beliebtheit des Elektrorasierers in den USA: »Wenn man vom Fortschritt in den USA spricht, nennt man neben dem Kühlschrank, der fast in jeder Küche steht, auch den Trokkenrasierapparat, der ein Gerät des modernen Mannes sein soll.«[172] Das »moderne Image« sollte das Trockenrasieren für die »Männer von heute« attraktiv machen.[173] Dieser Nimbus von Fortschrittlichkeit fand auch in der Bezeichnung »Elektrorasierer« seinen Ausdruck. »Ganz bewußt«, hieß es, »wurde die Bezeichnung Elektrorasur gewählt, weil diese Bezeichnung das moderne Image dieser Rasiermethode ausstrahlt, wohingegen der Begriff ›trocken‹ in Verbindung mit Rasur schnell an Hautschäden erinnert, die es dabei gar nicht gibt.«[174] Das Wort »Elektrorasierer« tauchte vor 1957 im Sprachgebrauch überhaupt nicht auf und setzte sich erst im Verlauf der späten sechziger Jahre gegen die lange Zeit vorherrschende Bezeichnung »Trockenrasierer« durch. Zuvor war mit dem Begriff »Rasierapparat« stets der Naßrasierer bezeichnet worden. Mit Wortschöpfungen wie »Feuchtrasur« versuchte man, die alte von der neuen Technik abzugrenzen.

Bei der Modernität, die der Trockenrasierer ausstrahlen sollte, spielte die Faszination, die die Technik ausübte, eine tragende Rolle und wurde geschickt in das Werbekonzept der Hersteller eingebunden. Den Fachhändlern wurde empfohlen, ihren Kunden zu zeigen, »welch prächtiges ›Spielzeug‹ für die doch immer technisch interessierten Herren ein solches Gerät ist«.[175] »Da die meisten Männer modern eingestellt sind und mit der Zeit gehen wollen, ist es außerdem ein Artikel, den ›man‹ unbedingt haben muß, um mitreden zu können. Außerdem ist der Trockenrasierer ein technischer Artikel, und das allein kann vielen Männern dieses Gerät angenehm machen«[176], hieß es in der Fachpresse. Angesichts der Naßrasiererhersteller, die in der Werbung mit Slogans wie »Altmodisch, aber sauber« und mit der Abbildung eines Naßrasierapparates vor einer Postkutsche zu kontern versuchten, ist es verständlich, daß der Naßrasur ein rückständiges Image anhaftete: Die Rasur wurde »nur noch von passionierten Selbstzerfleischern mit Wasser und Klinge ausgeführt, fortschrittlichere Menschen sind schon seit langem im Besitze elektrischer Apparate, die den Bartwuchs auf unblutige Weise hemmen.«[177]

Siebscherkopf
Kammscherkopf
SIEMENS
Siemens-Rasierer mit Tandemschnitt
Wer eine wirklich glatte Rasur wünscht, wird sich in den meisten Fällen doppelt rasieren müssen. Der Siemens-Rasierer mit dem Tandemschnitt jedoch sorgt in einem Zuge für eine hautschonende Feinrasur.
Beim Tandemsystem stutzt der Kammscherkopf das Barthaar auf eine Länge, die für die Feinarbeit des Siebscherkopfes besonders günstig ist. Ergebnis: die rasche hautschonende Feinrasur.
Der Siemens-Rasierer mit dem Tandemschnitt steht am Ende einer Entwicklung, die vor mehr als 30 Jahren begann. Bitte überzeugen Sie sich bei einer Proberasur in Ihrem Fachgeschäft, wie leicht und griffig das elegante Spitzengerät aus dem Hause Siemens in der Hand liegt.
118 DM
einschließlich Blankledertasche
SEH 63
SIEMENS-ELECTROGERÄTE AKTIENGESELLSCHAFT

Elektrisch rasiert, besser rasiert?

Der Elektrorasierer war in den fünfziger ▷ und sechziger Jahren eines der beliebtesten Weihnachtsgeschenke – 40 Prozent aller Geräte wurden von Frauen gekauft. Frankfurter Illustrierte 38/1959

Tschuschner »Rasetta«
Auch kleine Unternehmen versuchten am expandierenden Trockenrasierermarkt zu partizipieren – ohne längerfristigen Erfolg.
Deutschland, 1962
H. Waschkewitz, Hattingen

Eine Reihe in den sechziger Jahren angestellter dermatologischer Untersuchungen kam schließlich zu dem Ergebnis, daß die Elektrorasur nachweisbar weniger gründlich als die Naßrasur war, wenngleich man ihr attestierte, daß sie weniger Hautirritationen und Verletzungen hervorrufe. »Trotz gründlicher Trockenrasur wurde von keiner Versuchsperson und keinem Gerät der Effekt der Naßrasur erreicht«, stellte man fest. »Der Vorteil der elektrischen Rasur ist deshalb nicht in einem besseren Rasiereffekt zu suchen, sondern er besteht vielmehr in einer Zeitersparnis, größerer Bequemlichkeit und vor allem in einer größeren Schonung der Haut.«[178] Lediglich Männern mit besonders empfindlicher Haut, allergischen Reaktionen gegen Rasierseifen oder Hauterkrankungen wurde ausdrücklich die Verwendung eines Trockenrasierers empfohlen.

Die Hersteller von Trockenrasierapparaten führten gern medizinische Argumente an, um die Naßrasur in Mißkredit zu bringen. Dies geschah sowohl in Zeitungsinseraten, mehr noch aber in redaktionellen Artikeln, die – von Firmenmitarbeitern verfaßt – in der Presse lanciert wurden. Obgleich sie häufig von Medizinern geschrieben wurden, waren sie nur wenig seriös, oftmals geradezu grotesk. Der Naßrasur wurde unter anderem unterstellt, daß sie die Abwehrkräfte der Haut schwäche und es so »Bakterienströmen« ermögliche, in den Körper einzudringen und sich dort breitzumachen. »Schwere Nierengeschichten und sogar Herzschäden können daraus erwachsen«, lauteten die haltlosen Vorwürfe, sie könnten »sogar zum Tod führen«.[179] Auch indirekte Lebensgefährdungen bei der Naßrasur wurden den Verbrauchern suggeriert. Es wurde behauptet, daß der bei der Naßrasur zum Betupfen von Schnittwunden verwendete Alaun den Herzinfarkt fördere, da der Blutstiller zur Blutgerinnung führe. Die Elektrorasierer-Produzenten ließen es auch nicht aus, auf einige Todesfälle hinzuweisen, die durch Rasierpinsel verursacht worden sein sollen, deren

Jetzt kann Vati sich viel schneller, glatter und bequemer rasieren
Warum der neue Philips Männerwünsche aufs Beste erfüllt:
1. Der Philips rasiert den Bart sauber aus – ohne Zwicken, ohne Schaben, ohne Rötungen.
2. Der Philips kennt keinen rasselnden Lärm – er rasiert wohltuend ruhig, sicher und glatt.
3. Das bartgerechte Schersystem erfaßt alle Barthaare so, wie sie wirklich wachsen: kreuz und quer. Da gibt es keine rauhen Stellen mehr.
4. Die Scherkopf-Automatic sorgt jetzt für spielend leichte Reinigung.
Wirklicher Rasierkomfort
PHILIPS
Trockenrasierer
DM
59,-
mit Reise-Etui
DM 64,50
mit Geschenk-Etui
PHILIPS
PHILIPS
....nimm doch PHILIPS

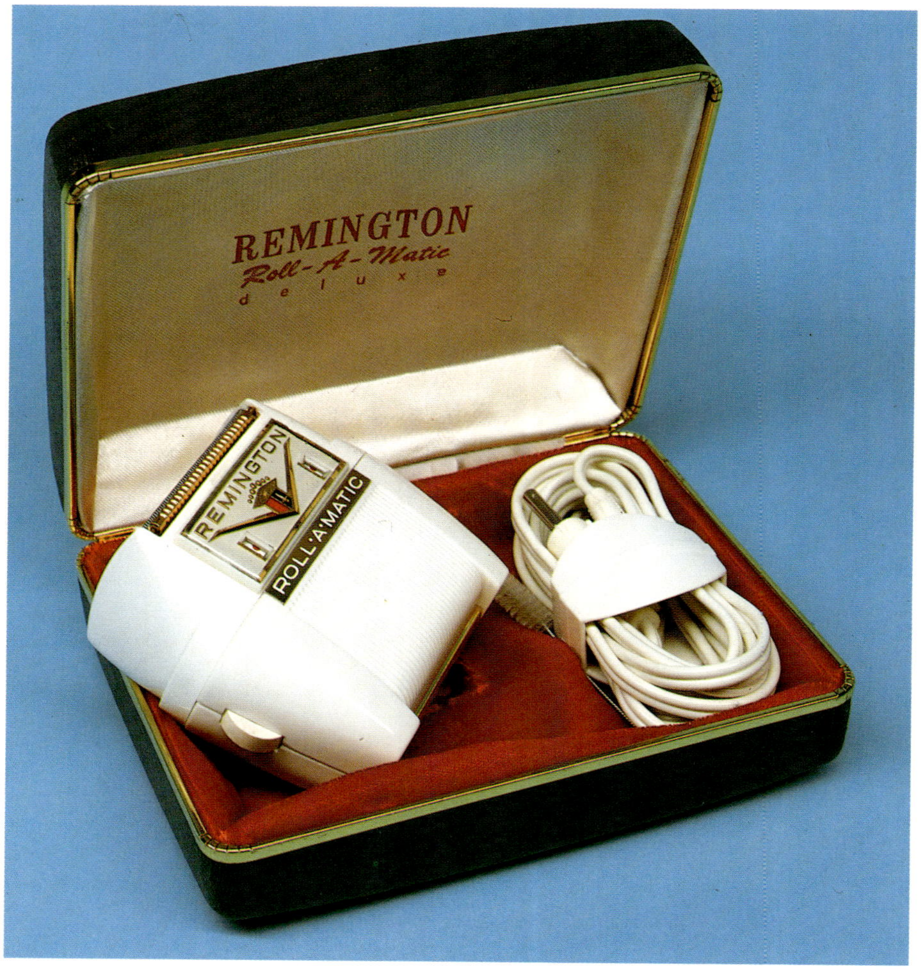

Schick »3-Speed« und »Varsity«
USA, 1962 und 1952
F. Gnegel, Münster/W. Hasselmann, München

Remington »Roll-A-matic de luxe«
Vom amerikanischen Publikumsgeschmack beeinflußt, prägen barocke Formen dieses Gerät.
USA, 1959
H. Waschkewitz, Hattingen

Borsten von Tieren stammten, die an Milzbrand erkrankt gewesen waren.

Diese schweren Geschütze schienen notwendig, denn daß man nach einer Elektrorasur nicht ganz so gründlich rasiert sei wie nach einer Naßrasur, hatte sich auch in Verbraucherkreisen herumgesprochen. Während die Hersteller in ihrer Werbung stets behaupteten, der Elektrorasierer sei ebenso gründlich wie die Naßrasur, waren die Fachzeitschriften, in denen die Einzelhändler mit Argumenten für die tägliche Verkaufspraxis versorgt wurden, sehr darum bemüht, die Bedeutung des Unterschiedes herunterzuspielen. In einer Art Umerziehungsprozeß sollte der Käufer an das schlechtere Rasierergebnis gewöhnt werden. »Eine gewisse Umgewöhnung ist notwendig, vor allem auch muß man eine andere Ansicht von der glatten Rasur bekommen, dann hat man die Vorzüge des elektrischen Rasierapparates auch schon erkannt.« So einfach war das. »Auch heute wird man sagen müssen, daß eine glatte Rasur, wie sie mit einer guten Rasierklinge erreicht wird, mit einem elektrischen Rasierapparat bis heute nicht zu erreichen ist, aber die Vorteile und die Bequemlichkeit beim elektrischen Rasieren sind doch so groß, daß man auf die Glätte verzichten kann. Die Glätte kann man nämlich nur fühlen und nicht sehen, und wer sich daran gewöhnt hat, daß die Glätte, die mit dem elektrischen Rasierapparat erreicht wird, hinreicht, und wer dann – wenn er abends ausgeht – sich noch einmal kurz überrasiert, wobei er den Kragen gar nicht abzu-

Selbst in den sechziger Jahren war die Naßrasur noch der Maßstab, an dem sich der Elektrorasierer in puncto Gründlichkeit messen lassen mußte.
Funk- und Fernsehillustrierte 6/1963

nehmen braucht, der hat alle Bequemlichkeit und ist gut rasiert.«[180] An anderer Stelle hieß es zum Elektrorasierer: »Spiegelglatt, das gibt es sowieso nicht, aber das ist ja auch nicht der Sinn des Rasierens. Man muß sich also den Affenfex abgewöhnen.«[181] Und: »Wer sich mit dem Trockenrasierer zufrieden gibt, verzichtet auf die Spiegelglätte, die mit einer guten Rasierklinge erreicht wird. Wozu dient diese Spiegelglätte? Sie ist zu nichts nutze! Sie sieht nicht einmal gut aus. Glatt ist der Trockenrasierer unbedingt, aber es ist eine andere Glätte, als sie der Naßrasierer gewohnt ist. Man muß sich umgewöhnen.«[182]

Eine »Gewöhnung« an die Rasierleistung der Elektrorasierer war auch notwendig, denn die bis zum Beginn der sechziger Jahre immer wieder lautgewordenen Klagen über die mangelhafte Leistung der Elektrorasierer waren durchaus berechtigt. Selbst der Handel mußte einräumen, »daß bis heute kein Trockenrasierer jedermann voll befriedigen kann« und daß es zahlreiche Fabrikate gab, »die in ihrer Leistung schlecht sind, und die den Trockenrasierer in Mißkredit bringen müssen«.[183] Diese Klagen bezogen sich nicht nur auf die Funktionstüchtigkeit, sondern auch auf die Lebensdauer der Geräte. So blieb selbst Anfang der sechziger Jahre nur die Hoffnung, daß »man in Zukunft dem idealen Shaver, der sowohl hautschonend völlig glatt, wie auch schnell rasiert, näher kommen« könnte.[184]

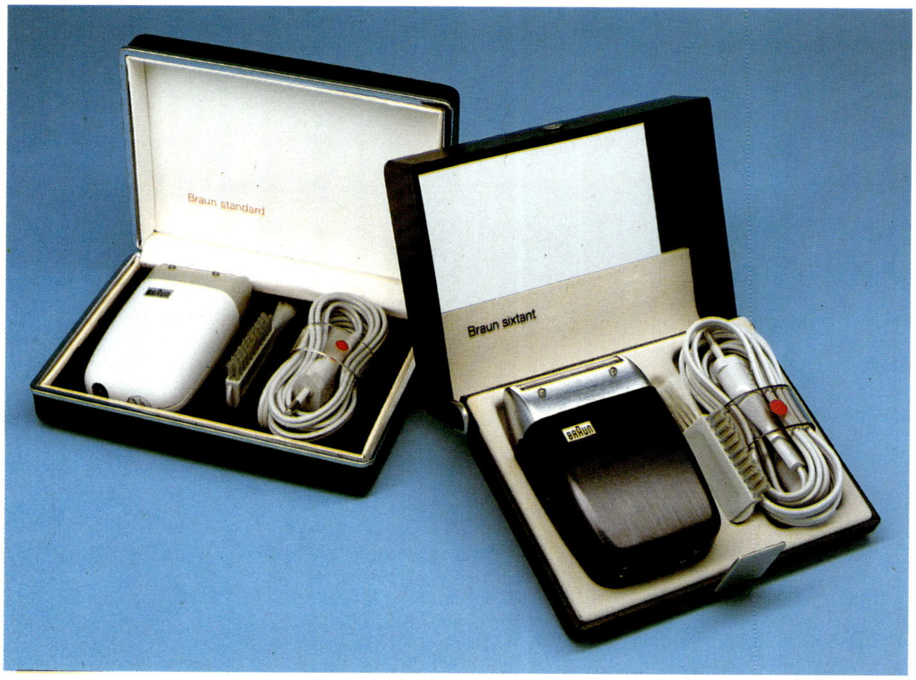

Braun »standard 3« und »sixtant«
»Gutes Design ist sowenig Design wie möglich« – dieser Grundsatz des Braun-Designers Dieter Rams prägte auch die sachliche Form der Rasierer.
Deutschland, 1958/62 und 1962
H. Waschkewitz, Hattingen

Natürlich hatte der Elektrorasierer auch eine Reihe von Vorteilen: »Mit dem Trockenrasierer wird man nicht ganz so glatt und schon gar nicht blank. Allerdings braucht das blanke Aussehen auch kein Vorteil zu sein, aber die Bequemlichkeit, sich ohne Wasser und Seife rasieren zu können und die Haut nicht zu spannen, nicht anzustrengen, das sind Vorteile, die sehr wesentlich sein können.«[185] Die Produzenten stellten sich in ihrer Werbung darauf ein. Nahezu identisch waren die Slogans: Siemens versprach eine »schnelle, glatte und hautschonende Rasur«, während Tschuschner eine »schnelle, jedoch vollkommen reizlose Rasur« und die »spielende Ausrasur auch des härtesten Bartes« zusicherte. Der Conex »Multi-Ras« verhieß eine »hautglatte, messerscharfe Rasur ohne jede Hautreizung«, und Distler warb mit »einer klingenscharfen Rasur bei schonendster Behandlung selbst der empfindlichsten Haut«, Accura bürgte für eine »sanfte, hautschonende und dennoch tiefgehende Rasur unmittelbar in Hautnähe«. Der elektrische Rasierapparat galt als besonders bequem, da er die Verwendung von Rasierpinsel und Seife, das Schaumschlagen mit heißem Wasser und das zeitraubende Reinigen des Rasierapparates sowie das Trocknen der Klinge überflüssig machte. Die »täglichen Anstrengungen« der Naßrasur gerieten in den Augen der Propagandisten für die Elektrorasur zur scheinbar nur schwer erträglichen Mühsal. »Die Vorzüge des Trockenrasierers sind heute schon allgemein bekannt. Unabhängig von warmem Wasser, Seife, Pinsel und Spiegel kann man sich damit in wesentlich kürzerer Zeit auf bequemste Weise und unblutig rasieren. Man kann dabei sogar Zeitung lesen oder aber, das ist der Gipfel der Bequemlichkeit, das Rasieren vor dem Aufstehen im Bett erledigen! Und wenn man am Abend in Gesellschaft gehen und darum sich noch einmal schnell vorher rasieren will: Wie umständlich, wenn dies mit Wasser und Seife geschehen muß, wie elegant dagegen, fix und fertig angezogen, mit wenigen Strichen des Trockenrasierers, ohne daß die Gefahr besteht, daß der Kragen mit Blut befleckt wird!«[186] Als außerordentlicher Komfort wurde die Möglichkeit gefeiert, sich noch vor dem Aufstehen im Bett rasieren zu können – für die Männer des Wiederaufbaus offenbar der Gipfel des Luxuriösen: »Sind Sie nicht auch der Meinung, daß es wunderbar ist, im Bett liegend doch die Gewißheit zu haben, man täte etwas Nützliches? Ja, aber das ist nur möglich, wenn Sie sich elektrisch rasieren, was würde es sonst wohl für ein Wasserspiel geben. So ist der Mann mit dem Trockenrasierer sehr bevorteilt: Während seiner Rasur braucht er sich nicht aufzuregen über zu warmes oder zu kaltes Wasser. Er ruht sich beim Rasieren herrlich aus, entweder im Bett oder gemütlich im bequemen Sessel. Das alles kennt der arme Mann nicht, der sich noch nach altbewährter Weise mit einem Sicherheitsrasiermesser abkratzt.«[187]

Wichtiges und immer wiederkehrendes Argument für den Elektrorasierer war die Zeitersparnis bei der Rasur. So wurde mit der Behauptung »In 60 Sekunden gut rasiert!« für den Remington »60« geworben. Brauchte doch der Trockenrasierer »viel weniger Zeit als der Naßrasierer, wenn er das neue Gerät genügend beherrscht. Die Arbeit mit der Klinge im Sicherheitsrasierapparat machte eine vorhergehende zeitraubende Barterweichung durch Einseifen der Haut mit Wasser, Seife und Rasierpinsel erforderlich«, hieß es. »Diese langwierige Vorarbeit fällt bei der modernen Rasiermethode völlig fort. Das neue Elektrorasiergerät ist stets gebrauchsfertig. Mit der Rasur kann zu jeder Zeit ohne langwierige Vorbereitungszeit begonnen werden.«[188] Braun rechnete vor, daß man mit dem Trockenrasierer zusammengenommen im Jahr rund 60 Stunden Rasierzeit einsparen könne. Es trifft zwar zu, daß für eine Trockenrasur nur etwa die Hälfte der für eine Naßrasur benötigten Zeit aufgewandt werden mußte, jedoch gingen die Angaben der Hersteller weit über die tatsächlich erzielbare Zeitersparnis hinaus. »Was die Rasierzeit anbetrifft, so hüte man sich vor Übertreibungen«, wurden die Händler in der Fachpresse gewarnt. »In einer Minute mag das Gröbste eines Bartes so weit entfernt sein, daß man für kurze Zeit rasiert aussieht.«[189]

Immer wieder wurde auch auf die Möglichkeit hingewiesen, sich ohne weitere Vorbereitung zwischendurch – etwa am Nachmittag – nochmals rasieren zu können. Das war angesichts der Qualität der meisten Geräte in den fünfziger Jahren auch durchaus notwendig. Andererseits hatten sich durch

»Rotoblade«
Immer wieder gab es auch abwegige Konstruktionen: Unter der zylindrischen Scherfolie drehten sich zwei gewöhnliche Rasierklingen.
Schweiz, 1957
W. Hasselmann, München

Hmm...
Ob ihm dieser neue Remington gefallen würde?
Der mit dem Rad?
Der Remington Selectric ist der einzige Rasierer mit Selector-Rad. Damit kann jeder Mann seine gesichts-gerechte Rasur selbst wählen. Wie funktioniert das?
Ein Drehen am Rad hebt oder senkt den Scherkopf millimeterweise. Mit 5 verschiedenen Stellungen (1—5) paßt er sich allen Winkeln, Vertiefungen, Wölbungen des Gesichts an. So rasiert er überall glatt, ohne jede Hautreizung. Das ist gesichts-gerechte Rasur, wie es sie so bisher nicht gab.
Außerdem hat der Selectric einen voll eingebauten Langhaarschneider (Scherkopf-Position 5) und ist genial einfach zu reinigen (Position 6).
Wenn Sie nie gewagt haben, einen Rasierer als Geschenk zu kaufen ... bei diesem können Sie's unbesorgt tun. Wieso? Weil mit diesem Rasierer jeder Mann seine gesichts-gerechte Rasur selbst wählen kann.
Dufte!
REMINGTON
REMINGTON
SELECTRIC® 79,-

den Elektrorasierer auch die Rasiergewohnheiten der bundesdeutschen Männer grundsätzlich geändert. »Am Nachmittag kann man – auch wenn man bereits in Hut und Mantel ist – noch einmal kurz mit dem Trockenrasierer über die Backen fahren. So wie die Frau kurz vorm Weggehen oder vor einem Besuch sich pudert und die Lippenfarbe nachzieht, so kann man es auch mit dem Trockenrasierer machen. Man braucht dazu kein Badezimmer und keinen besonderen Platz und braucht sich auch nicht frei zu machen.«[190]

Neben den dürftigen Rasierergebnissen war es bis zum Beginn der sechziger Jahre nicht selten die Angst vor einem raschen Stromtod bei seiner Benutzung, die dem Image des Elektrorasierers schadete. »Die weitverbreitete Angst, beim elektrischen Rasieren elektrische Stromschläge zu bekommen, ist zumindest bei Remington-Rasierern vollkommen unbegründet«, beruhigte der amerikanische Hersteller seine Kunden.[191] Andere trugen diesbezüglichen Ängsten mit Hinweisen auf »doppelte Schutzisolation« Rechnung, die »mehrfache Sicherheit gegen Berührung spannungsführender Teile« gewährleisten und den Gebrauch in feuchten Räumen gefahrlos gestalten sollte.[192] Diese Ängste entstanden vereinzelt aus der Unkenntnis der stromisolierenden Eigenschaften der Kunststoffe. Jenen, die den Versprechungen der Hersteller nicht trauen mochten, wurden besondere Schutzmaßnahmen empfohlen. »Badestuben haben vielfach Steinfußboden oder Zementfußboden, die besonders gefährlich sein können. Es ist also auf jeden Fall besser, daß man sich beim Arbeiten mit dem elektrischen Rasierapparat eine Gummimatte unterlegt«, lautete einer der im Ernstfall wenig hilfreichen Vorschläge.[193] Daneben galt es aber noch andere Hindernisse zu überwinden: Zwar gab es überall warmes Wasser für die Naßrasur, aber »kaum eines der modernen Badezimmer enthält eine Steckdose. Also rasierte sich der Herr Gemahl morgens in der Küche, im Schlafzimmer oder sonst wo immer, nur nicht im Bad. Nicht selten hört man selbst unter Fachleuten die Meinung: ›Ein Stecker im Bad ist verboten‹.«[194] Besonders ängstlichen Gemütern wurde daher die Anschaffung von Trenntransformatoren empfohlen: »Sollten gelegentlich trotzdem Bedenken bei der Verwendung im Bad bestehen, so gibt es heute besondere Rasiersteckdosen. Hier trennt ein Schutztransformator mit zwei gesonderten Wicklungen Netz- und Rasiererseite zuverlässig voneinander.«[195]

◁
Technische Spielereien wie die höhenverstellbaren Rasierköpfe des Remington »Selectric« brachten keinen wirklichen Qualitätsfortschritt – so schnell wie sie kamen, verschwanden diese »Verbesserungen« auch wieder.
Das Beste aus Readers Digest 12/1966

Die Naßrasur holt auf

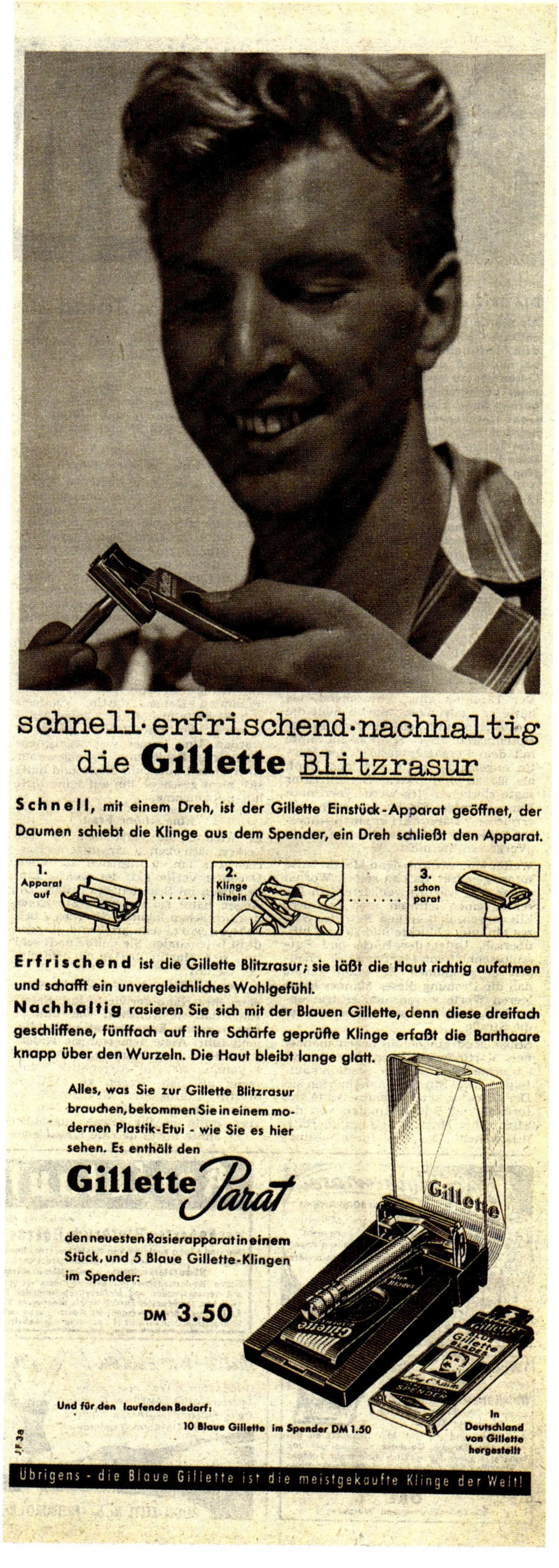

Mit verbesserten Konstruktionen wollte Gillette den Zeitnachteil der Naßrasur kompensieren – mit der »Blitzrasur« gelang dies aber nur im Sekundenbereich.
Funk- und Fernsehillustrierte 14/1957

▷
Mit der teflonbeschichteten Rasierklinge war die Naßrasur sanfter geworden – die Systemrasierer mit ihren in Kunststoff eingegossenen Klingen erleichterten die Handhabung.
Auto Motor und Sport 5/1972

Im Verlauf der fünfziger und sechziger Jahre konnte die Naßrasur gegenüber dem Elektrorasierer Terrain gutmachen. Im Jahre 1954 wurde Rasierschaum in Sprühdosen mit Treibgas auf den Markt gebracht. Diese machten das Schaumschlagen mittels Stückseife oder Rasiercreme und Rasierpinsel überflüssig, auch warmes Wasser war nicht mehr unbedingt notwendig. Dadurch schrumpfte der Zeitvorteil der trockenen Rasur zusammen, wenngleich der Naßrasierapparat nach jeder Benutzung immer noch zerlegt, gründlich gereinigt und die Klinge sorgfältig getrocknet werden mußte. Denn die aus Kohlenstoffstahl gefertigten Rasierklingen waren stark rostanfällig. Zwar hatte es bereits vor dem Zweiten Weltkrieg Versuche gegeben, Rasierklingen aus rostfreiem Stahl herzustellen, doch diese waren weder besonders schneidfähig noch besonders schnitthaltig. Mit der Tiefkühlhärtung der Klingen – dem Abkühlen der Klingen während des Härtens auf -80 Grad Celsius – wurde das Problem der Schnitthaltigkeit in den fünfziger Jahren gelöst, die auf diese Weise hergestellten Klingen waren teuer und für die breite Masse der Verwender zunächst kaum erschwinglich. Zudem war der Nachteil der rostfreien Klingen, im Gegensatz zu den rostenden Kohlenstoff-Klingen nicht ausreichend schnittfähig zu sein, noch nicht gänzlich behoben, sie rasierten noch zu rauh und verursachten Hautreizungen. Die im Jahre 1961 entwickelte Beschichtung der Rasierklingen mit Teflon glich mikroskopisch kleine Fehler der Klin-

Der Gillette®
GII TANDEM® Effekt
und hier sein Prinzip:
Schneide 1
zieht das Barthaar –
wie jede gute Klinge – etwas
heraus. Etwas mehr ...
... als sie dann abschneidet.
Das ist normalgründlich.
Danach will sich der Haarrest
wieder zurückziehen. Doch ...
... Schneide 2 des Gillette
G II Tandem ist schneller und
schneidet noch mehr ab.
Gillette® GII TANDEM®.
Eine Schneide gründlicher.
Gillette®
GII TANDEM®
Das Prinzip:
Eine Schneide
gründlicher.

genschneiden aus, setzte den Reibungswiderstand an der Schneide herab und erhöhte damit die Schnittfähigkeit der Rasierklingen um ein Vielfaches. Sie wurden allgemein als »Wunderklingen« bezeichnet, da sie hinsichtlich der Sanftheit der Rasur einen erheblichen Qualitätsfortschritt brachten und zu einer »Renaissance der Naßrasur« führten. Sie trugen wesentlich dazu bei, daß der bis 1961 unaufhaltsame Aufstieg des Elektrorasierers Anfang der sechziger Jahre stagnierte. »Das Vordringen der eisgehärteten, rostfreien Rasierklinge mit Teflonbeschichtung«, hieß es in der Fachpresse, »hat der Naßrasur neue Impulse vermittelt, damit den Absatz von mechanischen Rasierapparaten spürbar belebt und die Marktstellung von Klinge und Apparat gegenüber dem Elektro-Rasierer spürbar gefestigt.«[196]

Rostfreie Klingen konnten im Apparat belassen und mußten nach der Rasur nur noch abgespült werden. Dies erlaubte den Herstellern, über eine veränderte Konstruktion der Rasierapparate für eine zusätzliche Zeitersparnis beim Gebrauch zu sorgen. Bereits 1955 hatte Gillette einen Rasierapparat angeboten, der zum Reinigen nicht mehr in seine Einzelteile zerlegt werden mußte, sondern sich durch einfaches Drehen des Griffes öffnen und schließen ließ. Zusammen mit einem »Tempo-Dispenser« genannten Klingenspender sollte damit eine »Blitzrasur« ermöglicht werden. Ähnliches verfolgte Gillette mit den Ende der sechziger Jahre auf den Markt gebrachten Rasierbandgeräten, bei denen anstelle der Klingen ein einseitig geschliffenes Stahlband verwendet wurde. Das im integrierten Magazin aufgespulte Band bestand aus einzelnen Abschnitten, die mittels eines Hebels im Griff weitertransportiert wurden. 1970 bot Wilkinson dann den ersten Systemrasierer an, der mit einer einschneidigen, in Kunststoff eingegossenen Klinge versehen war. Der Rasierapparat selbst bestand nur noch aus einem Handgriff und einer Schiene zum Aufschieben der Klinge. Ein Jahr später folgte Gillette mit dem »Tandem«-Rasierer, der heute vorwiegend gebräuchlichen Doppelklinge. Die in Kunststoff eingegossenen Wegwerfklingen der Systemrasierer erreichten Mitte der achtziger Jahre einen höheren Marktanteil als die gewöhnliche Rasierklinge.

Veränderte Rasiergewohnheiten

Vergleicht man die Anschauungen hinsichtlich Häufigkeit und Zeitpunkt der Rasur, wie sie in der Zeit vor dem Zweiten Weltkrieg üblich waren, mit denen der fünfziger Jahre, wird eine deutliche Veränderung der Vorstellungen von Körperpflege deutlich. Die Ratgeberliteratur der zwanziger und dreißiger Jahre hatte sich darauf beschränkt, die Männer von der Notwendigkeit nur einer täglichen Rasur zu überzeugen, vor allem für den gesellschaftlichen und geschäftlichen Umgang. Die Ratgeber der fünfziger und frühen sechziger Jahre – die das zeittypische normierte Verhalten jener Zeit widerspiegeln – stellten in diesem Punkt deutlich höhere Anforderungen. »Für bartstoppelige Kavaliere«, hieß es etwa, »fehlt uns wohl jedes Verständnis und jede Entschuldigung. Schließlich bedeutet Rasieren heute keine Zeremonie mehr wie noch zu Großvaters Zeiten.«[197] Dabei wurde die Pflicht zur Rasur auch auf den Freizeitbereich ausgedehnt – eine tägliche Rasur wurde selbst auf dem Campingplatz als selbstverständlich betrachtet. Dabei hatte die neue Technik der Elektrorasur eine Verschärfung der bisher für die Rasur geltenden Normen erst ermöglicht. Nun wurde nicht mehr nur das gutrasierte Auftreten in der Öffentlichkeit, sondern auch im privaten Umfeld gefordert. So sollte sich der Mann nunmehr unmittelbar nach dem Aufstehen rasieren, denn »der Mann, der Anspruch macht, in der Gesellschaft, im Beruf und auch zu Hause ernstgenommen zu werden, hat sich jeden Morgen zu rasieren. Mit Bartstoppeln darf er sich nicht einmal am morgendlichen Frühstückstisch in seinem eigenen Heim sehen lassen. Denn selbst der Gattin gegenüber bedeutet es eine Nichtachtung und Rücksichtslosigkeit, unrasiert in der Wohnung umherzugehen.«[198] »Es soll prinzipiell keine Ausrede für Unrasierte geben«, so lauteten weitere Ermahnungen. »Ein Mann..., der etwas auf sich hält, auch auf sein Äußeres und seine Wirkung auf andere Leute, ist stets frisch rasiert und wiederholt diese Prozedur notfalls, wenn er abends ausgeht.«[199] Neu war das Gebot, sich nicht nur einmal, sondern gegebenenfalls zweimal täglich zu rasieren. Die Möglichkeit, sich abends nochmals ohne Aufwand rasieren zu können, spielte auch in der Werbung für Elektrorasierer eine große Rolle. Vermittelt werden sollte folgende Botschaft: »Die Rasur mit dem Trockenrasierer hält nicht so lange vor, man muß sich also am späten Nachmittag noch einmal kurz rasieren, und das ist gut, denn es geht leicht und schnell, viel leichter als am Morgen, und dabei merkt man erst alle Vorteile, die ein Trockenrasierer bietet.«[200] Denn »wer in der Öffentlichkeit auftritt und Erfolg haben will, muß gut aussehen. Das fängt bei der Rasur an. Nichts wirkt schlampiger und ungepflegter als ein unrasiertes Gesicht.« Offenbar war dies noch nicht bis zu allen Männern vorgedrungen. »Wir müssen uns am Morgen sorgfältig rasieren, andernfalls zwingen uns die sogenannten ›Abendschatten‹ am späten Nachmittag zu einer zweiten Rasur, besonders wenn wir abends noch etwas vorhaben.«[201]

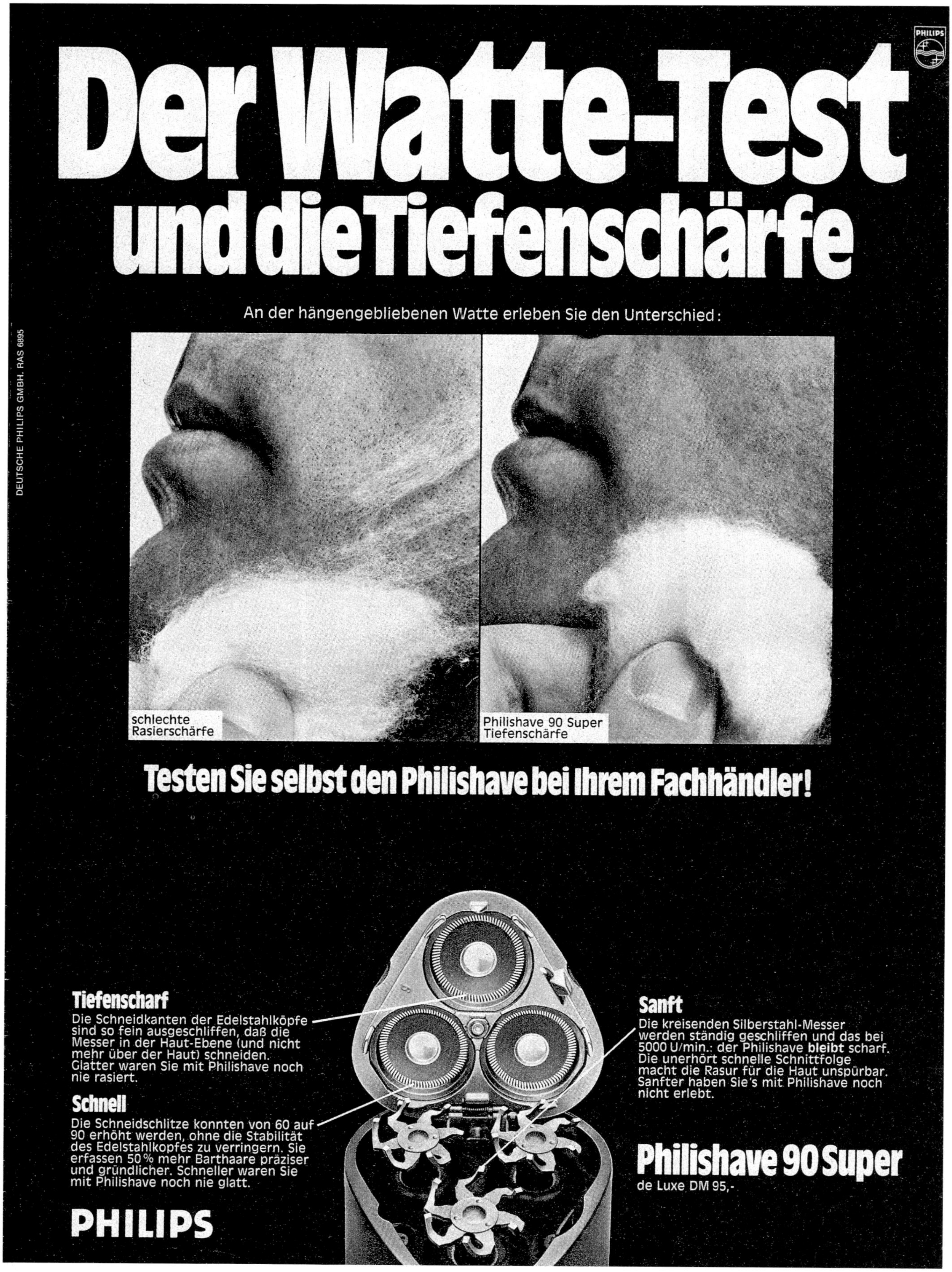
PHILIPS
Der Watte-Test
und die Tiefenschärfe
An der hängengebliebenen Watte erleben Sie den Unterschied:
schlechte Rasierschärfe
Philishave 90 Super Tiefenschärfe
Testen Sie selbst den Philishave bei Ihrem Fachhändler!
Tiefenscharf
Die Schneidkanten der Edelstahlköpfe sind so fein ausgeschliffen, daß die Messer in der Haut-Ebene (und nicht mehr über der Haut) schneiden. Glatter waren Sie mit Philishave noch nie rasiert.
Schnell
Die Schneidschlitze konnten von 60 auf 90 erhöht werden, ohne die Stabilität des Edelstahlkopfes zu verringern. Sie erfassen 50% mehr Barthaare präziser und gründlicher. Schneller waren Sie mit Philishave noch nie glatt.
PHILIPS
Sanft
Die kreisenden Silberstahl-Messer werden ständig geschliffen und das bei 5000 U/min.: der Philishave bleibt scharf. Die unerhört schnelle Schnittfolge macht die Rasur für die Haut unspürbar. Sanfter haben Sie's mit Philishave noch nicht erlebt.
Philishave 90 Super
de Luxe DM 95,-
DEUTSCHE PHILIPS GMBH. RAS 6895

Solche Vorstellungen von Körperpflege blieben nicht ohne Wirkung auf die Bartmode. Galten in den zwanziger und dreißiger Jahren Bärte durchaus als »tragbar«, wenngleich sie auch eher unüblich waren, so wurde in den fünfziger Jahren der Bart zum Merkmal gesellschaftlicher Außenseiter. »In manchem Beruf«, hieß es noch 1926, sei ein Bart »hinderlich oder unangebracht, wenn auch hinsichtlich seines Tragens überall völlige Freiheit besteht«.[202] Dagegen wurde in den Fünfzigern das Tragen eines Bartes in eine Reihe mit anderen abweichenden und nachdrücklich als unerwünscht geltenden Verhaltensweisen gestellt. Ein Bart war für alle aufrechten Menschen schlicht unmöglich, »außer ein paar obskuren Schwabingern und ein paar extravaganten Existentialisten, die auf diese Weise ihre Einmaligkeit und Besonderheit offenbar auch äußerlich dokumentieren wollen«.[203] Wer in jener Zeit einen Bart trug, wurde als Sonderling oder Mann »mit starkem Mut zur Eigentümlichkeit« eingeschätzt.[204] »Deshalb sind lange Bärte auch zumeist das Symbol weltabgewandter Menschen, Einsiedler, Förster, Tiefseetaucher, Himalayaforscher oder bildender Künstler.«[205] Bärten begegne man nur bei »surrealistischen oder existenzialistischen Künstlern«[206], und jedem potentiellen Bartträger mußte klar sein, in welch fragwürdige Gesellschaft er sich damit begeben würde.

Tatsächlich rasierten sich im Verlauf der fünfziger Jahre die deutschen Männer häufiger. In einer vergleichenden Untersuchung des Jahres 1955 lagen die britischen Männer mit wöchentlich sieben Rasuren vorn. Dagegen rasierten sich die Männer in der Bundesrepublik, in den USA und in der Schweiz durchschnittlich fünfmal in der Woche, die spanischen Männer viermal und die französischen dreimal wöchentlich. Vier Jahre später, 1959, hatten die bundesdeutschen Männer aufgeholt und die Zahl ihrer wöchentlichen Rasuren durchschnittlich auf sechs gesteigert, was nicht zuletzt damit erklärt wurde, daß in diesen vier Jahren statistisch jeder dritte deutsche Mann einen Elektrorasierer erworben hatte. Diese Zahl gibt allerdings das Verhalten nur unvollständig wieder: 1960 rasierten sich 20 Prozent der bundesdeutschen Männer nur alle zwei Tage.[207] Überraschenderweise wird die tägliche Rasur bis heute eher als zwangsweise notwendiger Bestandteil täglicher Körperpflege angesehen und weniger aus Überzeugung als vielmehr aus Konformität durchgeführt. Offenbar hat sich seit dem Jahre 1900 die Einstellung gegenüber der Rasur kaum verändert, als der »Geschäfts-Kalender für Barbiere« feststellte: »Es ist eine nicht wegzuleugnende Thatsache, daß es für den weitaus größten Bruchteil aller Männer kein größeres Uebel giebt, als das Rasieren.«[208]

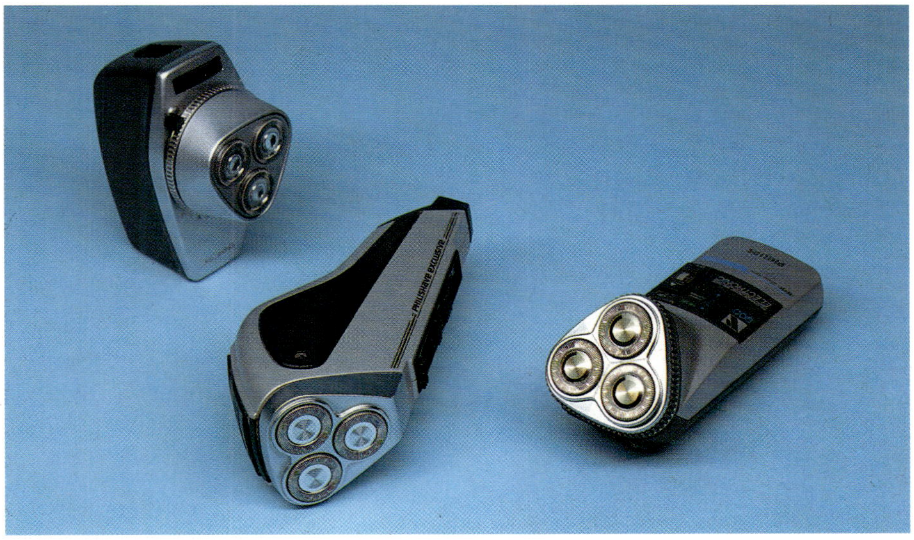

Philishave »HP 1118«, »Rota 80« und »HS 900«
1966 hatte Philips die Zahl der Scherköpfe auf drei erhöht. Seither wurde nur noch das Design dem Zeitgeschmack angepaßt.
Niederlande, 1972, 1980 und 1987
Sammlung M. Kriegeskorte

◁
Der Watte-Test: Ein Klassiker der Werbung für Elektrorasierer.
Bunte 14/1972

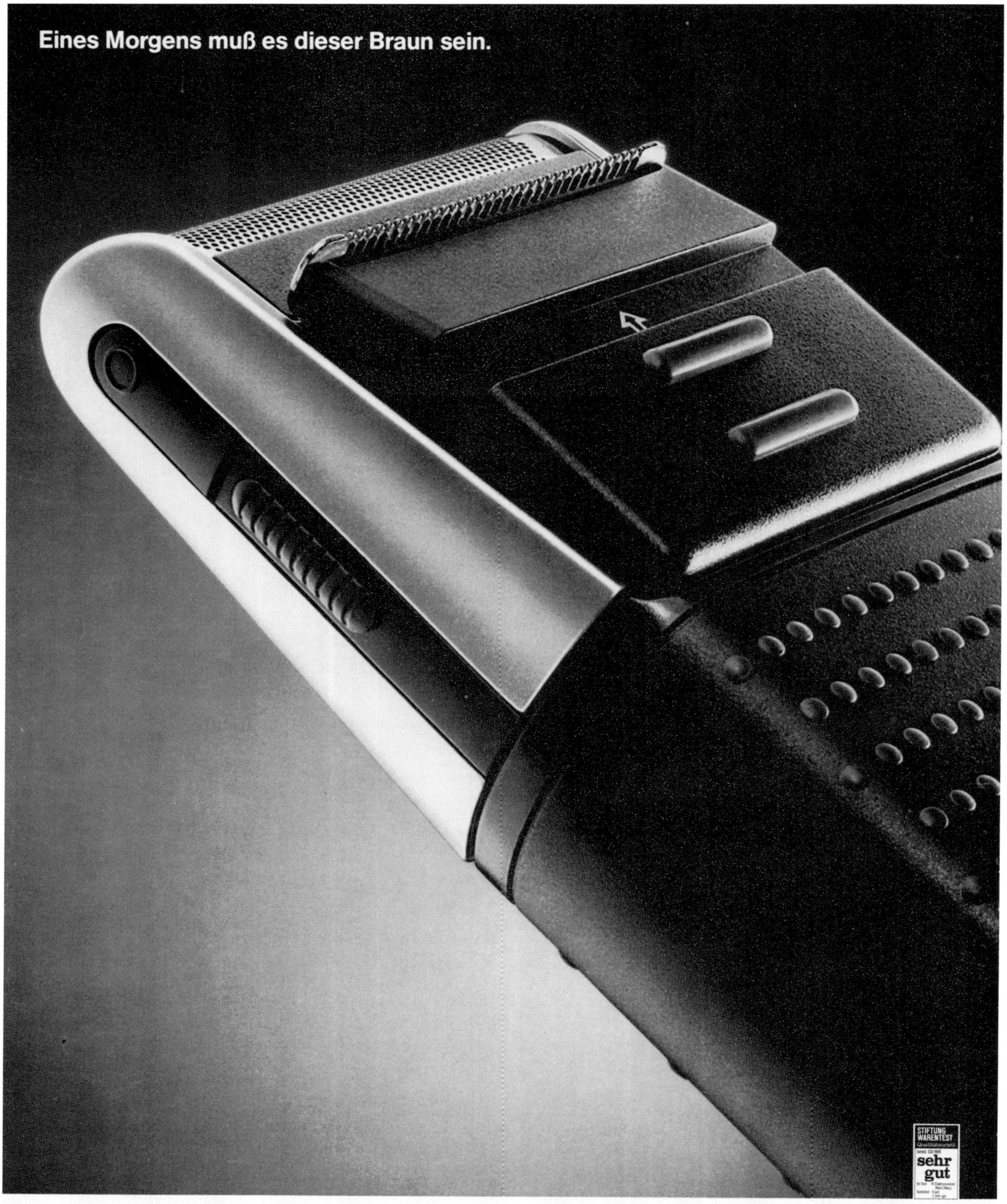

Der Braun micron® vario 3 universal mit 3-Stufen-Schersystem. Mit Combi-Schnitt-Rasur, ausfahrbarem Langhaarschneider, platinveredeltem Scherblatt, Ladekontrolle, automatischer Spannungsanpassung, Überladeschutz und two-way-Technik: Für gründliches und hautschonendes Rasieren mit Kabel und bis zu 14 Tagen ohne. Im guten Fachgeschäft als Netz/Akku- und Netzgerät erhältlich. **Good morning future.**

BRAUN

Haarentfernung und Ladyshave

◁
Der schräg aufsteigende Apparat von Braun – eine nur wenig verhüllte Anspielung auf »das Beste im Mann«.
Lui 2/1988

Über die Verwendung von Haarentfernungsmitteln oder Rasierern durch Frauen ist nur wenig bekannt. Dies mag daran liegen, daß diese eher im Verborgenen stattfand und oftmals der Beseitigung tatsächlicher oder vermeintlicher »Schönheitsfehler« diente, über die man nicht sprach. Dagegen waren Bart und Rasur bei Männern für jedermann sichtbar und daher eher Gegenstand öffentlicher Diskussion. Haarentfernungsmittel befanden sich bereits unter den zahlreichen Schönheitsmitteln, die im antiken Griechenland und in Rom gebräuchlich waren. So ist bereits von dem im 1. Jahrhundert tätigen griechischen Arzt Dioskurides ein Depilatorium überliefert.[209]

Rezepte zur Entfernung »lästigen« Haarwuchses finden sich auch in der frühmittelalterlichen Rezeptliteratur. Nach einem Rezept des Bamberger Codex rieb man die betreffenden Stellen mit einem Gemisch aus Pflanzensäften (Sandarakharz, Iris und Bilsenkraut) ein, worauf die Haare ausfallen und nicht mehr nachwachsen sollten. Auch Schierlingssaft, Kalbsurin mit eingedicktem Most, Hundeblut mit Bilsenkraut oder Schwalbengalle werden als Haarvertilgungsmittel genannt. Aus gleicher, ursprünglich antiker Quelle stammend, finden sich diese Mittel auch in anderen Rezeptbüchern der frühmittelalterlichen Klostermedizin.[210] Die Verbreitung der Manuskripte sagt jedoch wenig über die Bekanntheit der Mixturen oder deren tatsächliche Verwendung.

Mit der Rezeption der arabischen Medizin im Abendland gelangten auch deren kosmetische Rezepte nach Europa, wobei diese vielfach auf griechischen Quellen basierten. Den vorwiegend auf Pflanzenextrakten beruhenden griechischen Rezepten wurden

Walter von Klingen
Eine weiße und möglichst blanke Haut gehörte zum weiblichen Schönheitsideal der höfischen Zeit.
Manesse-Liederhandschrift, zwischen 1300 und 1340
Universitätsbibliothek Heidelberg

Bildnis einer Frau mit Flügelhaube
Im Mittelalter hatten die Frauen ihr Haupthaar verhüllt zu tragen – für kosmetische Maßnahmen blieb da nur wenig Raum.
Rogier van Weyden, um 1435
Staatliche Museen zu Berlin, Gemäldegalerie

Bildnis einer jungen Frau
Der Haaransatz wurde häufig zurückverlegt, um einen modischeren Kopfputz tragen zu können.
Petrus Christus, Mitte des 15. Jahrhunderts
Staatliche Museen zu Berlin, Gemäldegalerie

jedoch einige Mineralien hinzugefügt, wie etwa das Quecksilber, das sich später auch in Depilatorien findet. Unter den Rezepten des arabischen Mediziners Rhazes (Abu Bakr Mohammed Ibn Zakarija, gest. 925) findet sich ein Haarentfernungsmittel, das auch in den um 1180 entstandenen Vorlesungsniederschriften des langobardischen Wundarztes Roger Frugardi auftaucht.[211] In der deutschsprachigen Überlieferung erscheint dieses Mittel erstmals Ende des 12. Jahrhunderts in einem fingierten Brief. »Ein meister hiez Johannes Furia«, begann er, »der schriep sîner friundinne, die hiez Cleopatra, dise erzenîe.«[212] Der kosmetische Anwendungsbereich ergab sich aus der Briefadressatin, denn die ägyptische Königin Kleopatra als legendäre Schönheit wurde für die Verfasserin eines »Kosmetikons« gehalten.

Zur Herstellung dieses Mittels wurde Ätzkalk (Calciumoxid) über dem Feuer nochmals gebrannt, Auripigment (Arsen-III-sulfit) hinzugefügt und mit etwas Wasser und Öl zu einem Brei verrührt. Diese Mischung war zwar nicht gerade hautfreundlich, aber zur Haarentfernung sehr gut geeignet. Die Mixtur entspricht mit einigen Modifikationen – etwa dem Ersatz des Auripigments durch andere Verbindungen – selbst heute angebotenen Depilatorien. Das erklärt seine außerordentlich weite Verbreitung in mittelalterlichen und späteren Rezeptsammlungen.[213] Schönheitsmittel finden sich einzeln oder in Gruppen zusammengefaßt in vielen Rezeptuarien, aber es gab auch ganze Sammlungen ausschließlich kosmetischer Rezepte, wie das anglo-normannische »Ornement des Dames« aus dem 13. Jahrhundert.[214]

Neben dieser wirksamen Methode finden sich in der mittelalterlichen Rezeptliteratur noch andere Haarentfernungsmittel – von allerdings eher zweifelhafter Zusammensetzung. Verschiedene Rezepte empfahlen, sich das unerwünschte Haar mit Wasser zu waschen, in dem man zuvor die aus dem Korn gedroschene Spreu gekocht hatte. Den gleichen Zweck sollte eine Mixtur aus mit Essig verquirltem Quecksilber oder eine Zubereitung aus jungen, zu Pulver gebrannten Schwalben, Biebergeil und Essig erfüllen. Das Einreiben mit dem Blut von Fledermäusen oder jungen Kröten oder mit der Milch von Hunden sollte das Nachwachsen der zuvor ausgezupften Haare unterbinden. Anderen Rezepten zufolge sollten zerkochte Blutegel oder während eines heißes Schwitzbades aufgestrichene, mit Essig gemischte Nesselsamen sehr wirksam sein.[215]

Wofür aber wurden diese Haarentfernungsmittel exakt verwendet? Die Grenzen zwischen Arzneien zur Krankheitsbehandlung und Schönheitsmitteln waren im Mittelalter fließend; ihre Autoren unterschieden nicht zwischen medizinischen und kosmetischen Anwendungsgebieten. Häufig stehen Haarentfernungsmittel zwischen Rezepten gegen Hautkrankheiten, Haarflechte, Grind oder Milbenbefall. Bei dieser Indikation wurden in einer Art Radikalkur alle Kopfhaare entfernt, um die Krankheit zu bekämpfen. Anschließend wendete man ein Haar-

Frauenbad
Weibliche Schönheitspflege fand im Mittelalter vor allem in der Badestube statt. Hans Baldung Griens Gemälde liefert jedoch keinen wirklichkeitsgetreuen Eindruck eines zeitgenössischen Frauenbades.
Hans Baldung gen. Grien,
um 1600 entstandene Kopie des um 1515 datierten Originals
Staatliche Kunsthalle, Karlsruhe

wuchsmittel an, um das ursprüngliche Aussehen wiederzuerlangen. In ihrer kosmetischen Verwendung dienten die Mittel zum Entfernen der Haare von der Stirn, der Augenbrauen, der Haare aus dem Gesicht und der Herstellung einer weißen Gesichtshaut bzw. einer sanften Haut ohne Unreinheiten. Und nicht zuletzt wurden Haarentfernungsmittel in mittelalterlicher Zeit auch zum Entfernen der weiblichen Schamhaare angewandt, wobei es schwierig ist zu beurteilen, inwieweit es sich um tatsächlich geübte Praxis oder um einen fernen Nachklang des arabischen Ursprungs dieses Rezepts handelte, wo die Entfernung der Körperbehaarung allgemein üblich war.[216]

Neben »chemischen« Haarentfernungsmitteln wurden im Mittelalter auch mechanische Geräte verwendet. Im 13. Jahrhundert galten Rasiermesser als notwendige Instrumente weiblicher Kosmetik, ebenso Pinzetten. Eine schneeweiße, blanke Haut am ganzen Körper entsprach dem Idealbild weiblicher Schönheit, das in der höfischen Dichtung des 12. und 13. Jahrhunderts gezeichnet wird. Blanke, weiße Arme und Hände, ein ebensolcher Nacken und stark gewölbte, schmale Augenbrauen waren in den mittelhochdeutschen Epen Gegenstand der Bewunderung. Die verheirateten Frauen des Mittelalters trugen ihr Haar nicht offen, sondern verbargen es unter Tüchern oder kunstvollen Hauben. Offenes Haar war bei »ehrbaren« Frauen verpönt, das verhüllte Haar bekundete zudem die Unterordnung der Frau unter den Willen des Mannes, der allein das Recht hatte, sie unbedeckt zu sehen. Nur unverheiratete Jungfrauen trugen ihr Haar unverhüllt. Im 14. Jahrhundert war es auch bei verheirateten Frauen kurzzeitig Mode, das Haar zumindest teilweise offen zu tragen, wobei sich gleichzeitig komplizierte Flechtfrisuren entwickelten. Im 15. Jahrhundert jedoch wurde das Haar wieder vollständig unter Hauben verborgen. Um das Gesicht optisch zu strecken, wurde der Haaransatz künstlich höher verlegt. Eine hohe, weiße Stirn entsprach dem damaligen Schönheitsideal und so wurde das Haar an Stirn und Schläfen bis zum Haubenansatz ausgezupft, abrasiert, mit Bimsstein abgerieben oder chemisch entfernt. Darüber hinaus sollten verdünnte Augenbrauen die Stirn höher erscheinen lassen. Das Auszupfen der Augenbrauen ist bereits für die Zeit nach 1300 belegt und wurde zumindest im angelsächsischen Bereich bereits Ende des 14. Jahrhunderts auch von unteren Bevölkerungsschichten nachgeahmt.[217] Bis ins Extrem gesteigert findet sich diese Mode der hohen Stirn in der italienischen Renaissance, etwa bis zum letzten Drittel des 15. Jahrhunderts. Danach wurde das Entfernen der Stirnhaare zugunsten einer breiter wirkenden Stirn mit anderen Frisuren aufgegeben.

Ausgangs des Mittelalters wurden die bis dahin handschriftlich tradierten Arzneibücher mit den darin enthaltenen Haarentfernungsmitteln gedruckt und in großen Sammlungen zusammengefaßt. Von dort fanden diese Mittel Eingang in die Hausbuchliteratur.

Profilbildnis einer jungen Frau
Eine möglichst hohe ausrasierte Stirn gehörte zum Schönheitsideal der italienischen Renaissance.
Fra Filippo Lippi, Mitte des 15. Jahrhunderts
Staatliche Museen zu Berlin, Gemäldegalerie

Herzogin Magdalena von Bayern
Zwischen dem 16. und 19. Jahrhundert spielte die Haarentfernung in der weiblichen Kosmetik keine Rolle.
Pieter de Witte (Candid), Ende des 16. Jahrhunderts
Bayerische Staatsgemäldesammlungen, Alte Pinakothek, München

Colerus gibt in seiner »Oeconomia ruralis« von 1680 insgesamt 19 Haarentfernungsmittel an. Darunter befinden sich nahezu alle oben angeführten Mittel, neben den wirksamen auch jene mit den absonderlichen Bestandteilen, wobei Colerus diesen noch einige hinzufügt: Katzendreck, Bocksgalle, Fledermaushirn, glühendes Gold, die Wurzeln von Schellkraut oder Maiglöckchen. Sie sollten der Entfernung der Haare aus dem Gesicht, der Augenbrauen und dem Erzielen einer hohen Stirn dienen. Dies entsprach jedoch offenbar weniger den zeitgenössischen Gewohnheiten, sondern spiegelte vielmehr die Mode im Spätmittelalter und in der Renaissance wieder.[218] Die Hausbücher sorgten für eine zunehmende Bekanntheit der Mittel in den folgenden Jahrhunderten. So erschien das Rezept mit den zu Pulver gebrannten Blutegeln noch im Jahre 1860 in Gollmanns »Toilette-Lexikon für die elegante Welt«.[219] Zudem machten die Hausbücher die Haarentfernungsmittel auch den unteren Bevölkerungsschichten zugänglich, wie ein aus der Hausbuchliteratur übernommenes Depilatorium in dem von einem Postgehilfen angelegten Kräuterbuch aus der zweiten Hälfte des 18. Jahrhunderts zeigt.[220]

Zwischen dem 16. und dem ausgehenden 18. Jahrhundert spielte die Haarentfernung bei Frauen eine untergeordnete Rolle, obwohl die frühen gedruckten Kosmetikratgeber stets auch eine Sammlung von Haarentfernungsmitteln enthielten.[221] Lediglich einzelne Haare im Gesicht und an den Brüsten wurden entfernt. Wurden die Haare »aber an ungewöhnlichen Stellen, z. B. an den Armen, dem Nacken, den Oberlippen etc. des weiblichen Geschlechts größer und dichter und wohl gar dunkel, so verursachen sie ein mißfälliges Aussehen«[222], und um solch »überflüssiges Haar fortzuschaffen« wurden von Frauen aller gesellschaftlichen Schichten vornehmlich chemische Depilationsmittel benutzt: das bekannte Ätzmittel aus Kalk und Auripigment oder mit Salzgeist bestrichenes Löschpapier. Seltener wurden erwärmt auf die Haut gelegte Pech- oder Kolophonium-Pflaster verwendet, da man glaubte, daß das Ausziehen der Haare ihr Wachstum beschleunige. Im ausgehenden 18. Jahrhundert gehörten Arme und Handrücken noch nicht zu den Körperteilen, deren Behaarung es zu beseitigen galt. Zu dieser Zeit wurde nur empfohlen, einen eventuell vorhandenen Damenbart zu entfernen. Dies änderte sich Anfang des 19. Jahrhunderts, als sich – beeinflußt vom französischen Empire – eine an der Antike orientierte Frauenmode aus leichten, oft durchsichtigen Stoffen mit kurzen Ärmeln durchsetzte. Die vorherrschende Farbe war Weiß, und manche Damen schminkten sich zusätzlich, um eine besonders blasse Erscheinung bemüht. Nach dem Vorbild antiker Statuen wurde der Haarwuchs auf den Armen als störend empfunden. Man entfernte ihn vorwiegend mit sogenannten »Rasierflaschen«, sehr dünn geblasenen Glasrollen. In einer Enzyklopädie aus dem Jahre 1788 hieß es dazu: »Um das leichte und unmerk-

liche Milchhaar wegzubringen, welches zuweilen die Haut des schönen Geschlechts bedeckt, eilte der Gott der Coketterie in die Werkstätte der Glasmacher, wie ehemals der Sohn der Venus in die Schmiede des Vulkan, und ließ gewisse Glasflaschen, die man gemeiniglich Rasierflaschen zu nennen pflegte, blasen. Ihr Glas kann, seiner außerordentlichen Feinheit wegen, mit der Scheere geschnitten werden, und diese abgeschnittenen Stückchen vertreten heut zu Tage die Stelle einer schneidenden Sichel, vor welche die auf der Hautoberfläche der Schönen sich zeigenden Milchhaare fallen, und auf diese Weise weggenommen werden. Vielleicht ertödtet und vertilgt wohl gar dieses feine Glas, gleichsam durch das Reiben, das Milchhaar in der Wurzel, welches unter der scharfen Klinge des Scheermessers nur desto geschwinder und stärker herauf wachsen würde.«[223]

In der zweiten Hälfte des 19. Jahrhunderts begann sich eine Kosmetikindustrie zu entwickeln. Damit gelangten auch industriell hergestellte Depilatorien auf den Markt. In den siebziger Jahren wurden in aristokratischen oder großbürgerlichen Kreisen schulterfreie oder nur mit einem breiten Träger versehene Ballkleider ohne Ärmel getragen, bei denen »man den Rand der Achselhöhle oder gar durch dieselbe unter dem Arme wegsehen kann, wie man es häufig bei Concertsängerinnen aber auch Gesellschaftsdamen findet«.[224] Nun begann man, auch die Achselhöhle zu enthaaren. Während des Ersten Weltkrieges etablierten sich Kleider ohne Ärmel auch in der Abendgarderobe bürgerlicher Kreise. Zwar blieben ärmellose Kleider weiterhin der Tanz- oder Ausgehgarderobe vorbehalten, wurden jetzt allerdings von Frauen breiterer Bevölkerungskreise getragen. »Die jetzige Gesellschaftskleidung und das Feibadeleben«, hieß es im »Buch der modernen Kosmetik« von 1932, »lassen ferner die Achselbehaarung als lästig empfinden.«[225] Vor allem in der sich in den Städten herausbildenden Schicht der jungen weiblichen Angestellten wurde die Beseitigung der Achselhaare im Laufe der zwanziger Jahre dieses Jahrhunderts allgemein üblich.

Erste Naßrasierapparate für Frauen wurden bereits kurz nach der Jahrhundertwende von mehreren amerikanischen Herstellern angeboten. Diese Apparate waren zunächst für die Rasur unter den Armen gedacht. Gillette produzierte – nach einigem Zögern – einen ersten derartigen Rasierer unter dem Namen »Milady Decollette« ab 1915, nachdem sich die Anfragen aus amerikanischen Badeorten häuften. Für die Nachfrage nach diesen Geräten war die Mode ärmelloser Sommerkleider oder ebensolcher Badeanzüge ausschlaggebend. Die Rasur der Achseln galt bereits vor dem Ersten Weltkrieg zwar nicht als allgemein üblich, aber sie war offensichtlich bereits so verbreitet, daß sich daraus eine nennenswerte Nachfrage nach entsprechenden Apparaten entwickelte.

Nach dem Ersten Weltkrieg wurden zahlreiche »Damenrasierer« angeboten, die sich entweder nicht von den für Männer üblichen Apparaten unter-

◁
Wilhelmine von Cotta
Anfang des 19. Jahrhunderts wurde die Entfernung der Haare von Armen und Händen üblich – begünstigt durch eine an der Antike orientierte Mode und die Verwendung leichter, durchsichtiger Stoffe.
Christian Gottlieb Schick, 1802
Staatsgalerie Stuttgart

schieden oder nur verkleinerte Versionen derselben darstellten. Die Bezeichnung »Rasierapparat« wurde in diesem Zusammenhang allerdings meist vermieden. Apparate mit runden Klingen oder Rasierer, in die gewöhnliche Rasierklingen in Längsrichtung gebogen eingespannt wurden, eigneten sich besonders für die Rasur der Achselhöhlen. Anfang der dreißiger Jahre war es auch üblich, daß Frauen das Rasierzeug ihrer Männer mitverwendeten.

Seit den zwanziger Jahren hatte das Vorbild amerikanischer Filmschauspielerinnen besondere Bedeutung für die Ausbreitung der Achselrasur in Deutschland. Das Kino entwickelte sich in dieser Zeit zur wichtigsten Massenunterhaltung, und ein Kinobesuch ein- oder zweimal in der Woche wurde Bestandteil des städtischen Lebens. Das Kino setzte die Menschen zusammen mit den nun in großer Zahl erscheinenden Illustrierten zum ersten Mal einer Bilderflut aus, die heute alltäglich ist. Die Medien vermittelten gemeinsam mit einem ausgeprägten Starkult bestimmte Schönheitsideale, und der Einfluß insbesondere der amerikanischen Filme auf das Modeverhalten in den zwanziger und dreißiger Jahren kann kaum überschätzt werden. Die Nachahmung bestimmter Filmschauspielerinnen in Kleidung und Frisur war unter jungen Frauen weit verbreitet, und auch deren enthaarte Achseln wurden von den weiblichen Fans kopiert. »Das moderne weibliche Schönheitsideal wird vor allem durch den Film geprägt«, stellte ein zeitgenössischer Schönheitsratgeber fest und empfahl den Leserinnen eine Reihe von Filmschauspielerinnen zur Nachahmung.[226]

Während des Ersten Weltkrieges wurden die bis dahin bodenlangen Röcke kürzer, zu Beginn der zwanziger Jahre waren sie nur noch knielang, womit die Frauenbeine sichtbar wurden. Die Damenstrümpfe waren vor dem Ersten Weltkrieg jedoch fast aus-

»Toiletten für das Diner«
Die ärmellose Abendgarderobe ließ kurz nach der Jahrhundertwende die Rasur der Achseln ratsam erscheinen. Frankreich, Ende des 19. Jahrhunderts

»Rosemary Rasiergerät« und
»Gymnastic«-Rasierklingen
In den zwanziger Jahren waren speziell für Frauen produzierte Rasierer noch selten. Apparate und Klingen gleichen den von Männern verwendeten, nur Namen und Verpackungen sind anders.
Deutschland, zwanziger/dreißiger Jahre
F. Gnegel, Münster/Deutsches Klingenmuseum, Solingen

schließlich schwarz, aus Wolle oder Baumwolle hergestellt und dementsprechend undurchsichtig. Erst 1921/22 wurden zunächst beige, dann fleischfarbene Strümpfe aus Viskose – damals Kunstseide oder Rayon genannt – angeboten, die dann im Verlauf der zwanziger Jahre durch eine verfeinerte Verarbeitung ein gewisses Maß an Durchsichtigkeit gewannen. Erst jetzt begannen die Frauen, auch die Haare an den Beinen zu beseitigen, um zu verhindern, »daß unzählige Haare durch die Strümpfe hindurchstechen und aller Welt auffallen«.[227] Zu Beginn der dreißiger Jahre hatte sich die Rasur der Frauenbeine auch in Deutschland allgemein durchgesetzt. »Heute, der Mode entsprechend«, stellte 1930 ein Kosmetikratgeber fest, »ist man auch bestrebt, die ja besonders häufige starke Haarentwicklung an den Beinen zu beseitigen.«[228]

Um 1928 wurden linienschmale, hochgezogene Brauen Mode, wie sie zum Beispiel Marlene Dietrich trug. Viele Frauen konnten diesem Ideal aber nur entsprechen, indem sie die natürlichen Brauen wegrasierten oder auszupften und dann die Braue mit einem Augenbrauenstift nachzogen. Das völlige Ausrasieren wurde nach dem Krieg allerdings wieder aufgegeben. »Der Feldzug gegen die Augenbrauen ist beendet«, stellte ein Kosmetikbrevier 1956 fest, »Rasieren der Brauen gehört zu den verbotenen Barbareien.«[229]

Als die ersten elektrischen Rasierapparate in der zweiten Hälfte der dreißiger Jahre vorgestellt wurden, zählte

In den zwanziger Jahren entwickelte sich durch die veränderte Damenmode eine Nachfrage nach speziellen »Haar-Entfernern« für Frauen.
Messer & Schere 34 (1927), Heft 7 vom 15. April 1927, S. 267

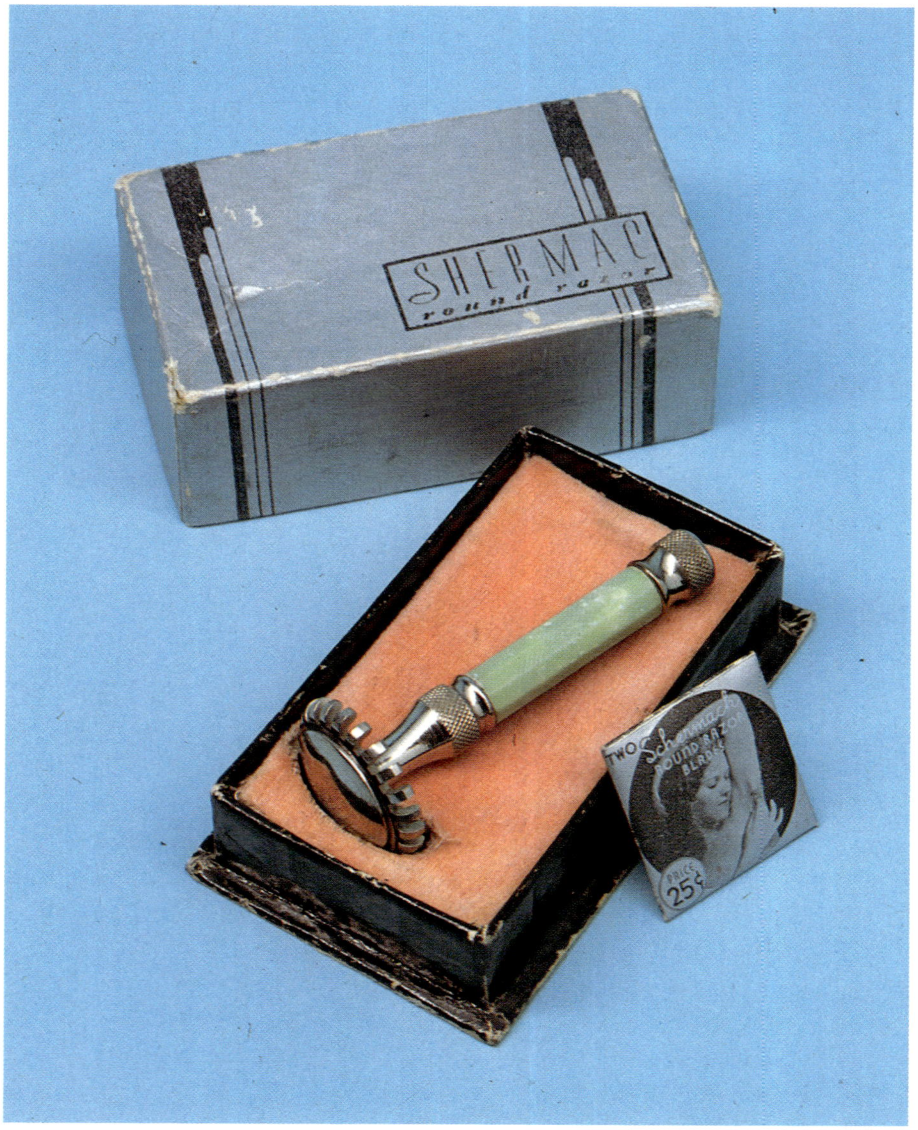

Shermac »Round Razor«
Runde oder gebogen eingespannte Rasierklingen eignen sich besonders für die Rasur unter den Achseln.
USA, dreißiger Jahre
Deutsches Klingenmuseum, Solingen

man die Frauen selbstverständlich auch zu den potentiellen Kunden. Den im Jahre 1936 produzierten ersten Remington-Elektrorasierer bot man in einer Farbvariante auch der weiblichen Kundschaft an. Der zur selben Zeit hergestellte, mit einem Federwerk betriebene »Vibro-Shave« wurde als ideal für die Entfernung von Haaren aus der Achselhöhle und von den Gliedmaßen angepriesen. Zur Markteinführung des ersten Philips-Rasierers im Jahre 1939 wurde ein bebilderter Prospekt hergestellt, der neben einem sich rasierenden Mann eine Frau zeigte, die sich die Haare aus der Achselhöhle und von den Beinen entfernte.

In der Zeit des Nationalsozialismus war derartige Kosmetik unbeliebt, befand man sich doch in einer propagandistischen »Abwehrstellung gegen die entartete Schönheitspflege westlicher Herkunft«. Kosmetik galt »als der deutschen Frau des dritten Reiches unwürdig«.[230] Vielmehr wurde die Schönheitspflege in den Dienst der Pflege der Volksgesundheit gestellt. Obwohl man nur die Verwendung »natürlicher« Cremes auf Kräuterbasis, Dampfbäder und Massagen als Kosmetika zulassen wollte, kannte die Parteipropaganda ihre Grenzen: Die Verwendung von Parfums etwa wurde zwar deutlich mißbilligt, ihr Gebrauch jedoch in das Ermessen der einzelnen Frau gestellt.

Während des Zweiten Weltkrieges und in der Nachkriegszeit verbreitete sich die Rasur der Frauenbeine zunehmend, da kriegsbedingt keine kunstseidenen Strümpfe zu bekommen waren. Um die fehlenden Strümpfe vorzutäuschen, wurden die Beine rasiert und anschließend mit brauner Schminke oder gar Brühwürfeln eingerieben, die Naht malte man mit einem Augenbrauenstift auf. Nach dem Ende des Zweiten Weltkrieges wurden auch auf dem europäischen Markt Perlon- und Nylonstrümpfe angeboten. Die Nylonstrümpfe waren wesentlich feiner und durchsichtiger als solche aus Kunstseide oder die Ripsstrümpfe aus Baumwolle. Sie waren hinten mit einer deutlich sichtbaren Naht versehen und galten als Inbegriff der Erotik der Fünfziger. Ende der fünfziger Jahre begann sich der nahtlose Strumpf durchzusetz-

»Lady Schick« und »Lady Sunbeam«
In den fünfziger Jahren dominierten vor allem amerikanische Ladyshaves auf dem deutschen Markt.
USA, 1958 und 1965
W. Kronesser, Bonn/W. Hasselmann, München

en, der, anders als sein Vorgänger, als Kleidungsstück gar nicht mehr in Erscheinung treten, sondern ein nacktes Bein vortäuschen sollte. Um diesem ein makelloses Aussehen zu verleihen, war es wichtig, womöglich durch den Strumpf sichtbare Haare zu entfernen.

Zu Beginn der fünfziger Jahre konstatierte man, daß Rasierapparate für viele Frauen unentbehrlich seien, wenngleich spezielle Apparate für Frauen noch weitgehend unbekannt waren. Nicht zuletzt rieten auch zahlreiche Ratgeber vom Gebrauch der Rasierapparate ab. Die Haare würden durch das Abrasieren nur gekräftigt, zunehmend borstiger, die Haut verfärbe sich blauschwarz. Die Werbung für Damenrasierer der fünfziger Jahre hingegen apostrophierte die Körperbehaarung als »unerwünscht«, »überflüssig«, »störend« und »lästig«, und es galt, sie »auf elegante Art« zu entfernen. Das Entfernen der »unerwünschten« Haare entsprach der in den fünfziger Jahren vorherrschenden Körperkultur; Schweiß, Schuppen und Körpergerüche galten als außerordentlich peinlich. Die ärmellosen, leichten Kleider der fünfziger Jahre, knapper

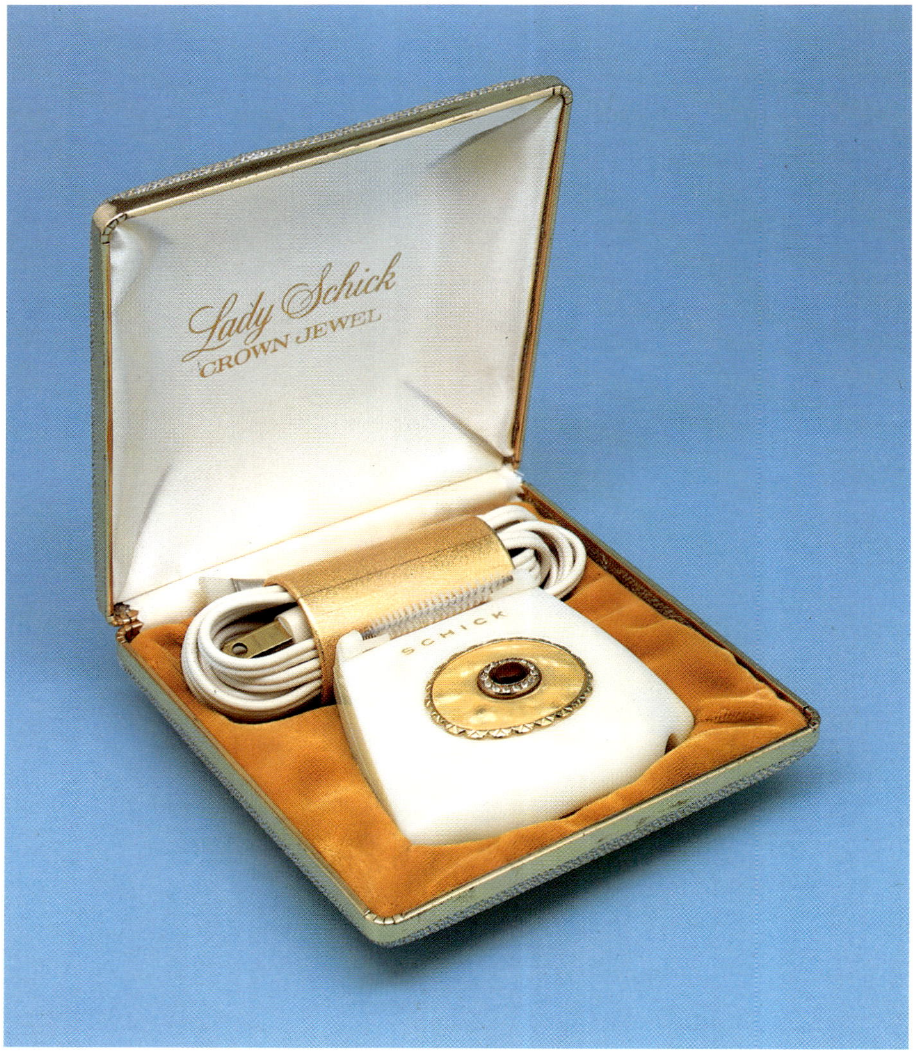

»Lady Schick Crown Jewel«
USA, 1969
W. Hasselmann, München

werdende Badeanzüge und Bikinis und die aufkommende Strand-, Urlaubs- und Freizeitmode ließen den Bedarf an Ladyshaves wachsen. »Die Mode ärmelloser Kleider sowie die modernen Badeanzüge«, hieß es, »setzen bei der gepflegten Frau die Enthaarung der Achselhöhle voraus.«[231] Im Vergleich zur Vorkriegszeit hatte sich ein bindenderer Verhaltensstandard durchgesetzt. Die Kosmetikratgeber der fünfziger Jahre wiesen nachdrücklich auf die Unerläßlichkeit der Haarentfernung hin: »Was auch immer Ihre Meinung zu diesem Punkt sein möge: Wenn Sie einen Badeanzug, ein Abendkleid oder ein ärmelloses Sommerkleid tragen, dann *müssen* Sie die Haare aus den Achselhöhlen entfernen. Sonst bieten Sie Ihren Mitmenschen einen unangenehmen, unästhetischen und irgendwie unerlaubt intimen Anblick.«[232] Die Empfehlungen hinsichtlich der Entfernung der Haare auf den Beinen waren demgegenüber weniger nachdrücklich und bindend formuliert und beschränkten sich auf besonders dichten und dunklen Haarwuchs. Dabei war es der Frau auch durchaus gestattet, die Haare zu bleichen: »Wenn der Haarwuchs auf den Beinen allzu kräftig ist, bleichen Sie die Haare von Zeit zu Zeit mit Wasserstoffsuperoxyd. Laufen Sie aber bitte nicht mit lang-, dicht- und dunkelbehaarten Beinen herum, das wirkt recht unästhetisch. Viele Frauen rasieren sie.«[233] Die Entfernung der Haare auf den Armen und Händen spielte dagegen eine untergeordnete Rolle. »Blonde Haare auf den Unterarmen wirken nicht störend«, hieß es, »sie sind fast unsichtbar, und auf gebräunter Haut sind sie sogar sehr reizvoll. Ein dunkler, kräftiger Haarwuchs auf den Unterarmen ist nicht sehr ästhetisch, und mit einer Wasserstoffsuperoxydlösung können die Haare leicht aufgehellt werden.«[234]

Während amerikanische Hersteller schon früh speziell für Frauen produzierte Elektrorasierer in der Bundesrepublik anboten, hielten sich die europäischen Produzenten zurück. Vor 1958 gab es keinen von einer deutschen Firma hergestellten Ladyshave. Statt dessen wurde in der Werbung für die zur Rasur der Männerbärte bestimmten Trockenrasierer darauf verwiesen, daß diese auch von Frauen verwendet werden könnten. Erst im

Jahre 1958 boten mehrere europäische Firmen spezielle »Damenrasierer« an. Die Zahl der sich elektrisch rasierenden Frauen nahm von da ab zu, und die Geräte konnten sich allmählich gegen die Naßrasierapparate für Frauen durchsetzen. Dennoch bestanden bis in die siebziger Jahre hinein gewisse Vorbehalte gegen den Ladyshave. »Elektrische Rasur ist eine Lappalie. Trotzdem scheuen sich viele Frauen davor, wahrscheinlich lehnen sie die Rasur ab, weil sie in ihr eine schlechterdings maskuline Verrichtung sehen. Wer sich über dieses Vorurteil hinwegsetzt, handelt vernünftig, zumal es sehr hübsche elektrische Damenrasierer gibt.«[235]

Technisch gesehen ist der Ladyshave keine bloße Kopie der von Männern verwendeten Geräte. Letztere müssen in der Lage sein, die täglich nachwachsenden, sehr kurzen Stoppeln abzurasieren, während ein Ladyshave in aller Regel in größeren Abständen angewendet wird und lange, dünne Haare entfernen soll. Daher finden sich beim Ladyshave geschlossene Schersysteme – wenn überhaupt – nur zur Ergänzung zweier oder mehrerer offener Scherkämme, die wie Haarschneidemaschinen arbeiten. Die Hersteller achteten jedoch darauf, die Geräte kleiner zu gestalten. Ein von AEG hergestellter Ladyshave wurde in der Fachpresse folgendermaßen vorgestellt: »Der Haarentferner Astrid ist nicht größer als ein Stück Toilettenseife. In Abstimmung auf die modische Farborientierung der Dame wird das Kunststoffgehäuse rosé oder elfenbeinfarben geliefert.«[236]

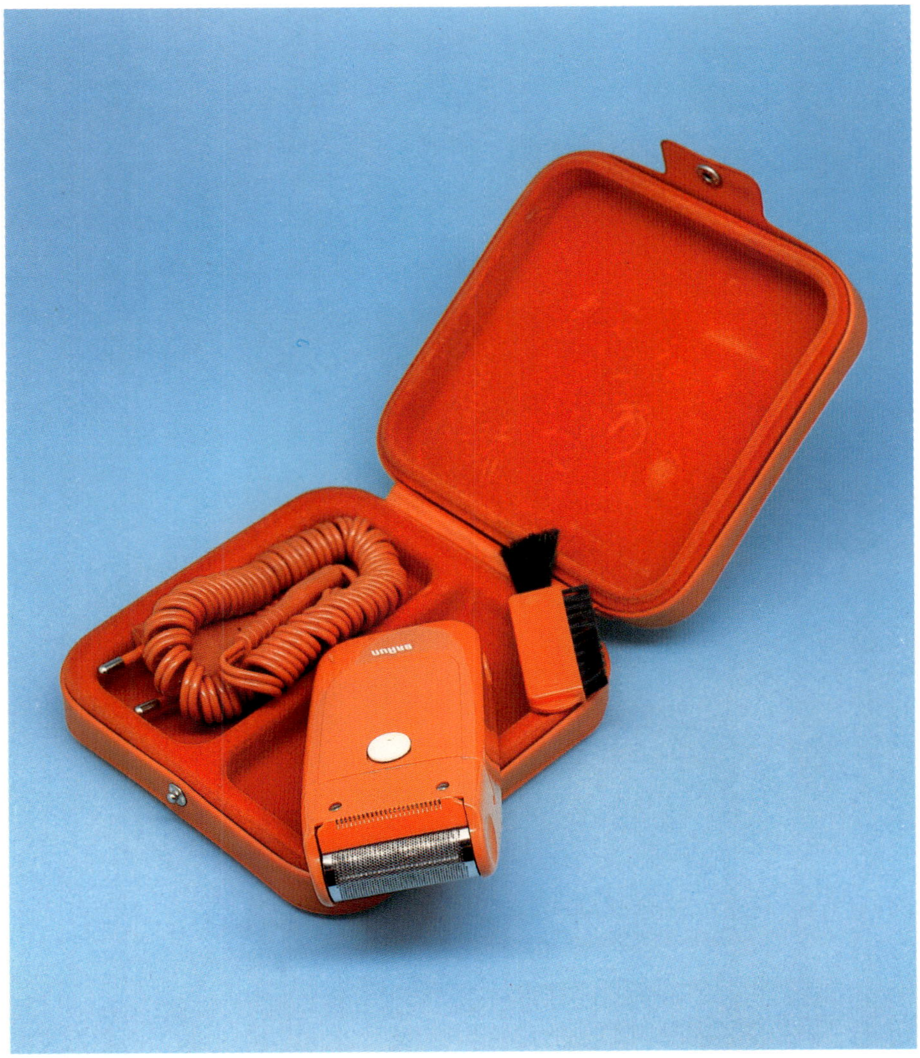

Braun »ladyshaver«
Deutschland, 1971
H. Waschkewitz, Hattingen

Gegenwärtig setzen sich zunehmend Epiliergeräte gegen die mit Schersystemen arbeitenden Ladyshaves durch. Bei ihnen werden durch rotierende Spiralen oder Scheibenpaare aus Metall die Haare eingefangen und an der Wurzel ausgezogen. Die Werbung versucht den Eindruck zu vermitteln, daß die Haarentfernung integraler Bestandteil der Schönheits- und Körperpflege jeder modisch bewußten, sportlichen, vor allem aber gesundheits- und körperbewußten Frau ist. Darüber hinaus wird mit Formulierungen wie »zarte verführerische, seidensanfte Beine« angedeutet, daß mit der Enthaarung die erotische Ausstrahlung zunimmt – wer wollte das angesichts des gegenwärtig vorherrschenden Körperbildes bezweifeln.

»Zart verführerische, seidensanfte Beine« – Grundig orientiert sich in seiner Werbung an der Ästhetik der 80er Jahre. Erotische Ausstrahlung – »der Wunsch jeder gepflegten Frau« – macht die Epilation zum »selbstverständlichen Bestandteil kosmetischer Körperpflege und Ausdruck von Schönheits- und Körperbewußtsein«.
Werbebroschüre der Firma Grundig, 1994

Philips hat dagegen die selbstbewußte Frau neuen Typs im Blick – doch der körperliche Makel lauert im Hintergrund, »denn nur wer perfekt gepflegt ist, kann perfekt auftreten«. »Die Frauen von heute verbinden ihr Selbstbewußtsein mit viel Weiblichkeit. Und das zeigen sie auch gern. Egal, ob Berufs- oder Privatleben, sie meisterr beides souverän und mit viel Charme. Denn die perfekte Körperpflege ist zum täglichen Selbstverständnis geworden. Und ihr gepflegter Auftritt verschafft ihnen die Souveränität, das zu tun, worauf sie Lust haben. Eben Ladylike – Ladyshave.«
Werbebroschüre der Firma Philips, 1995

Anmerkungen

[1] Klencke (1875), S. 538f.
[2] Fangé (1774), die deutsche Übersetzung von Karl Gottlob Schelle erschien 1797.
[3] Philippe (1845).
[4] Vgl. Jockenhövel (1980), S. 30f.
[5] Diodorus Siculus, V, 28, S. 171f.
[6] Isidorus Hispaniensis, *Etymologia*, XIX, 23, 7, Sp. 689.
[7] Sidonius Apollinaris, *Epistolae*, I, 2, 2.
[8] Abb. in *Die Frisur* (1988), S. 52 und bei Delbrueck (1949), S. 68 und Taf. I, Abb. 3.
[9] Paulus Diaconus, *Historia langobardorum*, I, 9; vgl. auch ebd. IV, 22.
[10] Sidonius Apollinaris, *Carminae*, V, 241–242, S. 37.
[11] Vgl. *Liber pontificalis*, Gregorius III, 14, S. 420; *Liber pontificalis*, Hadrianus, 32, S. 495–496 und Erchempert, *Historia Langobardorum Beneventanorum*, 4, S. 236.
[12] Jacob (1927), S. 32.
[13] Widukind von Corvey, *Rerum gestarum saxonicarum*, II, 36, S. 82. Dies stimmt nach Schramm (1928), S. 77f mit den überlieferten Bildnissen überein. Dagegen spottete Liudprand von Cremona, Ottos Gesandter am Hof des byzantinischen Kaisers Nikephora Phokas, über dessen dichten, kurzen, breiten und halbgrauen Bart; vgl. Liudprand von Cremona, *Legatio* III, S. 177.
[14] Raoul Glaber, X, S. 89. Übersetzung nach Brüggen (1989), S. 155.
[15] Giesebrecht (1875), S. 706. Übersetzung nach Brüggen (1989), S. 198.
[16] Zimmermann (1973), S. 422–425, vgl. auch S. 126f.
[17] Herrad von Hohenburg, *Hortus deliciarum* (1979), Bd. II, Taf. 124 (fol. 215^v).
[18] Otloh von St. Emmeram, *Opera omnia*, Sp. 242–244.
[19] Otloh von St. Emmeram, *Liber de admonitione clericorum et laicorum* IX, S. 428C.
[20] Ruodlieb, XIII (XI), 1–4; vgl. auch Ruodlieb, VII, 67–68; Übersetzung nach Knapp (1977).
[21] Allan of Lille, *De Planctu naturae*, S. 861.
[22] Eustathios von Thessaloniki, *Commentarii ad Homeri Odysseam* X, 277f., S. 382.
[23] Vgl. Martin (1906), S. 70f.
[24] Burchard von Belleveaux, *Apologia de Barbis* III, 508f., S. 189.
[25] Burchard von Belleveaux, *Apologia de Barbis* III, 1366–1368, S. 217.
[26] Ordericus Vitalis, *Historia ecclesiastica*, III, 325, S.189; vgl. auch die Predigt des Serlo von Séez ebd. XI, 2, S. 64f.
[27] Aldersbacher Sammelhandschrift, Bayerische Staatsbibliothek München, Clm 2599, fol. 103^r und fol. 108^r.
[28] Vgl. *Ordines für die Weihe und Krönung des Kaisers* (1960), S. 37 und S. 223.
[29] Vgl. Salimbene Parmensis, *Chronica*, S. 371.
[30] Tilemann Edler von Wolfhagen, *Limburger Chronik*, 130, S. 76.
[31] Tilemann Edler von Wolfhagen, *Limburger Chronik*, 27, S. 38.
[32] Mone (1856), S. 58 und 60.
[33] Baader (1861), S. 67.

[34] Konrad Kyeser, *Bellifortis*, Universitätsbiliothek Göttingen Ms. philos. 63, fol. 139r.

[35] *Sigmund Meisterlins Chronik der Reichsstadt Nürnberg 1488, 7*, S. 133f.

[36] Zitiert nach Westphal, *Hoffahrtsteufel*, S. 236f.

[37] Geiler von Kaysersberg, *Welt Spiegel oder Narrenschiff*, S. 247f.

[38] Strauss Elstenbergensis, *Kleiderteufel*, fol. 8^{v}, S. 35.

[39] Pagenstecher (1715), S. 37.

[40] Garzoni (1618), S. 666.

[41] Moscherosch, *Gesichte Philanders von Sittewalt*, S. 117.

[42] Abraham a Santa Clara, *Judas der Ertz-Schelm*, S. 167.

[43] *Kurzer Begriff menschlicher Fertigkeiten* (1779), S. 534.

[44] *Kurzer Begriff menschlicher Fertigkeiten* (1779), S. 534.

[45] Schönbart (1660), fol. 20–23.

[46] Permoser (1714), S. 8, 10 und 26; Schönbart (1660), fol. 6.

[47] Marquis de Paulmy, *Précis d'une histoire générale de la vie privée des Français*, 1779, S. 193 zit. nach Braudel (1990), S. 356.

[48] Eble (1831), S. 190.

[49] Leipziger Tageblatt, Jg. 1844, Nr. 134 nach *Buch der Haare und Bärte* (1844), S. 60f.

[50] Rehm (1989), S. 31.

[51] Klencke (1875), S. 535 und 540.

[52] Klencke (1875), S. 537.

[53] *Buch der Haare und Bärte* (1844), S. 51.

[54] Eber (1913), S. 5.

[55] Askinson (1876), S. 322.

[56] Eble (1831), S. 395.

[57] Matthäi (1805), S. 94f.

[58] Burchard von Belleveaux, *Apologia de Barbis* III, 455–457, S. 188.

[59] Colerus (1680), 2. Teil, 2. Buch, Kap. 55.

[60] Süddeutsche Fachzeitung für Friseure, Jg. 1904, S. 153.

[61] *Die Geschichte von einem Barbier* (1889), S. 1 und 3.

[62] *Etwas über Sonntagsruhe*. In: Süddeutsche Fachzeitung für Friseure, Jg. 1904, S. 124.

[63] *Die Geschichte von einem Barbier* (1889), S. 3.

[64] Müller (1925), S. 429.

[65] Deutsche Allgemeine Friseurzeitung, Jg. 1910, S. 453.

[66] Süddeutsche Fachzeitung für Friseure, Jg. 1904, S. 164.

[67] Süddeutsche Fachzeitung für Friseure, Jg. 1909, S. 118.

[68] Eber (1913), S. 8f.

[69] Annonce für *»Hoffriseur Haby's ›Wach auf‹-Rasiercreme«* In: Süddeutsche Fachzeitung für Friseure, Jg. 1911, S. 210.

[70] Hunter (1903), S. 54.

[71] Vgl. Kingsbury (1803), S. 97–102.

[72] Vorwort zu Berger (1896); vgl auch S. 11–17.

[73] Vgl. Süddeutsche Fachzeitung für Friseure, Jg. 1904, S. 138.

[74] Maguhn (1931), S. 81.

[75] Vgl. Geschäfts-Kalender und Jahrbuch für Barbiere 3 (1900), Teil 2, S. 4.

[76] Geschäfts-Kalender und Jahrbuch für Barbiere 3 (1900), Teil 2, S. 3.

[77] Maguhn (1931), S. 7f.

[78] Eber (1913), S. 17.

[79] Reichspatent 12.444 vom 25.5.1880 und 13.886 vom 7.7.1880 für Durand, Bossin & Brard sowie Reichspatent 40.417 vom 21.9.1889 für Terence Francis Curey.

[80] *Rasierklinge und Rasierapparat.* In: Messer & Schere 58 (1954), S. 129f. Vgl. auch *Eine Neuerung auf dem Gebiete der Selbstrasierzeuge.* In: Messer & Feile 17 (1910), Heft 19 vom 1.10.1910, S. 26.

[81] Krünitz, *Enzyklopädie,* Bd. 88 (1802), S. 272–274 und Abb. 5147.

[82] Vgl. Perret (1770) und Himsworth (1953), S. 144–148.

[83] Reichspatent 43.506 vom 17.9.1887 für Otto Wolff. Der Autor verwendet interessanterweise die später für den Naßrasierer gebräuchliche Bezeichnung »*Sicherheitsrasierapparat*«.

[84] Reichspatent 18.810 vom 3.11.1881 für Karl Rudolph Huschke.

[85] Vgl. Dahmann (1981), S. 201, Anm. 3 und *Zwei Urtypen von Sicherheits-Rasierapparaten.* In: Die Klinge 3 (1935), S. 220.

[86] Vgl. Bezanson (1951), S. 197 und Messer & Feile 13 (1906), Heft 15 vom 1.8.1906, S. 18.

[87] *Das Rasieren in neuem Licht.* In: Messer & Feile 14 (1907), Heft 11 vom 1.6.1907, S. 15.

[88] *Einsendungen.* In: Messer & Feile 14 (1907), Heft 7, S. 14f.

[89] *Das Rasieren in neuem Licht.* In: Messer & Feile 14 (1907), Heft 11 vom 1.6.1907, S. 15.

[90] *Das Rasieren in neuem Licht.* In: Messer & Feile 14 (1907), Heft 11 vom 1.6.1907, S. 15.

[91] *Das Messerschmiedewaren-Geschäft in Sheffield 1908.* In: Messer & Feile 16 (1909), Heft 19 vom 1.10.1909, S. 22.

[92] *Der Rasierapparat und das Barbiergewerbe.* In: Messer & Feile 18 (1911), Heft 24 vom 15.12.1911, S. 18.

[93] *Geschäftliche Mitteilungen.* In: Messer & Feile 15 (1908), Heft 20 vom 15.10.1908, S. 15.

[94] *Der Rasierapparat und das Barbiergewerbe.* In: Messer & Feile 18 (1911), Heft 24 vom 15.12.1911, S. 18. Die ersten Rasierapparate kosteten 15,– oder 20,– Reichsmark, doch wurden bereits 1908 verschiedene Apparate zum Preis von 5,50 RM angeboten.

[95] *Der Rasierapparat und das Barbiergewerbe.* In: Messer & Feile 18 (1911), Heft 24 vom 15.12.1911, S. 18.

[96] Vgl. *Die Luna Reklame im Kampf mit den Friseuren!* In: Messer & Feile 18 (1911), Heft 10 vom 15.5.1911, S. 17 und *Einsendungen.* In: Messer & Feile 18 (1911) Heft 12 vom 15.6.1911, S. 24.

[97] Müller (1914), S. 101.

[98] *Der elegante Herr* (1927), S. 30f.

[99] Müller (1934), S. 87.

[100] Eber (1913), S. 19f.

[101] *Moden des Männergesichts.* In: Süddeutsche Fachzeitung für Friseure, Jg. 1912, S. 91.

[102] Krüger (1930), S. 59.

[103] Süddeutsche Fachzeitung für Friseure, Jg. 1910, S. 240.

[104] Süddeutsche Fachzeitung für Friseure, Jg. 1914, S. 90.

[105] Süddeutsche Fachzeitung für Friseure, Jg. 1913, S. 289.

[106] Weiler (1929), S. 36.

[107] Hartmann (1919), S. 177.

[108] Rolshausen (1928), S. 8.

[109] *Wirtschaftsbilder aus der Solinger Industrie.* In: Solinger Tageblatt vom 7. Februar 1928.

[110] *Rasieren ein Kinderspiel.* In: Die Klinge 1 (1933/34), S. 346f.

[111] *Die Absatzverhältnisse auf dem Rasiermessermarkt.* In: Die Klinge 2 (1934), S. 360f. Vgl. auch Messer & Schere 41 (1934), S. 263f.

[112] *Rasierklingen in Plastik-Behältern.* In: Messer & Schere 55 (1951), S. 216.

[113] Vgl. Krünitz, *Enzyklopädie,* Bd. 120 (1812), S. 704–707 und *Bitte ausprobieren! Kleine Kuriosität des Alltags.* In: Eisenwaren-Zeitung Jg. 1953, S. 1083.

[114] *Neue Vorschriften über Herstellung und Verkauf von Rasierklingen.* In: Die Klinge 9 (1942), S. 114.

[115] *Von der Klinge zum Rasierband.* In: Eisenwaren-Zeitung, Jg. 1968, S. 41f.

[116] Maschenbauer (1754), S. 42–44.

[117] Vgl. Reineking van Bock (1976), S. 66.

[118] Krünitz, *Enzyklopädie* Bd. 3, 1782, S. 517. Vgl. auch das ähnliche Urteil bei Maschenbauer(1754), S. 42–44.

[119] Reichspatent 119.368 vom 17.1.1900 für Hermann Drösse. Vgl. auch das Reichspatent 100.735 vom 10.8.1897 für Philipp Schön.

[120] Süddeutsche Fachzeitung für Friseure, Jg. 1914, S. 11.

[121] Reichspatent 283.463 vom 18.2.1913 für Heinrich Westendorp. Vgl. auch das Reichspatent 295.986 vom 9.12.1913 für Heinrich Katz.

[122] Vgl. die Reichspatente 217.754 vom 16.8.1908 für Robert Taylor und 608.483 vom 11.8.1932 für George Taylor.

[123] *Trockenrasierapparate.* In: Eisenwaren-Zeitung, Jg. 1950, S. 586f.

[124] *Elrama-Rasierapparat.* In: Eisenwaren-Zeitung, Jg. 1951, S. 1083.

[125] *Die Entwicklung des Rasiergeräts.* In: Die Klinge 3 (1935), S. 221–223.

[126] Reichspatent 374.822 vom 8.3.1921 für Fritz Kober. Vgl. auch Reichspatent 328.977 vom 27.2.1919 für Hermann Werner.

[127] *Die Entwicklung der Trockenrasiergeräte.* In: Messer & Schere 61 (1957), S. 363–365.

[128] *Trockenrasierer-Neuheiten.* In: Messer & Schere 57 (1953), S. 188.

[129] *Kleine Warenkunde über Trockenrasierer.* In: Eisenwaren-Zeitung, Jg. 1959, Stahlwaren-Beilage Nr. 22, Februar 1959. Vgl. auch *Kleine Warenkunde über Trockenrasierer.* In: Eisenwaren-Zeitung, Jg. 1955, Stahlwaren-Beilage Nr. 11, November 1955.

[130] *Die Technik der elektrischen Rasierapparate.* In: Eisenwaren-Zeitung, Jg. 1954, Elektrogerät – Elektrowerkzeug Nr. 1, Januar 1954.

[131] Vgl. zu Schick ausführlich Krumholz (1987), S. 234–236.

[132] Derks (1989), S. 9–11 und 17–20.

[133] Werbeslogan der Fa. Härter aus *Zwei neue Accura-Geräte erfolg-*

reich gestartet. In: Messer & Schere 62 (1958), S. 50f.

[134] *Der neue Philips-Batterie-Rasierer.* In: Messer & Schere 56 (1952), S. 115. Vgl. auch *Vorschaltgerät »Rasimaut« für den Autofreund.* In: Messer & Schere 60 (1956), S. 274; *Trockenrasierer für Reise und Camping.* In: Messer & Schere 61 (1957), S. 36.

[135] *Elektro-Rasiergeräte und ihr Verkauf.* In: Messer & Schere 64 (1960), S. 330. Vgl. auch *Trockenrasierer für moderne Nomaden.* In: Messer & Schere 62 (1958), S. 353f.

[136] *Seemannsbärte im Aussterben.* In: Messer & Schere 56 (1952), S. 228.

[137] *Chancen für moderne Batterie-Rasierer.* In: Messer & Schere 65 (1961), S. 402. Sozialtourismus nannte man in den Anfängen des Massentourismus von Gewerkschaften oder anderen Organisationen veranstaltete Gruppen- oder Pauschalreisen.

[138] *Für die Reise Philips Doppelkopf-Trockenrasierer als Batteriegerät.* In: Messer & Schere 59 (1955), S. 114. Vgl. auch *Der Trockenrasierer ohne Strom gewinnt an Bedeutung.* In: Eisenwaren-Zeitung, Jg. 1955, S. 444.

[139] *Neuere Elektrorasierer für Heim und Reise.* In: Messer & Schere 69 (1965), S. 67.

[140] *Verkaufserfahrungen mit dem »Präsident«.* In: Messer & Schere 63 (1959), S. 42.

[141] *Zum guten Gerät ein schönes Etui.* In: Messer & Schere 62 (1958), S. 198.

[142] Ein durchaus ernsthafter Vorschlag aus *Quer durch die Schneidwaren-Ausstellung.* In: Messer & Schere 57 (1953), S. 96.

[143] *Rasierklingen und Rasierapparate.* In: Messer & Schere 54 (1950), S. 204.

[144] *»Elektrisch« ... Rasieren ohne Strom.* In: Messer & Schere 58 (1954), S. 209.

[145] *Wie war das Trockenrasierer-Weihnachtsgeschäft?* In: Messer & Schere 61 (1957), S. 33f.

[146] *Funktion und Marktbedeutung der elektrischen Rasierapparate.* In: Die Klinge 17 (1954), S. 37f.

[147] *Rasierklingen und Rasierapparate.* In: Messer & Schere 54 (1950), S. 204.

[148] *Die elektrischen Rasierapparate.* In: Die Klinge 13 (1950), S. 151–153.

[149] Der Anteil der Männer, die einen Elektrorasierer benutzten, betrug 1953 1,5%, 1954 10%, 1955 14%, 1956 17%, 1957 20%, 1958 28%, 1959 33%, 1960 40%, 1961 50%, 1963 45%, 1964 51%, 1966 61%, 1967 61% 1968 61%, 1970 55%, 1979 58%, 1981 60%, 1983 56,4%, 1984 56,6%.

[150] Die Produktionszahlen betrugen 1953 500 000, 1954 881 000, 1955 1,124 Mio., 1956 2,096 Mio, 1957 3,071 Mio, 1958 3,584 Mio., 1959 2,168 Mio., 1960 2,714 Mio. und 1961 auf 2,243 Mio. Trockenrasierer. Die Verkaufszahlen beliefen sich 1957 auf 1,97 Mio., 1959 auf 1,491 Mio., 1960 auf 2,437 Mio. und 1961 auf 1,425 Mio. Stück.

[151] *Jeder 13. hat einen Trockenrasierer.* In: Eisenwaren-Zeitung, Jg. 1955, S. 259. Vgl. auch *Trockenrasur erfaßt bereits ein Drittel aller Männer.* In: Eisenwaren-Zeitung, Jg. 1958, S. 1156.

[152] *Die Marken der Trockenrasierer.* In: Eisenwaren-Zeitung, Jg. 1958, S. 546.

[153] *Braun-Standard – ein neuer Rasierer. Neue Preislinie soll neue Verbraucherschichten erschließen.* In: Messer & Schere 63 (1959), S. 169.

[154] Vgl. *Trockenrasierermarkt in Bewegung. Preissenkungen – Modelle in vereinfachten Etuis.* In: Messer & Schere 63 (1959), S. 325f.; *Gesenkter Preis – neues Etui. Philips 120 S auch als 120 R auf dem Markt.* In: Messer & Schere 63 (1959), S. 338f.

[155] Vgl. *Ersatzbedarf spielt dominierende Rolle. Markt für Elektrorasierer.* In:Handelsblatt Jg. 1980, Nr. 142 vom 28.7.1989, S. 10.

[156] *Schon 5,2 Millionen Trockenrasierer.* In: Messer & Schere 62 (1958), S. 353f.

[157] *Braun-Shaver erlangen Weltgeltung.* In: Messer & Schere 60 (1956), S. 144.

[158] *Trockenrasierer – Symbol des Fortschritts.* In: Messer & Schere 60 (1956), S. 141–143. Vgl. auch *Stärkere Werbung für Rasierklingen tut not.* In: Die Klinge 22 (1959), S. 66.

[159] *Auf der Jahreshauptversammlung des Rasierklingen-Industrieverbandes.* In: Die Klinge 18 (1955), S. 81f.

[160] *Rasierklingen-Industrie ohne Auftrieb. Hauptversammlung des Rasierklingen-Industrieverbandes.* In: Die Klinge 20 (1957), S. 82f.

[161] Annonce der Fa. Braun in der Frankfurter Allgemeinen Zeitung, Jg. 1965, Nr. 252 vom 29.10.1965, S. 17; *Verkaufswettbewerb bei Braun.* In: Messer & Schere 67 (1963), S. 148.

[162] *Auf allen Bildschirmen …* In: Messer & Schere 64 (1960), S. 193.

[163] *Auf allen Bildschirmen …* In: Messer & Schere 64 (1960), S. 193.

[164] *Die Saison für Trockenrasierer beginnt.* In: Messer & Schere 65 (1961), S. 319f.

[165] *Das Trockenrasierergeschäft 1958. Marktforschung behält recht: Zunehmende Beliebtheit.* In: Messer & Schere 62 (1958), S. 32–34.

[166] *Trockenrasierer – Symbol des Fortschritts.* In: Messer & Schere 60 (1956), S. 141–143.

[167] *Rasiergeräte-Neuheiten, die besonders interessieren.* In: Messer & Schere 54 (1950), S. 141–143.

[168] *Trockenrasierer im Reisegepäck.* In: Messer & Schere 61 (1957), S. 195.

[169] *Trockenrasierer – Symbol des Fortschritts.* In: Messer & Schere 60 (1956), S. 141–143.

[170] *Trocken-Rasiergeräte im Handel.* In: Die Klinge 20 (1957), S. 7.

[171] Vgl. Messer & Schere 54 (1950), S. 204 und S. 139.

[172] *Trockenrasierapparate.* In: Eisenwaren-Zeitung, Jg. 1950, S. 586f.

[173] Inserat der Fa. AEG in Messer & Schere 61 (1957), S. 39.

[174] *Wo steht das elektrische Rasieren heute?* In: Messer & Schere 72 (1968), S. 451f.

[175] *Was schenkt ihre Kundschaft zu Weihnachten?* In: Friseurhandwerk 75 (1958), Heft 22 vom 15.11.1958, S. 4–5.

[176] *Trockenrasierer als Weihnachtsgeschenk.* In: Messer & Schere 66 (1962), S. 327. Vgl. auch *Trockenrasiergeräte dringen weiter vor.* In: Die Klinge 21 (1958), S. 52f.; *Moderne Männer bevorzugen Elektrotrockenrasierer.* In: Messer & Schere 66 (1962), S. 217.

[177] *Trockenrasierer in der Fachpresse.* In: Messer & Schere 65 (1961), S. 174–179.

[178] Schwenkglenks (1968), S. 21f. Vgl. auch Tronnier (1960); Tronnier (1967), S. 323 und Zacharias (1956).

[179] Vgl. z.B. den von einem Braun-Angestellten verfaßten Artikel *Der Rasierer und die Haut. Rasurprobleme aus der Sicht eines Dermatologen.* In: Messer & Schere 63 (1959), S. 36–39 sowie *Länger leben durch Trockenrasur.* In: Messer & Schere 62 (1958), S. 202f. und *Sechs Messer für den Bart.* In: Messer & Schere 62 (1958), S. 356.

[180] *Elektrische Rasierapparate aus Solingen.* In: Eisenwaren-Zeitung, Jg. 1953, S. 1200.

[181] *Trockenrasierer sind große Mode.* In: Eisenwaren-Zeitung, Jg. 1955, S. 1056.

[182] *Deutsche und ausländische Trokkenrasierer.* In: Eisenwaren-Zeitung, Jg. 1956, S. 63.

[183] *Deutsche und ausländische Trokkenrasierer.* In: Eisenwaren-Zeitung, Jg. 1956, S. 63. Vgl. auch *Kleine Warenkunde über Trockenrasierer.* In: Eisenwaren-Zeitung, Jg. 1955, Stahlwaren-Beilage Nr. 11, November 1955.

[184] *Erfahrungen mit dem Kobler V-Matic und dem Braun Combi.* In: Messer & Schere 64 (1960), S. 60f.

[185] *Trockenrasierer im Weihnachtsgeschäft.* In: Eisenwaren-Zeitung, Jg. 1956, S. 1579. Vgl. auch *Die Technik der elektrischen Rasierapparate.* In: Eisenwaren-Zeitung, Jg. 1954, Elektrogerät – Elektrowerkzeug Nr. 1, Januar 1954.

[186] *Was schenkt ihre Kundschaft zu Weihnachten?* In: Friseurhandwerk 75 (1958), Heft 22 vom 15.11.1958, S. 4f.

[187] *Plaudereien um das Trockenrasieren.* In: Messer & Schere 64 (1960), S. 198f. Vgl. auch *Quer durch die Schneidwaren-Ausstellung.* In: Messer & Schere 57 (1953), S. 96.

[188] *Hie Naßrasur – hie Trockenrasur.* In: Die Klinge 17 (1954), S. 124f.

[189] *Trockenrasierer in der Fachpresse.* In: Messer & Schere 65 (1961), S. 174–179.

[190] *Deutsche und ausländische Trokkenrasierer.* In: Eisenwaren-Zeitung, Jg. 1956, S. 63.

[191] *Wie ein Remington entsteht.* In: Messer & Schere 61 (1957), S. 196.

[192] Vgl. *Formschneider zum AEG-Trokkenrasierer.* In: Messer & Schere 61 (1957), S. 194; *Rasiergeräte-Neuheiten, die besonders interessieren.* In: Messer & Schere 54 (1950), S. 141–143; *Zwei Schersysteme in einem Kopf.* In: Messer & Schere 61 (1957), S. 365–368; *Wissenswertes über den Dual-Trockenrasierer.*

In: Messer & Schere 62 (1958), S. 45–46.

193 *Die Technik der elektrischen Rasierapparate.* In: Eisenwaren-Zeitung, Jg. 1954, Elektrogerät – Elektrowerkzeug Nr. 1, Januar 1954.

194 *Trockenrasur auch im Badezimmer.* In: Messer & Schere 60 (1956), S. 266. Vgl. auch *Steckdose im Badezimmer.* In: Die Klinge 20 (1957), S. 6.

195 Vgl. *Elektro-Rasiergeräte und ihr Verkauf.* In: Messer & Schere 64 (1960), S. 326–332; *Sicherheits-Rasiersteckdose mit Schutztrennung.* In: Eisenwaren-Zeitung, Jg. 1956, S. 13.

196 *Von der Klinge zum Rasierband.* In: Eisenwaren-Zeitung, Jg. 1968, S. 41f. Vgl. auch *Geschäftsbelebung in der Rasierklingenindustrie.* In: Messer & Schere 73 (1969), S. 297.

197 Walter Arnold: *Rasierer-Aktualitäten.* In: Friseurhandwerk 78 (1961), Heft 7 vom 1.3.1961, S. 14f.

198 Gawronski (1956), S. 41f.

199 Horn (1954), S. 368.

200 *Gute Warenkenntnis beim Verkauf von Trockenrasierern.* In: Eisenwaren-Zeitung, Jg. 1960, Stahlwaren-Beilage Nr. 26, Dezember 1960.

201 Miketta (1960), S. 16.

202 *Der elegante Herr* (1927), S. 30. Vgl. auch Weiler (1929), S. 36.

203 *Der Bart ist ab.* In: Friseurhandwerk 77 (1960), Heft 9 vom 1.5.1960, S. 76f. Vgl. auch Gawronski (1956), S. 40f.

204 *Das Rasierproblem aus alter und neuer Sicht.* In: Die Klinge 17 (1954), S. 72f.

205 *Was schert mich?* In: Messer & Schere 65 (1961), S. 324–327.

206 Miketta (1960), S. 23.

207 Vgl. *Wie rasiert man sich heute?* In: Messer & Schere 64 (1960), S. 199. Vgl. auch *Über 1 Million Trockenrasierer wurden 1955 in Frankreich verkauft.* In: Messer & Schere 63 (1959), S. 14.

208 Geschäfts-Kalender und Jahrbuch für Barbiere 3 (1900), S. 2.

209 Vgl. Dioskurides, V, 104, S. 74.

210 Vgl. Jörimann (1925), S. 63.

211 Vgl. Roger Frugardi, *Chirurgia*, 23 bei Sudhoff (1918), S. 168.

212 Pfeiffer (1863), S. 143. Vgl. auch Telle (1972), S. 148f.

213 Nachweise bei Telle (1972), S. 148, insbes. Anm. 303; sowie Keil (1980), Sp. 1021.

214 Vgl. Ornatus mulierum (1967), 239–260, S. 46–49.

215 Vgl. Telle (1972), S. 310 und S. 340; Lindgren (1967), S. 92; Braekman (1975), S. 227; Lindgren (1979), S. 53; Ott-Voigtländer (1979), S. 32 und S. 46.

216 Vgl. Follan (1963), S. 117; Ott-Voigtländer (1979), S. 38; Lindgren (1967), S. 92 und S. 119f.; Braekman (1975), S. 186.

217 Vgl. Nellis (1983), S. 149. So zupft Alison, eine Figur in den Canterbury Tales von Geoffrey Chaucers (um 1340–1400), ihre Augenbrauen aus.

218 Vgl. Colerus (1680), Teil 1, S. 719f. und Teil 2, S. 81f.

219 Vgl. Gollmann (1860), S. 130.

220 Vgl. das *Mieser Kräuterbuch*, S. 44.

221 Vgl. *Neu Eröffnete Schminck-Apothek* (1694), Kap. 8.

[222] Cohnstein (1833), S. 90. Vgl. auch *Arzt für Liebhaber der Schönheit* (1781), S. 138f. und Zwierlein (1789), S. 142.

[223] Krünitz, *Enzyklopädie* (1788), Bd. 20, S. 514. Gollmann (1860), S. 222f. schreibt: »*Rasirflaschen sind so dünn geblasene Glasflaschen, dass sie mit einer Schere zerschnitten werden können. Mit einem solchen abgeschnittenen Stücke kann man sich die Haare wegrasiren. … Man hat die Rasirflaschen zur Vertilgung der Milchhaare im Gesicht, auf den Armen und Händen empfohlen.*«

[224] Klencke (1875), S. 567.

[225] Balzli/Mirabeau (1932), S. 126.

[226] Schuler (1949), unpag. nach S. 136.

[227] Balzli/Mirabeau (1932), S. 126.

[228] Hartwich/Eitner (1930), S. 39.

[229] Lieben (1956), S. 24f.

[230] Meentzen (1934), S. 5.

[231] *Beauty set – Neuartiges kosmetisches Kombinationsgerät von Philips.* In: Messer & Schere 68 (1964), S. 212.

[232] Hahn (1954), S. 39. Offenbar waren nicht alle Frauen bereit, sich unter den Achseln zu rasieren, denn an anderer Stelle hieß es: »*Wenn sie eine Gegnerin des Rasierens der Achselhöhlen oder der Anwendung des eben beschriebenen Mittels sind, dann schneiden Sie die Haare in den Achselhöhlen auf jeden Fall kurz ab.*«

[233] Hahn (1954), S. 55. Zudem erwähnen nicht alle in den fünfziger Jahren erschienenen Schönheits- und Kosmetikratgeber die Rasur der Beine. In keinem jedoch fehlt der Hinweis auf die Rasur der Achseln.

[234] Hahn (1954), S. 40.

[235] Weyhbrecht/Enderlein (1974), S. 155.

[236] *Ein »Rasierer« für die Dame. AEG brachte Haarentferner »Astrid« heraus.* In: Messer & Schere 62 (1958), S. 200.

Literatur

Abraham a Santa Clara: *Judas der Ertz-Schelm für ehrliche Leut, oder: Eigentlicher Entwurf und Lebens-Beschreibung des Iscariotischen Böswicht. Worinnen unterschiedliche Discurs, sittliche Lehr-Puncten, Gedicht und Geschicht, auch sehr reicher Vorrath Biblischer Concepten.* 1. Theil. (P. Abraham's a St. Clara Sämmtiche Werke; Bd. 1) 2. Lindauer Aufl. Lindau 1872.

Adams, Russel B.: *King C. Gillette. The Man and his Wonderful Shaving Device.* Boston/Toronto 1978.

Allan of Lille: *De Planctu naturae.* Hg. von Nikolaus M. Häring. In: Studi medievali, 3. Serie, Jg. 19, Teil 2 (1978), S. 797–879.

Der Arzt für Liebhaber der Schönheit. Heidelberg 1781.

Askinson, George William: *Die Parfumerie-Fabrikation. Vollständige Anleitung zur Darstellung aller Taschentuch-Parfums, … aller Mittel zur Pflege der Haut, des Mundes und der Haare … und aller in der Toilettekunst verwendeten Präparate.* (Hartleben's Chemisch-technische Bibliothek; Bd. 4) Wien/Pest/Leipzig 1876.

Baader, Joseph: *Nürnberger Polizeiordnungen aus dem XIII. bis XV. Jahrhundert.* (Bibliothek des litterarischen Vereins in Stuttgart; Bd. 63) Stuttgart 1861. [Repr. Amsterdam 1966]

Baldwin, George B.: *The Invention of the Modern Safety Razor. A Case Study of Industrial Innovation.* In: Explorations in Entrepreneurial History 4 (1951/52), S. 73–102.

Balzli, Hans und Yvette Mirabeau: *Gepflegte Frau – Schöne Frau. Das Buch der modernen Kosmetik.* Stuttgart 1932.

Barbieren – Frisieren – Kurieren. Vom Bartscherer zum Haarkünstler. Mit Beiträgen von Ralf Vogeding, Arnold Lühning [u.a.]. Katalog zur Ausstellung der Volkskundlichen Gerätesammlung des Schleswig-Holsteinischen Landesmuseums in Schleswig, Schloß Gottorf. Schleswig 1988.

Kurzer Begriff menschlicher Fertigkeiten und Kenntnisse so fern sie auf Erwerbung des Unterhalts, auf Vergnügen, auf Wissenschaft, und auf Regierung der Gesellschaft abzielen. Zweyter Theil, welcher die letzte Hälfte der Handwerke und Handarbeiten enthält. Leipzig 1779.

Berger, Heinrich: *Die Hygiene in den Barbierstuben.* Basel/Leipzig 1896.

Bezanson, Anne: *The Invention of the Safety Razor. Further Comments.* In: Explorations in Entrepreneurial History 4 (1951/52), S. 193–198.

Braekman, Willy L.: *Medische en Technische Middelnederlandse Recepten. Een Tweede Bijdrage tot de Geschiedenis van de Vakliteratuur in de Nederlanden.* Hrsg. von der Koninklijke Academie voor Taal- en Letterkunde. Gent 1975.

Braudel, Fernand: *Sozialgeschichte des 15.–18. Jahrhunderts. Bd. 3: Der Alltag.* München 1990.

Brüggen, Elke: *Kleidung und Mode in der höfischen Epik des 12. und 13. Jahrhunderts.* (Beihefte zum Euphorion; Bd. 23) Heidelberg 1989.

Das Buch der Haare und Bärte. Humoristische Abhandlungen für Jedermann und – jede Frau. Leipzig 1844.

Bumke, Joachim: *Höfische Kultur. Literatur und Gesellschaft im hohen Mittelalter.* 2 Bde. München 1986.

Burchard von Belleveaux: *Burchardi, ut videtur, abbatis Bellevallis Apologia de barbis.* In: Apologiae duae. Ed. by R[obert] B. C. Huygens. (Corpus Christianorum. Continuatio Mediaevalis; 62) Thurnholti 1985.

Cohnstein, Wilhelm: *Kosmetisches Taschenbuch für die elegante Welt. Enthaltend: eine gründliche Anweisung, wie man die Schönheit der Haut,der Haare, Augen, Zähne u.s.w. bis ins späteste Alter erhalten, erhöhen und den Mangel derselben ersetzen kann.* Lissa/Leipzig 1833.

Colerus, Johannes: *Oeconomia ruralis et domestica. Darin das gantz Ampt aller trewer Hauß-Vätter und Hauß-Mütter/ beständiges und allgemeines Hauß-Buch ... Samt beygefügter einer experimentalischer Hauß-Apothecken ... Für allerhand Kauf- und Handels-leut/ Auch Doctorn, Haußvätter/ Apothecker/ Laboranten, Balbierer/ ... Hiebevor von M. Johanne Colero, Beschriben/ Jetzo aber/ auff ein Neues in vielen Büchern mercklich corrigiert, vermehret und verbessert.* Franckfurt am Main M.DC.LXXX.

Constable, Giles: *Introduction. On Beards in the Middle Ages.* In: *Apologiae duae. Gozechini Epistola ad Walcherum. Burchardi, ut videtur, abbatis Bellevallis Apologia de barbis.* Ed. by R. B. C. Huygens. (Corpus Christianorum. Continuatio Mediaevalis; 62) Thurnholti 1985, S. 47–160.

Corson, Richard: *Fashions in Hair. The first five thousand Years.* 4. Aufl. London 1980.

Dahmann, Gerd: *Patentwesen, technischer Fortschritt und Wettbewerb. Formulierung einer empirisch prüfbaren Patenttheorie und Bewährungstest am Beispiel der Rasiergeräteindustrie.* (Europäische Hochschulschriften. Reihe V: Volks- und Betriebswirtschaft; Bd. 256) Frankfurt/M. 1981. [zugl. Diss. Dortmund 1979]

Delbrueck, Richard: *Spätantike Germanenbildnisse.* In: Bonner Jahrbücher 149 (1949), S. 66–81.

Della Corte, Matteo: *Novacula.* In: Ausonia. Rivista della Societá Italiana di Archeologia e Storia dell'Arte 9 (1919), S. 139–160.

Derks, Sergio: *The Shaving Revolution. Philishave 50. The Success of a Unique System. Written on the Occasion of the 50th Anniversary of Philishave.* Ed. by the Philips International B.V. Groningen 1989.

Diodorus Siculus: *Diodorus of Sicily in twelve volumes.* With an English translation by C. H. Godfather. Books IV, 59 – VIII. (Loeb Classical Library) London/Cambridge, Ms. 1961.

Dioskurides: *Pedanii Dioscuridis Anazarbei De materia medica libri quinque.* Edidit Max Wellmann. Vol. 3: Liber V. Berolini 1963.

Durbin, Gail: *Wig, Hairdressing and Shaving Bygones.* (Shire Albums; Bd. 117) Aylesbury 1984.

Eber: *Wie pflege ich Haar und Bart und wie erziele ich ohne Bartwuchsmittel in kurzer Zeit einen Schnurrbart? Nützliche Ratschläge für alles, was Haar und Bart betrifft, und wertvolle Aufklärungen über die gesamten Haar- und Bartwuchsmittel. Zum Wohle des Volkes.* Stuttgart 1913.

Eble, Burkard: *Die Lehre von den Haaren.* 2 Bde. Wien 1831.

Eisenbart, Liselotte Constanze: *Kleiderordnungen deutscher Städte zwischen 1350 und 1700. Ein Beitrag zur Kulturgeschichte des deutschen Bürgertums.* (Göttinger Bausteine zur Geschichtswissenschaft; Bd. 32) Göttingen [u.a.] 1962.

Der elegante Herr. Ratgeber zur Pflege des Äußeren, insbesondere der Frisur. Berlin 1927.

Erchempert: *Erchemperti Historia langobardorum beneventanorum.* In: Monumanta Germaniae Historica. Scriptores rerum lagobardorum et italicarum saec. VI–IX. Post G. H. Peretz iterum edidit G. Waitz. Hannoverae 1877, S. 231–264.

Eustathios von Thessaloniki: *Eustathii Archiepiscopi Thessalonicensis Commentarii ad Homeri Odysseam ad fidem Exempli Romani editi.* Hrsg. von G. Stallbaum. Bd. 1.1. Leipzig 1825. [Repr. Hildesheim 1960]

Falke, Jacob: *Haar und Bart bei den Deutschen im Mittelalter.* In: Anzeiger für die Kunde der deutschen Vorzeit NF 5 (1858), Sp. 8–12, 52–55 und 82–86.

Fangé, Augustin: *Mémoires pour servir à l'Histore de la Barbe de l'Homme.* Liége 1774.

Fangé, Augustin: *Geschichte des männlichen Barts unter allen Völkern der Erde bis auf die neueste Zeit. Für Freunde der Sitten und Völkerkunde.* Nach dem Französischen frey bearbeitet und mit einer Theorie der Haare nach ihren Naturzwekken versehen [von Karl Gottlob Schelle]. Leipzig 1797. [Repr. Dortmund 1983 fälschlich unter Karl Gottlob Schelle]

Follan, James: *Das Arzneibuch Ortlofs von Baierland nach der ältesten Handschrift (14. Jahrhundert).* (Veröffentlichungen der Internationalen Gesellschaft für die Geschichte der Pharmazie; N.F. Bd. 23) Stuttgart 1963.

Die Frisur. Geschichte der Haarmode von der Antike bis zur Gegenwart, veranschaulicht an Kunstobjekten der Sammlung Schwarzkopf und internationaler Museen. Hrsg. von Maria Jedding-Gesterling und Georg Brutscher. München 1988.

Garzoni, Thommaso: *Piazza universale, das ist: Allgemeiner Schauwplatz/ oder Marckt/ vnd Zusammenkunfft aller Professionen/ Künsten/ Geschäfften/ Händeln vnd Handwercken/ so in der gantzen Welt geübt werden. … Sampt außführlicher Beschreibung alles dessen/ so darzu gehörig. Beneben der darin vorfallenden Mängel Verbesserung.* Franckfurt am Mayn 1619.

Gawronski, Erich: *Wegweiser durch den Alltag. Ein Lehrgang der Lebensart.* Wien 1956.

Geiler von Kaysersberg, Johann: *Welt Spiegel, oder Narren Schiff, darin aller Ständt schandt vnd laster, vppi-*

ges leben, grobe Narrechte sitten, vnd der Weltlauff, gleich als einem Spiegel gesehen vnd gestrafft werden: alles auf Sebastian Brands Reimen gerichtet. ... Durch den hochgelerten Johan Geiler ... in Lateinischer sprach beschrieben, jetzt aber mit sonderm fleiß inn das recht hoch Teutsch gebracht ... Durch, Nicolaum Höniger. Basel 1574. [Repr. in: *Das Kloster. Weltlich und geistlich. Meist aus der älteren deutschen Volks-, Wunder-, Curiositäten und vorzugsweise komischen Literatur.* Hrsg. von Josef Scheible. Bd. 1: Erste bis vierte Zelle. Stuttgart 1845]

Die Geschichte von einem Barbier. (Deutsche Evangelische Buch- und Tractat-Gesellschaft; Heft 332) Berlin 1889.

Giesebrecht, Wilhelm: *Geschichte der deutschen Kaiserzeit. Bd. 5: Blüthe des Kaiserthums.* 4. Aufl. Braunschweig 1875.

Gjaerder, Peer: *The Beard as an Iconographical Feature in the Viking Period and the Early Middle Ages.* In: Acta Archaeologica ›Copenhagen‹ 35 (1964), S. 95–114.

Gollmann, Wilhelm: *Toilette-Lexikon für die elegante Welt. Kosmetisches Nachschlagebuch für Damen und Herren zur Erhaltung und Erhöhung ihrer Schönheit, Anmuth und Gesundheit.* Leipzig 1860.

Grimm, Jacob: *Deutsche Rechtsalterthümer.* 2 Bde. Nachdr. der 4. Aufl. von 1896. Darmstadt 1955.

Groß, Otto: *Der deutsche Barbier, Friseur und Perückenmacher. Ein Leitfaden für die Hand der Schüler in Fortbildungsschulen, Innungsfachschulen und zum Selbstunterricht.* 2. Aufl. Magdeburg 1911.

Großewinkelmann, Johannes: *Die Entwicklung der deutschen Rasierklingenindustrie 1900 bis 1960.* Schriftliche Hausarbeit vorgelegt im Rahmen des ersten Staatsexamens an der Universität Bielefeld, Fakultät für Geschichtswissenschaften und Philosophie. Ms. Bielefeld 1992.

Günther, Julius und Ing. Kolberg: *Von Rasiermessern in alter und neuer Zeit. Monopolstellung der Solinger Rasiermesserindustrie.* Solingen 1931. [Masch. Ms. im Deutschen Klingenmuseum Solingen]

Haberey, Waldemar: *Ein römisches Barbierbesteck aus Köln.* In: Germania 16 (1932), S. 129–133.

Hahn, Arletta: *Sei auch Du gepflegt und schön! Kleine Geheimnisse um die moderne Schönheitspflege der Frau.* (Sammlung »Hilf Dir Selbst!«, Bd. 96) 3. Aufl. Bonn 1954.

Hartmann, Gustav Adolf: *Wie erlange ich elegante Formen und feine, moderne Lebensart? Ein Brevier für Weltleute und solche, die es werden wollen, unter Berücksichtigung der durch den Krieg geschaffenen Verhältnisse.* Berlin 1919.

Hartwich, A. und E. Eitner: *Kosmetische Haut und Schönheitspflege.* Hannover 1930.

Hauff, Hermann: *Moden und Trachten. Fragmente zur Geschichte des Costüms.* Stuttgart/Tübingen 1840.

Herrad von Hohenburg: *Hortus Deliciarum.* Ed. under the Direction of Rosalie Green. (Studies of the Warburg Institute; Bd. 36) 2 Bde. London/Leiden 1979.

Heyne, Moriz: *Körperpflege und Kleidung bei den Deutschen von den ältesten geschichtlichen Zeiten bis zum 16. Jahrhundert.* (Fünf Bücher deutscher Hausaltertümer; Bd. 3) Leipzig 1903.

Himsworth, J. B.: *The Story of Cutlery – from Flint to stainless Steel.* London 1953.

Hofmeister, Philipp: *Der Streit um des Priesters Bart.* In: Zeitschrift für Kirchengeschichte 62 (1943/44), S. 72–94.

Horn, Erna: *Die hohe Schule der Lebensart.* Kempten 1954.

Hunter, Randolph: *Wie gewinne ich sympathisches Äußeres und imponierende Umgangsformen? Eine Anleitung zur Korrektur persönlicher Mängel und Fehler.* Leipzig 1903.

Isidorus Hispalensis: *Sancti Isidori Hispalensis Episcopi Etymologiarum libri XX.* Accurante J.-P. Migne. (Sancti Isidori Hispalensis Episcopi Opera Omnia; Bd. 3–4.) (Patrologiae cursus completus. Series latina; Bd. 82) Parisiis 1850.

Jacob, Georg: *Arabische Berichte von Gesandten an germanischen Fürstenhöfen aus dem 9. und 10. Jahrhundert.* (Quellen zur deutschen Volkskunde; Bd. 1) Berlin 1927.

Jahn, Georg Wilhelm: *Der Haararzt. Eine neue Untersuchung des Baues, der Bestandtheile und der Verrichtungen der menschlichen Haare … Eine Toiletten-Lektüre für Damen und Herren.* Prag 1828.

Jockenhövel, Albrecht: *Die Rasiermesser in Westeuropa (Westdeutschland, Niederlande, Belgien, Luxemburg, Frankreich Großbrittanien und Irland).* (Prähistorische Bronzefunde; Abteilung VIII, Bd. 3) München 1980.

Joerimann, Julius: *Frühmittelalterliche Rezeptarien.* Diss. Zürich 1925.

Keil, Gundolf: Art. ›*Johannes Furia*‹. In: Die deutsche Literatur des Mittelalters. Verfasserlexikon. 2. Aufl. Hrsg. von Kurt Ruh. Bd. 2. Berlin/New York 1980, Sp. 1020–1021.

Kingsbury, Benjamin: *Abhandlung von den Barbier-Messern, deren Auswahl im Einkaufe, Schwere, Gestalt und Härte; ingleichen von den Mitteln, sie immer in gutem Stande zu halten, und der rechten Art, sie zu brauchen. Zum Nutzen aller Barbiere und eines jeden, der sich selbst barbiert.* Leipzig 1800. 3. Aufl. Leipzig 1803

Klencke, Hermann: *Diätetische Kosmetik oder Gesundheits- und Schönheitspflege der äußeren Erscheinung des Menschen. Eine Volksschrift.* 2. Aufl. Leipzig 1875.

Köhn, Anna: *Das weibliche Schönheitsideal in der ritterlichen Dichtung.* (Form und Geist; Bd. 14) Leipzig 1930.

Krüger, Gustav: *Der Herrenfriseur. Leitfaden durch alle Zweige des Herrenfriseur-Geschäftes.* (Handbuch der Fachkunde und Berufsausbildung für den Friseur; Bd. 3) Berlin 1930.

Krünitz, Johann Georg: *Oekonomische Encyklopädie oder allgemeines System der Staats-, Stadt-, Haus- und*

Landwirtschaft in alphabetischer Ordnung. Bd. 3: Aug bis Bauer, Berlin 1782; Bd. 20: Gre bis Hä, Brünn 1788; Bd. 89: Menschenalter bis Nierenkrankheit, Berlin 1802; Bd 120: Querdeich bis Rattenfalle, Berlin 1812.

Krumholz, Phillip L.: *A History of Shaving and Razors*. Bartonville, Il. 1987.

Legrand: *Rasirspiegel, oder die Kunst, Sich Selbst zu rasiren, nebst den nothwendigen Belehrungen über Rasirmesser, engl. Mineralpaste, Streichapparate, Seifen und alles zur Verschönerung des männlichen Antlitzes Erforderliche. Faßlich dargestellt und durch 8 Figuren erläutert durch Prof. Legrand. Aus dem Französischen übersetzt und mit einem Anhange vermehrt von Leopold Reinig*. Weimar 1846.

Liber pontificalis. Texte, introduction et commentaire par Louis Duchesne. (Bibliothéque des Écoles françaises d'Athènes et de Rome. 2e Série; Bd. 3, Teil 1) Paris 1886.

Lieben, Carola von: *Kleines Kosmetik-Brevier*. (Hyperion-Bücherei; Bd. 53) Freiburg/Br. 1956.

Lindgren, Agi: *Ein Stockholmer mittelniederdeutsches Arzeneibuch aus der zweiten Hälfte des 15. Jahrhunderts*. (Acta Universitatis Stockholmiensis. Stockholmer Germanistische Forschungen; Bd. 5) Stockholm/Göteborg/Uppsala 1967.

Lindgren, Agi: *Die ›aquae medicinales‹ des mittelniederdeutschen Gothaer Arzneibuches*. (Acta Universitatis Stockholmiensis. Stockholmer Germanistische Forschungen; Bd. 24) Stockholm 1979.

Liudprand von Cremona: *Die Werke Liudprands von Cremona*. (Monumenta Germaniae Historica. Scriptores rerum germanicarum in usum scholarum; Bd. 41) 3. Aufl. Hrsg. von Joseph Becker. Hannover/Leipzig 1915.

Maguhn, Hugo: *Rasiermesser-Schärfmethoden*. 2. Aufl. Berlin 1931.

Mai, Silvia C. E.: *Mit Haupt und Haar. Die Entstehung des Friseurhandwerks unter Einbeziehung seiner Entwicklung in Münster*. Münster/New York 1995.

Martin, Alfred: *Deutsches Badewesen in vergangenen Tagen. Nebst einem Beitrage zur Geschichte der deutsches Wasserheilkunde*. Jena 1906.

Maschenbauer, Johann Andreas Erdmann: *Der im Reich der Wissenschaften wohlversuchte Referendarius, oder auserlesenen Sammlungen von allerlei vermischten Schriften und Versuchen aus der Naturlehre, Arzeneiwissenschaft, natürlicher Theologie und Rechtsgelehrsamkeit, Politic, Haushaltungskunst … in einer beliebten Kürze samt den gelehrten Sachen des hiesigen Intelligenzwesens. 5. Theil*. Augsburg 1754.

Matthäi, Carl Christian: *Ist das Abschneiden des Haupthaares und des Bartes eine der Mode zu überlassende gleichgültige Sache?* In: Hufelands Journal der practischen Arzneykunde und Wundarzneykunst 16 (1803), 3. Stück, S. 67–122.

Meentzen, Charlotte: *Die Schönheitspflege der deutschen Frau.* Hrsg. von der Obersten Leitung der Parteiorganisation der N.S-Frauenschaft. (Schulungshefte der N.S.-Frauenschaft; Bd. 7) Leipzig 1934.

Mieser Kräuter- und Arzneibuch. Hrsg. von Georg Schmidt. (Beiträge zur deutsch-böhmischen Volkskunde; Bd. 5) Prag 1905.

Miketta, Hubert: *Gentlemanlike. Ein Herrenbrevier.* Gütersloh 1960.

Mone, Franz Joseph: *Sittenpolizei in Speier, Straßburg und Konstanz.* In: Zeitschrift für die Geschichte des Oberrheins 7 (1856), S. 55–66.

Moscherosch, Johann Michael: *Wunderliche und Wahrhafftige Gesichte Philanders von Sittewalt.* Ausgewählt und hrsg. von Wolfgang Harms. Stuttgart 1986.

Müller, Ferdinand: *Das moderne Friseurgewerbe in Wort und Bild.* Leipzig/Nordhausen [1914].

Müller, Ferdinand: *Der moderne Friseur und Haarformer in Wort und Bild.* 3. Aufl. Nordhausen 1925.

Müller, Valentin C.: *Kulturgeschichte des Friseurhandwerks. Einfluß der Moden und Stile auf die Frisur. Historische Entwicklung bis zur Jetztzeit.* (Handbuch der Fachkunde und Berufsausbildung für den Friseur; Bd. 1) Berlin 1934.

Nellis, M. K.: Art. »*Beauty Aids, Cosmetics.*« In: Dictionary of the Middle Ages. Ed. by the American Council of Learned Societies. Bd. 2. New York 1983, S. 145–150.

Neu Eröffnete Schminck-Apothek/ Das ist: Rechte und warhafftige/ deren zu Conservirung des Angesichtes Schönheit dienenden Medicamenten/ nicht allein sonder einiger Beschwehrlichkeit/ geschwinde und aufrichtige Begleitung/ sondern auch des Gebrauches und Mißbrauches/ Anführung und Entdeckung. An den Tag gegeben von J. H. L. o.O. 1694.

Ordericus Vitalis: *Orderici Vitalis Historia Æcclesiastica. The Ecclesiastical History of Orderic Vitalis.* Edited and Translated by Majorie Chibnall. Bd. 4: Books VII and VIII; Bd. 6: Books XI, XII and XIII. (Oxford Medieval Texts) Oxford 1973–78.

Die Ordines für die Weihe und Krönung des Kaisers und der Könige. Hrsg. von Reinhard Elze. (Monumenta Germaniae Historica. Fontes Iuris Germanici Antiqui in Usum Scholarum; Bd. 9: Ordines Coronationis Imperialis) Hannover 1960.

Ornatus mulierum: *L'Ornement des Dames (Ornatus mulierum). Texte anglo-normand du XIII*[e] *siècle. Le plus ancien receuil en français de recettes médicales pour les soins du visage.* Ed. par Pierre Ruelle. (Univerisité Libre de Bruxelles. Travaux de la Faculté de Philosophie et Lettres; Bd. 36) Bruxelles 1967.

Otloh von St. Emmeram: *Othloni monachi S. Emmerami Opera omnia ad fidem editionum melioris notæ recognita expressa et emendata.* Accurante J.-P. Migne. (Patrologiæ cursus completus. Series latina; Bd. 146) Parisiis 1884.

Otloh von St. Emmeram: *Othloni Liber de Admonitione Clericorum et Laicorum.* In: Thessaurus Anecdotorum novissimus, seu Veterum Monumentorum, Praecipue Ecclesiasticorum. A Bernhardo Pezio. Bd. 3, Teil 2. Augustae Vindelicorum/Gracii 1721, Sp. 401–428.

Ott-Voigtländer, Ulrike: *Das St. Georgener Rezeptar. Ein alemannisches Arzneibuch des 14. Jahrhunderts aus dem Karlsruher Kodex St. Georgen 73.* Teil 1: Text und Wörterverzeichnis. (Würzburger medizinhistorische Forschungen; Bd. 17) Pattensen 1979.

Pagenstecher, Johann Friedrich Wilhelm: *De barba. Liber singularis.* Lemgoviae 1715.

Paulus Diaconus: *Historia langobardorum.* (Monumenta Germaniae Historica. Scriptores rerum germanicarum in usum scholarum; Bd. 48) Hannoverae 1878.

Permoser, Balthasar: *Der Ohne Ursach verworffene und dahero von Rechts wegen auff den Thron der Ehren wiederum erhabeneBarth/ Bey jetzigen ohnbaertigen Zeiten sonder alle Furcht zu maennigliches Wohl und Vergnuegen ausgefertigt vor und von Balthasar Permosern, koenigl. Pohln. und Churfl. Saechßl. bestalten Hoff=Bildhauern.* Frankfurt/Leipzig 1714.

Perret, Jean-Jacques: *La Pogonotomie ou l'Art d'apprendre à se raser soi-même, avec la maniere de connoître toutes fortes de Pierres propres àaffiler tous les outils ou instruments; et les moyéns de preparer les cuirs pour repasser les rasoirs, la maniere d'en faire de très-bons.* Paris 1769.

Pfeiffer, Franz: *Zwei deutsche Arzneibücher aus dem 12. und 13. Jahrhundert. Mit einem Wörterbuche.* In: Sitzungsberichte der kaiserlichen Akademie der Wissenschaften. Philosophisch-historische Classe 42 (1863), S. 110–200.

Phillippe, Adrien: *Histoire philosophique, politique et religieuse de la barbe, chez les principeaux peuples de la terre, depuis les temps les plus reculés jusqu'à nos jours.* Paris/Reims 1845.

Platow, Jürgen: *Bader, Barbiere, Friseure. Bilder und Geschichten eines alten Handwerks, veranschaulicht an Objekten der Sammlung des Berliner Friseurmuseums.* (gegenwart museum) Berlin 1992.

Plawern, A. und Th. Plawern: *Das Selbstrasieren. Seine Technik und Hygiene. Ein Leitfaden.* Dresden 1920.

Raoul Glaber: *Les cinq livres de ses histoires (900–1044).* [Historiarum libri V.] Publiés par Maurice Prou. Paris 1886.

Rehm, Gottfried: *Bartverbot für hessische Staatsdiener im 19. Jahrhundert.* In: Hessische Heimat N.F. 39 (1989), Heft 1, S. 31.

Reineking von Bock, Gisela: *Bäder, Duft und Seife. Kulturgeschichte der Hygiene.* Katalog zur Ausstellung des Kunstgewerbemuseums der Stadt Köln. Köln [1976].

Rolshausen, Wilhelm Freiherr von: *Der vornehme Herr. Ein Leitfaden für das Benehmen in der guten Gesellschaft.* Regensburg 1928.

Ruodlieb. Mittellateinisch und Deutsch. Übertragung, Kommentar und Nachwort von Fritz Peter Knapp. Stuttgart 1977.

Salimbene Parmensis: *Chronica Fratris Salimbene de Adam ordinis minorum.* Edidit Oswaldus Holder-Egger. (Monumenta Germaniae Historica. Scriptorum; Bd. 32) Hannoverae et Lipsiae 1905–08.

Schmidt-Wiegand, Ruth: Art. »*Haar*« und »*Haarscheren*« In: Handwörterbuch zur deutschen Rechtsgeschichte HRG. Bd. 1: Aachen bis Haussuchung. Berlin 1971, Sp. 1880–1887.

Schönbart, M. Barbatium ›Pseud.‹: *Barbæ Majestas. Das ist: Ein schöner/ lustiger und außführlicher Real-Discurs Von den Bärten. In welchem angezeiget wird: Die Majestätische Würdigkeit des Barts, …* Haarburgk ›i.e. Leipzig?‹ 1660.

Schramm, Percy Ernst: *Die deutschen Kaiser und Könige in den Bildern ihrer Zeit. Teil 1: Bis zur Mitte des 12. Jahrhunderts (751–1152).* (Die Entwicklung des menschlichen Bildnisses; Bd. 1) 2 Bde. Leipzig/Berlin 1928.

Schramm, Percy Ernst: *Zur Haar- und Barttracht als Kennzeichen im germanischen Altertum und im Mittelalter.* In: ders.: Herrschaftszeichen und Staatssymbolik. Beiträge zu ihrer Geschichte vom 3. bis zum 16. Jahrhundert. Bd. 1. (Schriften der Monumenta Germaniae historica; Bd. 13/I) Stuttgart 1954, S. 118–127.

Schuler, Elizabeth: *Das Brevier der Dame. Von den Geheimnissen um die gepflegte Frau.* Stuttgart 1949.

Schwenkglenks, Volker: *Methodische Untersuchungen über den Effekt von Rasierverfahren und -geräten.* Med. Diss. Tübingen 1968.

Sidonius Apollinaris, Carminae: Sidone Apollinaire. Tome I: Poémes. Texte établi et traduit par André Loyen. (Collection des Universités de France) Paris 1960.

Sidonius Apollinaris, Epistolae: Sidone Apollinaire. Tome II: Lettres (Livre I–V). Texte établi et traduit par André Loyen.
(Collection des Universités de France) Paris 1970.

Sievers, Hans: *Was für'n haariges Jahrhundert! Illustrierte Geschichte der Frisurmode von 1900 bis heute.* Hrsg. von der Wella AG. Darmstadt 1982.

Sigmund Meisterlins Chronik der Reichsstadt Nürnberg 1488. In: Die Chroniken der fränkischen Städte. Bd. 3: Nürnberg. (Die Chroniken der deutschen Städte; Bd. 3) Leipzig 1864, S. 32–336.

Stolz, Susanna: *Die Handwerke des Körpers. Bader, Barbier, Perückenmacher, Friseur. Folge und Ausdruck historischen Körperverständnisses.* Marburg 1992.

Strauß Elsterbergensis, Johannes: *Wider den Kleyder/Pluder/Pauß und Krauß-Teuffel.* Görlitz 1581. [Repr. in: Teufelbücher in Auswahl. Hrsg. von Ria Stambaugh. Bd. 2. Berlin/New York 1972]

Sudhoff, Karl: *Beiträge zur Geschichte der Medizin im Mittelalter. Graphische und textliche Untersuchungen in mittelalterlichen Handschriften.*

Bd. 2. (Studien zur Geschichte der Medizin; Bd. 11/12) Leipzig 1918.
Telle, Joachim: *Petrus Hispanus in der altdeutschen Medizinliteratur. Untersuchungen und Texte unter besonderer Berücksichtigung des ›Thesaurus pauperum‹.* Diss. Heidelberg 1972.
Tilemann Edler von Wolfhagen: *Die Limburger Chronik des Tilemann Elhen von Wolfhagen.* Hrsg. von Arthur Wyss. (Deutsche Chroniken und andere Geschichtsbücher des Mittelalters; Bd. 4, 1. Abt.) Hannover 1883.
Tronnier, Hagen: *Zur Prüfung des Effektes von Rasierhilfsmitteln.* In: Ästhetische Medizin 8 (1960), S. 241–246.
Tronnier, Hagen: *Dermatologische Probleme bei der Rasur.* In: Parfümerie und Kosmetik 47 (1967), S. 321–324.
Trümpy, Hans: *Haar- und Barttracht als Ausdruck der Weltanschauung.* In: Sandoz Bulletin 48 (1978), S. 26–34.
Trupat, Christina: *Kopf-Arbeit. Zur Entwicklung des Friseurhandwerks seit 1871.* Hrsg. vom Museum für Verkehr und Technik Berlin. (Materialien aus dem Museum für Verkehr und Technik; Bd. 6) Berlin 1990.
Weiler, M. von: *Der Herr.* Ausgabe für 1929/30. Stuttgart 1929.
Westphal, Joachim: *Wider den Hoffartsteuffel/ der itziger zeit/ solchen pracht/ unmass/ uppiggeit/ und leichtfertigkeit in der Welt treibet/ mit ubermessiger/ und unzimlicher/ kurz und einfeltig Schulrecht.* Eisleben 1565. [Repr. in: Teufelbücher in Auswahl. Hrsg. von Ria Stambaugh. Bd. 3. Berlin/New York 1973]
Weyhbrecht, Heinz und Liselotte Enderlein: *Kosmetik heute. Grundriß der theoretischen und praktischen Kosmetik.* 4. Aufl. Stuttgart 1974.
Widman, Marion: *Bart.* In: *Anziehungskräfte. Varieté de la Mode 1786–1986.* Ausstellungskatalog hrsg. vom Münchner Stadtmuseum. München 1986, S. 46–51.
Widukind von Corvey: *Widukindi Monachi Corbeiensis Rerum gestarum saxonicarum Libri tres.* Post georgium Waitz recognovit Karolus Andreas Kehr. (Monumeta Germaniae Historica. Scriptores rerum germanicarum in usum scholarum; Bd. 60) Hannoverae et Lipsiae 1904.
Zacharias, F.: *Ist elektrisches Rasieren ein Fortschritt?* In: Journal für medizinische Kosmetik 5 (1956), S. 137–140.
Zappert, Georg: *Über das Badewesen in mittelalterlicher und späterer Zeit.* In: Archiv für die Kunde österreichischer Geschichtsquellen 21 (1859), S. 3–166.
Zimmermann, Gerd: *Ordensleben und Lebensstandard. Die Cura corporis in den Ordensvorschriften des abendländischen Mittelalters.* (Beiträge zur Geschichte des alten Mönchtums und des Benediktinerordens; Bd. 32) Münster 1973.
Zwierlein, K. A.: *Der Arzt für die Liebhaberinnen der Schönheit.* Heidelberg 1789.

Register

Bildnachweis

Sämtliche Objekte und Abbildungen, für die im folgenden kein Bildnachweis geführt wird, wurden von Clemens Kappen, Westfälisches Museumsamt Münster, fotografiert.

Domkapitel Aachen, Foto: Ann Münchow 14 u.
Foto: Bayerische Staatsbibliothek, München 13, 14 o., 15, 16, 22 u.
Foto: Bayerische Staatsgemäldesammlungen, München 128
Foto: Gillette Deutschland GmbH 53
Foto: Hans Schwarzkopf GmbH 39 u.
Foto: Herzog-August-Bibliothek Wolfenbüttel 18 o., 20, 28 o.
Foto: Hessische Landesbibliothek Fulda 22 o., 23
Foto: Kunsthistorisches Museum, Wien 19 o., 21 u., 27, 29
Foto: Österreichische Nationalbibliothek, Wien 12, 17
Foto: Staatliche Kunsthalle, Karlsruhe 26 u., 125
Foto: Universitätsbibliothek Heidelberg 18 M., 19 u., 121
Foto: Universitätsbibiliothek Münster 7, 63 o.
Foto: Wella-Museum, Darmstadt 9 o., 30, 38 o.
Staatliche Museen zu Berlin, Gemäldegalerie, Foto: Jörg P. Anders 18 u., 24, 25, 26 o., 122, 123, 127
Staatliche Museen zu Berlin, Kunstbibliothek, Foto: Dietmar Katz 33 o., 33 u., 38 u.
Staatliche Museen zu Berlin, Nationalgalerie, Foto: Jörg P. Anders 31
Staatsgalerie Stuttgart 130
Westfälisches Landesmuseum für Archäologie, Münster; Foto: Stefan Brentführer 9 u., 10

Dank

Das Westfälische Museumsamt dankt herzlich den Leihgebern, die mit ihren Exponatbeständen die Ausstellung »Bart ab!« ermöglicht haben:

Wolfgang Hasselmann, München
Donald Horn, Hamburg
Deutsches Klingenmuseum, Solingen
Michael Kriegeskorte, Bergisch-Gladbach
Wolf Kronesser, Bonn
Märkisches Museum, Berlin
Herbert Waschkewitz, Hattingen
Wella-Museum, Darmstadt
Westfälisches Landesmuseum für Archäologie, Münster

Unser Dank gebührt auch den Museen und Institutionen, die mit ihren in großzügiger Weise zur Verfügung gestellten Bildvorlagen die Realisation der Ausstellung und dieses Begleitbandes unterstützt haben:

Bibliothèque Nationale de France, Paris
Domkapitel Aachen, Domschatzkammer
Gillette Deutschland GmbH
Herzog-August-Bibliothek, Wolfenbüttel
Staatliche Kunsthalle, Karlsruhe
Staatliche Museen zu Berlin, Gemäldegalerie
Staatliche Museen zu Berlin, Kunstbibliothek
Staatliche Museen zu Berlin, Nationalgalerie
Kunsthistorisches Museum, Wien
Hessische Landesbibliothek, Fulda
Österreichische Nationalbibliothek, Wien
Bayerische Staatsbibliothek, München
Staatsgalerie Stuttgart
Bayerische Staatsgemäldesammlungen, Alte Pinakothek, München
Universitätsbibliothek Münster
Universitätsbibliothek Heidelberg
Universitätsbibliothek Tübingen
Hans Schwarzkopf GmbH, Hamburg